Javi

MATUMBO

Una crónica de las entrañas de Kenia

Libros del K.O.

PRIMERA EDICIÓN: febrero de 2021

Calle Infanta Mercedes, 92, despacho 511
28020 - Madrid

ISBN: 978-84-17678-56-2
DEPÓSITO LEGAL: M-1425-2021
CÓDIGO IBIC: DNJ, WTL
DISEÑO DE CUBIERTA: Elizabeth Montero
MAQUETACIÓN: María O'Shea
CORRECCIÓN: Zaida Gómez
IMPRESIÓN: Kadmos

IMPRESO EN ESPAÑA - PRINTED IN SPAIN

Las tipografías son League Gothic y Baskerville.

ÍNDICE

A Jorge Torrens

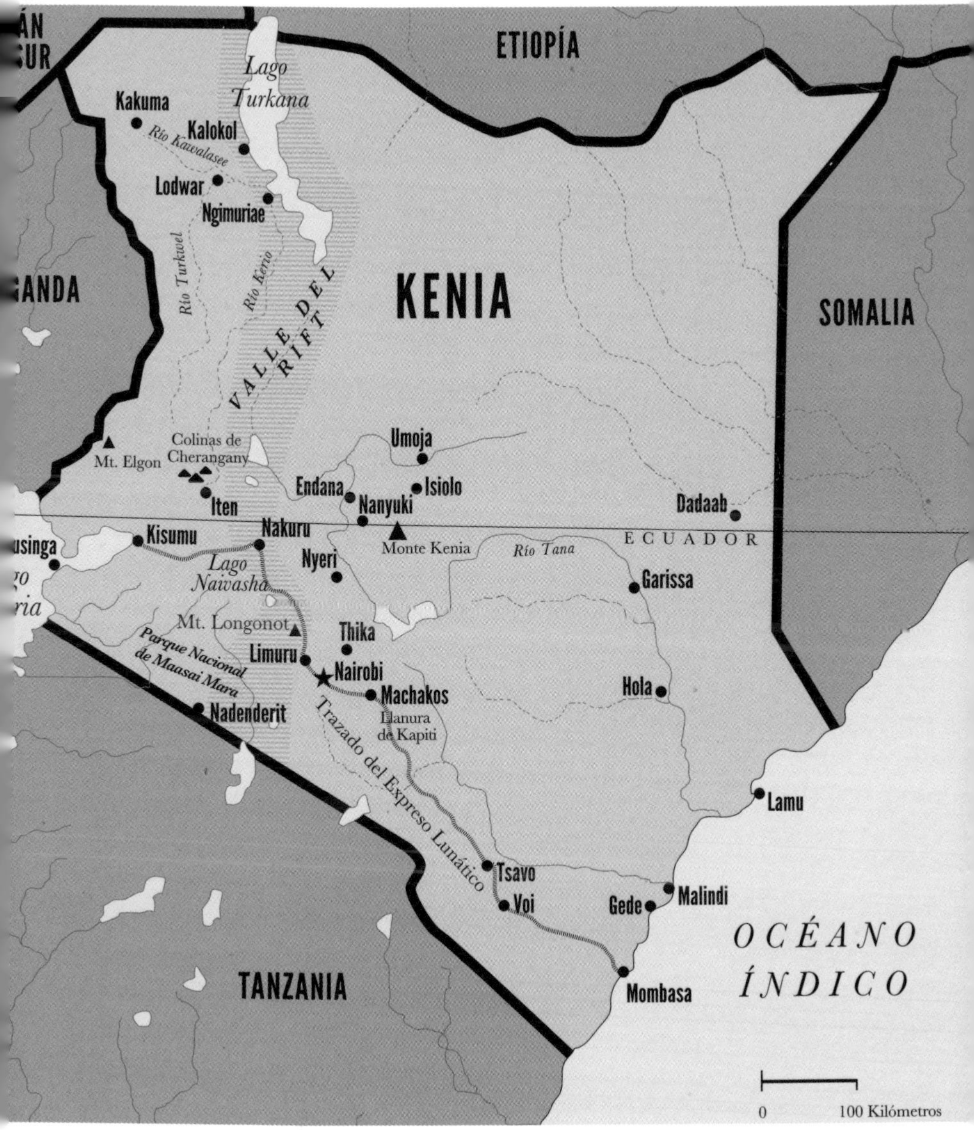
ETIOPÍA
Lago Turkana
Kakuma
Kalokol
Río Kawalasee
Lodwar
Ngimuriae
Río Turkwel
Río Kerio
VALLE DEL RIFT
KENIA
SOMALIA
ANDA
Mt. Elgon
Colinas de Cherangany
Iten
Umoja
Endana
Isiolo
Nanyuki
Dadaab
Kisumu
Nakuru
Monte Kenia
Río Tana
ECUADOR
Lago Naivasha
Nyeri
Garissa
Mt. Longonot
Thika
Parque Nacional de Maasai Mara
Limuru
Nairobi
Machakos
Hola
Nadenderit
Llanura de Kapiti
Trazado del Expreso Lunático
Lamu
Tsavo
Voi
Malindi
Gede
OCÉANO ÍNDICO
TANZANIA
Mombasa
0
100 Kilómetros

LÍNEA TEMPORAL

160.000 a. C. (aprox.): presencia en la zona de algunos de los primeros *Homo sapiens* conocidos, cuyos restos fueron hallados en África oriental casi… 162.000 años después.

2000 a. C. hasta 100 a. C.: migración hacia la actual Kenia de pueblos cusitas, nilóticos y bantúes, moradores del país en la actualidad.

Siglo VII: huida de Arabia de seguidores suníes de Mahoma y asentamiento de algunos de ellos en la actual costa keniana. Empieza la expansión del islam en la zona.

Siglo XII: construcción de la ciudad de Gede en la costa keniana. El idioma y la cultura suajili dominan el litoral.

1420: en torno a esta fecha habría llegado a la costa keniana el navegante chino Zheng He.

1498: llegada de Vasco da Gama a la actual Kenia, primer contacto europeo conocido.

1593: los portugueses construyen el Fuerte Jesús en Mombasa.

1698: derrota portuguesa en el Fuerte Jesús. Los árabes de Muscat y Omán ayudan a los suajili a echar a los lusos y se ponen al mando.

1807: el Parlamento británico prohíbe el comercio de esclavos.

1833: Londres prohíbe la tenencia de esclavos.

1843: llegada del considerado primer misionero en pisar suelo keniano: Johann Ludwig Krapf. Con él comienza la expansión del cristianismo en el actual territorio de Kenia, aunque no se acelerará hasta que el ferrocarril entre en funcionamiento (a partir de 1896).

1850: el mercado de esclavos de Zanzíbar empieza su apogeo.

1858: John Speke da con las fuentes del Nilo (en la actual Uganda).

1873: el Reino Unido finiquita los privilegios esclavistas del sultán de Zanzíbar, zanjando legalmente la esclavitud en África oriental.

1883: fecha aproximada del inicio del *Emutai* masái, la combinación de grandes desgracias que diezmaron la población de la tribu.

1884-85: conferencia de Berlín y reparto de África entre las potencias europeas.

1888: creación de la Compañía Imperial del África Oriental Británica (CIAOB) e inicio de sus operaciones.

1890: reunión entre el jefe kikuyu Waiyaki wa Hinga y Frederick Lugard, representante de la CIAOB.

1895: declaración del Protectorado de África oriental. Su gestión dependerá a partir de entonces de Londres.

1896: inicio de la construcción del Expreso Lunático.

1899: fundación de Nairobi.

1901: el Expreso Lunático llega a su destino, a orillas del lago Victoria. Se agiliza así la ocupación del interior. Empiezan a llegar colonos.

1902: un reajuste fronterizo hace que Kisumu y la orilla nororiental del lago Victoria queden en territorio del Protectorado de África oriental, en detrimento del Protectorado de Uganda.

1907: Nairobi se convierte en capital del Protectorado de África oriental.

1920: fin del Protectorado de África oriental. Declaración de la Colonia de Kenia. La gestión del territorio pasa a depender de la Oficina de Colonias.

1921: fundación de la Asociación de África Oriental. Su líder, Harry Thuku, sería detenido y encerrado un año después.

1924: creación de la Asociación Central Kikuyu (KCA), que será prohibida en 1940.

1944: fundación de la Unión Africana de Kenia (KAU).

1946: Kenyatta regresa definitivamente a Kenia, después de diecisiete años casi ininterrumpidos en Europa.

1952 (20 de octubre): declaración del estado de emergencia por la llamada rebelión Mau Mau. Ese día se produce la detención, entre otros, de Kenyatta y los otros cinco que conformarán *los Seis de Kapenguria*.

1959: masacre de Hola. Wambugu wa Nyingi sobrevive.

1960: fundación de la Unión Nacional Africana de Kenia (KANU).
1963 (12 de diciembre): Kenia se independiza del Reino Unido.
1964 (12 de diciembre): nace la República de Kenia. Jomo Kenyatta será el presidente, con Oginga Odinga como segundo.
1965: asesinato de Pio Gama Pinto.
1969: asesinato de Tom Mboya.
1975: asesinato de J. M. Kariuki.
1977: Wangari Maathai funda el Movimiento del Cinturón Verde.
1978: muere Kenyatta. Le sucede Moi en el cargo.
1982: establecimiento del sistema de partido único, meses después de un golpe de Estado fallido.
1984: el equipo de Richard Leakey halla el *Niño de Turkana*, un *Homo erectus* de hace 1,6 millones de años.
1990 (febrero): asesinato de Robert Ouko. (7 de julio): «saba saba» («7 del 7» en suajili). Moi reprime brutalmente una manifestación en favor de la democracia. Punto de inflexión en la lucha por la democracia en Kenia.
1992: elecciones que gana Moi de manera polémica tras la restitución del sistema democrático en 1991.
1997: Moi vuelve a ganar las elecciones de forma controvertida.
1998: Al Qaeda vuela las embajadas de EE. UU. en Nairobi y la ciudad tanzana de Dar es Salaam.
2002: llegada a la presidencia de Mwai Kibaki.
2003: implantación de la educación primaria gratuita.
2004: Wangari Maathai es galardonada con el Premio Nobel de la Paz, la primera mujer africana en recibirlo.
2007 (27 de diciembre): elecciones presidenciales. (30 de diciembre): anuncio de la victoria de Kibaki en las elecciones. La victoria fraudulenta de Kibaki provoca el inicio de dos meses de matanzas entre partidarios de los distintos grupos político-tribales contendientes en los comicios.
2008 (28 de febrero): acuerdo entre Kibaki y Raila Odinga que pone fin a la violencia poselectoral, tras al menos 1133 muertos.
2010 (agosto): aprobación en referéndum y promulgación de la nueva Constitución de Kenia. (Diciembre): la CPI nombra a los seis principales sospechosos de instigar las masacres poselectorales,

entre los que se encuentra Uhuru Kenyatta, hijo del primer presidente del país.

2011 (20 de julio): la ONU declara la situación de hambruna en dos provincias de Somalia. El resto de la región está gravemente afectada por una fortísima sequía.

2013 (9 de abril): Uhuru Kenyatta, hijo de Jomo Kenyatta, es investido presidente tras ganar las elecciones en marzo de ese año. (Junio): Reino Unido pierde en los tribunales contra kenianos torturados por su supuesta relación con el Mau Mau y anuncia compensaciones. (Septiembre): Al Shabab toma por asalto el centro comercial Westgate en Nairobi. El suceso deja al menos 71 muertos.

2015 (2 de abril): un nuevo ataque yihadista en la Universidad de Garissa se cobra 148 vidas.

2016: la intimidación a testigos y la destrucción de pruebas hacen descarrilar los últimos casos pendientes en la CPI por la violencia poselectoral. Gana la impunidad.

2017: elecciones en agosto en las que Uhuru Kenyatta es declarado vencedor. El Tribunal Supremo de Kenia anula los resultados tras reclamaciones de la oposición, capitaneada por Odinga, sobre supuestas irregularidades. Kenyatta renueva su mandato por otros cinco años en la repetición electoral, boicoteada por la oposición.

2018: Uhuru y Odinga pactan un acuerdo «de unidad nacional».

2019: un atentado contra el complejo hotelero Dusit, en Nairobi, deja al menos 21 muertos. Al Shabab se atribuye la autoría.

Uhuru ***para las masas.***

*Los sacrificios de los cientos de miles de libertadores de Kenia deben honrarse con la efectiva puesta en marcha de la política: un estado democrático, africano y socialista en el que la gente tenga el derecho a no ser explotada económicamente y el derecho a la igualdad social. La libertad [*uhuru*] no debe ser transformada en libertad para explotar o en libertad para tener hambre y vivir en la ignorancia.* Uhuru *tiene que ser uhuru para las masas: libres de la explotación, de la ignorancia, de enfermedad y de pobreza.*

Pio Gama Pinto, 1963.

Donde hay poca justicia, es un peligro tener razón.

Francisco de Quevedo.

And to those who have given their lives
Praises to thee
Husbands and wives
All thy children
Shall reap what you sow
This continent is home.

Aluta continua, Miriam Makeba.

A OSCURAS

Solo algún ronquido aislado se mezclaba con el zumbido constante del avión.

La noche escondía un paisaje marciano, otro más de los trazados africanos diseñados con escuadra y cartabón: una línea perfecta del sur hacia el norte. Volábamos sobre el oleoducto que transporta petróleo desde los pozos sudaneses hasta el mar Rojo. Un Nilo artificial de crudo.

Por supuesto, entonces yo desconocía todo aquello, y solo fui descubriéndolo según se sucedieron los vuelos entre El Cairo y Nairobi.

Nunca antes había estado en Kenia.

Dos meses antes de aquel 10 de septiembre en el que aterricé en la capital keniana, no habría sido capaz de ubicarla en un mapa. Un poco de manera temeraria, un poco por recomendación de una antigua jefa, un poco por necesidad, Chema Ortiz —entonces delegado de la Agencia Efe en el África subsahariana— me había ofrecido ir allí como corresponsal en África oriental.

Sucedió al día siguiente de que Iker Casillas levantara la Copa del Mundo en Sudáfrica. Me acerqué a la oficina de Efe en Johannesburgo a probar suerte. Acababa de dejar mi trabajo y la estancia sudafricana cubriendo el mundial de fútbol me había espoleado las ganas de conocer la región. Llevaba muchos meses rumiando la idea de mudarme a Abiyán por influencia de un compañero de estudios, el marfileño Jean-Arsène Yao, pero Chema —bajito, regordete, memoria infinita, gestos torpes y hablar pausado— rebuscó entre los papeles que se amontonaban en su escritorio y sacó una planilla con los ingresos de los colaboradores que Efe tenía repartidos por el continente. Señaló la entrada relativa a Costa de Marfil, donde figuraba el nombre de un tal Cyprien Tiesse, quien había publicado solo cuatro textos en las primeras dos semanas del mes. Allí no había ni hueco ni posibilidad de ganarse la vida.

Pero.

—Pero el corresponsal de Nairobi acaba de decirnos que se marcha —comentó Chema, levantando la mirada del papel por encima de sus gafas de cerca.

Allí tendría un sueldo fijo (magro, pero fijo) y también podría saciar mi curiosidad africana. Le pedí unos días para pensármelo. Para pensármelo y para buscar dónde caía Kenia exactamente.

* * *

Llegué a Kenia de madrugada, desorientado, legañoso y seguramente oliendo a sobaco. Con todo, me alcanzó para pensar que no podría pagar con abrazos al taxista que me tenía que llevar al albergue que había reservado, y me acerqué a un cajero del aeropuerto a sacar mis primeros chelines. Entre que estaba medio grogui por el viaje y que ando lejos del Nobel de Economía, me equivoqué con el cambio de divisa y en vez del equivalente a cuarenta euros me encontré con un fajo de billetes que sumaban cuatrocientos. En ese momento me dio una colleja uno de los correos electrónicos que me había mandado José Miguel Calatayud, el compañero al que iba a sustituir en Nairobi, en el que me advertía: «No te asustes si ves algún coche en la cuneta durante el trayecto desde el aeropuerto al centro de la ciudad». Se me ocurren muchas maneras mejores de comenzar un consejo que con un *no te asustes si*. Y así debió de pensarlo también él porque al poco me envió otro correo tratando de amortiguar el cañonazo. Pero en vano. Se ve que se había registrado algún incidente en el que ladrones motorizados habían echado de la calzada a más de un vehículo para asaltarlo.

Uy.

Guardé mi pequeña fortuna, agarré mi equipaje y me dispuse a tomar un taxi procurando *no asustarme si.*

* * *

El naufragio durante los primeros meses fue absoluto. La ignorancia (como había hecho la noche durante aquel primer vuelo desde El Cairo) me ocultaba el funcionamiento de un país asombroso y monstruosamente injusto, de villas de lujo y mares de chabolas, de safaris en globo y muertos por hambre.

Pasó mucho tiempo —incontables horas de lectura, días y noches de conversaciones, toneladas de teletipos *picados*, miles de kilómetros recorridos— antes de empezar a entender.

Este libro pretende ser un reflejo de aquella experiencia: el impacto y la incomprensión iniciales, las charlas clarificadoras, el aprendizaje a retales, las noticias clave pescadas del periódico en las interminables horas de oficina, la búsqueda de las raíces de la actual Kenia, las consecuencias insospechadas de la colonización, días de buceo en informes varios y en libros muchos, la desesperanza ante el sistema poscolonial, el hallazgo alentador de unos cuantos kenianos, unas cuantas kenianas valientes, las piezas del rompecabezas que terminan por encajar.

He tratado de entrometerme lo mínimo en el texto y dejar que sean los protagonistas quienes cuenten su historia con sus propias palabras y, en la medida de lo posible, con sus propias fuentes.

Ante la duda, sigan leyendo. En algún momento, hacia las últimas páginas, quizá todo cobre sentido. Procuren *no asustarse si.*

HÉROES

[...] Habían vivido con la ilusión de que la tierra era suya.

Memorias de África. Karen Blixen.

Cuando la guardia hizo sonar el silbato para alertarles, ya era demasiado tarde. Gitu wa Kahengeri y los demás libertadores estaban cercados por un batallón británico. Era 1953.

«Queremos que el mundo conozca nuestra historia. El Gobierno británico nos calificó de terroristas, pero no lo éramos. No había un solo africano en Kenia al que el Gobierno colonial tratara bien», afirma Gitu wa Kahengeri muchos años después de aquello. «Aunque no combatieron con nosotros por la liberación, sabemos que les maltrataban, al igual que a nosotros, los que alzamos la voz y luchamos por la justicia».

El despacho del secretario general de la Asociación de Veteranos de Guerra Mau Mau está lleno de papeles y polvo a partes iguales. Es una pieza amplia, oscurecida por el color ocre de las paredes y las cortinas extendidas frente a una de las ventanas. Gitu wa Kahengeri es un hombre esbelto y la edad le ha respetado la figura y la energía. Su tarjeta de visita no se anda con rodeos: *Shujaa*. Héroe. A juzgar por el relato que vendrá, el título se ajusta más a su talla que la chaqueta que viste, que le desborda los hombros y le oculta unas manos curtidas.

De una de las paredes cuelga una gran foto en blanco y negro en la que se le ve de joven, enfundado en una chupa de cuero, pero no de tan joven como cuando se unió al *movimiento*, en 1946. Se acuerda perfectamente del juramento que prestó entonces, pero no lo revelará. «Yo era un chaval de diecisiete años y me uní a gente mayor. Me enviaban aquí y allá para hacer recados para los Mau Mau, hasta que maduré para que me enviaran a otros trabajos. En 1948 o 1949 me hicieron operativo estratégico. Tenía que viajar para reclutar gente. ¡Recluté a miles!».

Su siguiente cometido fue encontrar suministros para aprovisionar a los compañeros echados al monte, a los que el fervor independentista ni arropaba ni nutría lo suficiente. Había que hacer acopio de armas, e incluso lograr quien se las fabricara, pues muchas de las usadas por los Mau Mau eran artesanales. Pistolas de palo contra la aviación británica.

Como otros operativos del movimiento, Gitu wa Kahengeri tenía su base en Nairobi. Y allí se encontraba cuando un silbato sonó demasiado tarde y le arrestaron en medio de una reunión. Después le trasladaron a los mal llamados *centros de detención*, laboratorios de tortura, Guantánamos de la época. Siguieron siete años de encierro e interrogatorios: «Eran espantosos. Te preguntaban cuándo te habías unido a los Mau Mau, qué juramento habías hecho, por qué hiciste el juramento… Si alguien te decía que te iba a interrogar, ya sabías qué era lo que quería de ti, y quizá era algo que no podías confesar. El resultado era que te lo intentaba sacar a la fuerza…».

Allí hubo quien murió por hambre, por las palizas a las que eran sometidos, por falta de salubridad o de tratamiento médico. Al menos 150.000 fueron encerrados en esos *centros de detención*. Se desconoce el número exacto de los fallecidos. Gitu wa Kahengeri experimentó de primera mano el funcionamiento de estos *centros*, en los que los guardias kenianos leales a la corona británica se encargaban de ejecutar las órdenes de sus jefes blancos: «En el campamento de Mwea nos topamos con guardas muy crueles. Muy crueles. Fue lo más duro que me encontré en mi tiempo en campamentos de detención. Tenían todas las armas y les habían ordenado hacer lo que fuera para extraer tu confesión. Y lo único que hacían era golpearte. Me pegaron hasta la noche. Antes de dormir, le pedí a Dios que se llevara mi vida, para no volver a la mesa de interrogatorios al día siguiente: "Oh, Creador, ¿puedes quitarme la vida para no volver a ver lo que vi hoy?"».

Su embajada funcionó a medias: se despertó por la mañana pero no para volver a la sala de interrogatorios, sino para subir a un Land Rover. Le trasladaron al campamento de Gatundu Hills, el último antes de ser liberado.

* * *

La mañana es clara y fresca, y el sol disuade solo lo justo para que Jane Muthoni Mara se refugie en la sombra que se proyecta en uno de los costados de su vivienda. Apoyada en el muro de barro, se afana en separar los granos de maíz buenos de los podridos. Es un movimiento mecánico: toma unos cuantos de una bandeja de rafia trenzada, los escruta, y los lanza a un montón sobre una tela de saco, si es que son aptos. Las canas las cubre un pañuelo florido y el cuerpo, un largo vestido de botones de un naranja apagado. Cuando llegan los visitantes se aparta de su actividad para contar su historia. No toda. Decide poner el punto tras las palizas y los latigazos en el glosario de torturas que rescata de su memoria.[1]

[1] En el proceso legal emprendido contra el Reino Unido, testificó haber sufrido torturas

La vida de Jane Muthoni Mara cambió cuando tenía trece años. Hasta entonces, su existencia consistía en ayudar a sus padres a cultivar maíz y alubias en el huerto familiar. Pero llegaron los británicos y les sacaron de su choza, la destruyeron y les recluyeron entre alambre de espino.

Habla con un hilo de voz en el idioma de su tribu, la kikuyu, la que más padeció la colonización británica, dado que sus tierras ancestrales eran las más fértiles de las aledañas a la capital de la colonia. A falta de títulos de propiedad en una sociedad de tradición oral, la administración de Londres no vio demasiados impedimentos en quedárselas y concedérselas en condiciones ventajosas a los colonos que llegaron alentados por la metrópolis, quienes emplearon a sus habitantes en estas plantaciones en duras condiciones de trabajo, con un sistema que progresivamente les convirtió en esclavos en su propia tierra.

En la memoria colectiva keniana, y en especial en la kikuyu, la humillación a manos de los colonos se remonta hasta Waiyaki wa Hinga. En 1890, el capitán británico Frederick Lugard se reunió con este líder kikuyu para acordar el establecimiento de puestos seguros en sus dominios para la libre circulación entre Uganda y la costa. Ambos prestaron juramento y resolvieron que se autorizarían los puestos de tránsito siempre y cuando los europeos no se apropiaran de tierras kikuyu ni de otras pertenencias. El trato podría parecer aceptable de no ser porque los subordinados de Lugard no tardaron en empezar a saquear los asentamientos de la zona y violar lugareñas. Los kikuyu no se quedaron de brazos cruzados, pero su contraataque fracasó. En 1892, Waiyaki wa Hinga fue capturado, apaleado, expulsado del distrito

de índole sexual. La información está disponible de manera pública.

y despachado a la costa, adonde nunca llegó. Un informe colonial recoge que, por el camino, sucumbió a las heridas de las palizas propinadas por los captores y fue inhumado en la localidad de Kibwezi.[2] La versión popular también sitúa en Kibwezi el final del jefe Waiyaki, solo que difiere en cómo murió: enterrado vivo.

Al menos otros 45.000 nativos perecieron tras su reclutamiento para la Primera Guerra Mundial[3], y los que sobrevivieron contemplaron cómo se les expropiaron sus tierras en favor de británicos. Este sistema provocó una nueva reacción local: en 1921 se fundó la Asociación de África Oriental con el kikuyu Harry Thuku al frente, quien buscaba la emancipación económica de los kenianos. Poca gracia debió de hacerles esta nueva organización a las autoridades, ya que en 1922 Thuku fue arrestado y enviado a cumplir condena en la localidad somalí de Kismayo. La reacción keniana fue una manifestación masiva frente a la comisaría de Nairobi. La réplica británica fue abrir fuego contra la multitud causando al menos una veintena de muertos.

Thuku no saldría de prisión hasta finiquitados los años veinte y esa prolongada estancia debió de minarle, porque nunca recuperó el liderazgo entre una nueva generación de kenianos que tenía demandas más ambiciosas que una mejora laboral. Para entonces ya existía la Asociación Central Kikuyu (KCA), que trataba de canalizar las protestas de su gente a la administración británica por la desposesión y el injusto trato recibido, pues la cultura kikuyu tenía tanto arraigo

[2] *Daily Nation*, 5 de septiembre de 2014, «122 years later, family seeks hero's burial for Waiyaki wa Hinga». <https://www.nation.co.ke/lifestyle/dn2/Andrew-Kuria-Waiyaki-wa-Hinga/957860-2441040-daot43z/index.html>.

[3] Según el historiador Edward Paice: <www.bl.uk/world-war-one/articles/the-first-world-war-in-east-africa>.

en la tierra que no concebía la existencia sin una *shamba*, una parcela que cultivar y en la que formar una familia.

Los agravios se repitieron al concluir la Segunda Guerra Mundial, cuando soldados británicos obtuvieron terrenos en Kenia como recompensa a sus servicios durante la contienda, mientras que las decenas de miles de kenianos reclutados llegaron a casa para hallar una situación peor que antes de partir al frente.[4] A algunos de ellos incluso les fueron arrebatados sus campos para que fueran a parar a manos de quienes habían sido compañeros suyos en los frentes de Etiopía, Somalia, Ceilán, Birmania. El nivel de hartazgo había llegado a cotas inexploradas. A finales de los años cuarenta, había decenas de miles de kenianos sin tierra ni libertad, entrenados y fogueados en combate, y testigos de que el hombre blanco, como cualquier otro mortal, podía ser derrotado. ¿Qué le podría *salir mal* a Londres?

Cuando en ese momento la población nativa trató de mejorar la situación de manera dialogada a través de la agrupación civil Unión Africana de Kenia (KAU),[5] la callada colonial fue la respuesta. Ni siquiera las presiones de un tal Jomo Kenyatta, enviado a la capital del Imperio para abogar por la causa de la KCA, primero, y de la KAU, después, dieron fruto. Fue entonces cuando se extendió entre los jóvenes más radicales el movimiento del Ejército de la Tierra y la Libertad,[6] al que los británicos darían fama mundial con un nombre con más gancho y convenientemente menos reivindicativo:

[4] Fueron reclutados unos 75.000 kenianos, según David Anderson en *Histories of the Hanged*, que a su vez extrae el dato de *The Myth of Mau Mau*, de Carl Gustav Rosberg y John Nottingham.

[5] Fundada a principios de los cuarenta, con una aproximación más nacional contra las injusticias, a diferencia de la más tribal Asociación Central Kikuyu, que había sido prohibida en 1940.

[6] Land and Freedom Army.

Mau Mau.[7] Al principio, como en el caso de Mandela en Sudáfrica, se limitó a una campaña de desobediencia a las absurdas normas del sistema. El secretario general de la Asociación de Veteranos de Guerra Mau Mau, Gitu wa Kahengeri, evoca aquellos años con mueca de dolor:

—Si no llamabas *bwana* a un colono, te podía dar una bofetada, o llamar a la policía para que te arrestara. Y te podían encarcelar tres meses por eso.

El recurso a las armas llegó poco después. En las remotas plantaciones de lo que se conocía como las Tierras Altas Blancas empezaron a aparecer tanto kenianos colaboracionistas como granjeros europeos asesinados de manera truculenta, algunos por sus propios criados, y la psicosis se apoderó de la colonia. Los Mau Mau, a ojos de los blancos, eran unos salvajes a exterminar.

Así, el 20 de octubre de 1952, el entonces gobernador colonial, Evelyn Baring, firmó el estado de emergencia para terminar con la llamada rebelión Mau Mau, una tarea que esperaba les llevara unos pocos meses. Incapaces de enfrentarse a la maquinaria bélica imperial, los milicianos del Ejército de la Tierra y la Libertad se echaron al monte y empezaron una guerra de guerrillas que desesperaría a los soldados británicos durante varios años.

Con el estado de emergencia comenzaron también redadas con detenciones masivas que alcanzaron a casi toda la

[7] Hay muchas teorías sobre el origen del nombre. Wangari Maathai, a quien conoceremos dentro de unas páginas, escribe en sus memorias: «En kikuyu, cuando empiezas una lista, dices: "Maundu ni mau" (Los temas principales son) y levantas tres dedos para enumerarlos. Para los Mau Mau, los tres asuntos eran la tierra, la libertad y el autogobierno». Otra teoría es que se trataba de un acrónimo para decir «Mzungu aende Ulaya, mwafrika apate uhuru», lo que podría traducirse como «Que se vaya el blanco a Europa; que el africano recupere la libertad».

población kikuyu.[8] La mayoría de las mujeres, los ancianos y los niños, como Jane Muthoni Mara, fueron recluidos en poblados vigilados, rodeados de alambradas y sembrados de torretas, con toques de queda de hasta veintitrés horas para evitar que salieran a prestar ayuda a los Mau Mau huidos. Más que las palizas, las violaciones o el trabajo forzado, las internas que sobrevivieron recuerdan nítidamente el hambre.

Jane Muthoni Mara era una de las que se jugaba la piel para apoyar la lucha. Uno de sus hermanos pertenecía a esos guerrilleros del Ejército de la Tierra y la Libertad ocultos en el bosque y ella se encargó de proporcionarles alimento. Y lo hizo hasta 1954, cuando fue oficialmente detenida por ello y encerrada durante cuatro largos años de tortura.

A decenas de miles de hombres sospechosos les esperaba el internamiento en *centros de detención*. Pocos años después de derrotar al nazismo, Londres estaba construyendo sus propios campos de concentración en Kenia. En estos, las torturas eran rutina. «Te pegaban por las mañanas», cuenta Gitu wa Kahengeri, como si del programa de un macabro campamento de verano se tratase. Hay un nutrido listado de torturas documentadas: latigazos, palos, culatazos, violaciones, patadas, electrocuciones, atropellos, castraciones, carreras con cubos rebosantes de heces en la cabeza e incluso la inserción de escorpiones por el ano mientras los guardias mantenían al preso cabeza abajo. Wambugu wa Nyingi recuerda una de las que sufrió con especial nitidez.

[8] Londres recluyó tras alambre de espino en torno a un millón y medio de kikuyu, según los cálculos de la investigadora estadounidense Caroline Elkins, lo que habría supuesto prácticamente toda la población de la tribu. Elkins, 2005, p. XII. Según el investigador David Anderson, entre junio de 1954 y octubre de 1955, 1.077.500 kikuyu fueron internados en 854 poblados de concentración. Anderson, 2005.

El día es soleado en su aldea de los alrededores de Nyeri y Wambugu wa Nyingi, con su gorra cubriéndole el cogote, sus gallinas armando jaleo en el patio, su sonrisa sin dientes, sus dieciséis hijos y ochenta y cinco años, y detenido entre 1952 y 1961 sin cargos ni juicio, ha vivido lo suficiente como para no perder la calma al decir:

—Nos dieron una paliza brutal a mí y a otros once compañeros. Yo fui el único superviviente.

La pirueta de las autoridades para justificar los malos tratos fue que estos se aplicaban para que el detenido confesara que había tomado el juramento de lealtad a los Mau Mau. Al entender colonialista, la confesión era necesaria para que el detenido pudiera comenzar un *proceso de rehabilitación* al que, por alguna lógica siniestra, había que llegar a través de hambre y hostias.

A principios de los cuarenta, se había propagado entre los kikuyu una evolución del juramento utilizado tradicionalmente para momentos de crisis, y lo habían prestado también de manera excepcional mujeres y niños. Muchos, por convicción. Otros, por miedo a las represalias. Existían distintas variantes, entre ellas una que comprometía a aniquilar al invasor. Algunas fuentes hablan de que el iniciado debía desnudarse, pasar bajo un arco de hojas de plátano, pronunciar unas palabras que le adherían de forma irreversible a la causa y degustar vísceras de cabra en su nuevo renacer como soldado del Ejército de la Tierra y la Libertad. La violación del juramento conllevaría una ruptura de lealtad a los Mau Mau y su confesión, un castigo por parte de Ngai, el dios de los kikuyu, que los guerrilleros se encargarían de hacer cumplir. Por eso en los *centros de detención* la resistencia a la confesión se convertiría en un acto de rebeldía ante la metrópolis. Aunque Wambugu wa Nyingi asegura que su interés era solo político: él era miembro de la KAU, sí, pero no estaba metido en el Mau Mau, ni jamás tomó juramento alguno.

Eso no le libró de ser víctima de lo que se conocería como la masacre de Hola en 1959. En ese campamento, casi un centenar de reclusos se negó a llevar a cabo las abusivas demandas de trabajo forzoso que se les requería. Once compañeros perdieron la vida por la paliza recibida y a punto estuvo Wambugu wa Nyingi, quien pasó tres días inconsciente y con su cuerpo apilado con los demás cadáveres. La administración colonial disfrazó esas muertes alegando que los fallecidos habían bebido agua en mal estado, y la indignación por la farsa alcanzó incluso a los propios colonos. Lo que Wambugu wa Nyingi no sabía entonces es que, después de lo sucedido en Hola, el Gobierno de Londres no pudo seguir hablando de casos aislados ni ocultando las torturas en Kenia ante la oposición y la prensa británicas. Había llegado el momento de largarse.

* * *

Si se pregunta a los Mau Mau por la violencia contra los colonos británicos, todos parecen refugiarse en la máxima *mandeliana* de que la naturaleza de una lucha la define el opresor y que, «llegados a un cierto punto, uno solo puede combatir el fuego con fuego». Gitu wa Kahengeri lo enuncia así: «Cuando se intenta la paz y no tiene éxito, entonces la guerra llega». Pero aunque el territorio fuera entonces británico, el enfrentamiento fue casi puramente entre africanos. Con unas pocas decenas de europeos muertos a manos de los Mau Mau por los varios miles de africanos que sucumbieron al Ejército de la Tierra y la Libertad (kenianos leales a la administración, muchos de ellos kikuyu que integraban la llamada

Guardia Local), uno más bien podría pensar que se trató de una guerra civil. Sería el bando libertador el que sufriría la mayoría de las bajas: la cifra oficial rebasa los 10.000, aunque las cuentas de la Comisión de Derechos Humanos de Kenia suman nueve veces más. Además, tras su paso por los poblados de concentración y los centros de internamiento, varias decenas de miles más quedarían muertos en vida: con minusvalías crónicas o incapaces de reproducirse.[9]

La victoria les salió cara, si es que podía llamarse victoria. Cuando, el 12 de diciembre de 1963, la bandera de la KAU se convirtió en la de Kenia y Jomo Kenyatta tomó oficialmente las riendas del nuevo país no derogó la ley colonial que proscribía a los Mau Mau.[10] Gitu wa Kahengeri no quiere hablar de traición y disculpa a Baba Taifa, el llamado padre de la patria keniana, diciendo que «se olvidó» de revocar la norma. Pero para cualquier keniano leído, aquello fue juego sucio de manual. Porque aunque la independencia del Reino Unido la forzaron los Mau Mau con su levantamiento, los beneficios los gozaron los siervos de la corona británica. El que más, Jomo Kenyatta.[11] Tras casi diecisiete años en Londres (con alguna estancia moscovita entre medias, y unos meses

[9] 1819 africanos fueron asesinados por los Mau Mau, y varios cientos más desaparecidos sin que se hallaran jamás sus cuerpos. El cómputo de blancos liquidados es de 32. El número oficial de Mau Mau muertos en combate es de 12.000 mientras que David Anderson estima que seguramente fueran más de 20.000. Asimismo, documenta 1090 ahorcados como resultado de juicios por cargos relacionados con los Mau Mau. Anderson, 2005.

[10] De hecho, Kenyatta se sirvió de leyes e instituciones coloniales para eliminar disidencia en la nueva Kenia.

[11] Se cambió de nombre en al menos cinco ocasiones: nació como Kamau wa Muigai; al morir su padre, Muigai, y quedar la familia a cargo de su tío Ngengi, pasó a llamarse Kamau wa Ngengi; cuando empezó a estudiar con los misioneros, eligió como nombre de bautismo John Peter Kamau, pero luego fue finalmente bautizado como Johnstone Kamau; de ahí pasaría a Johnstone Kenyatta, y, finalmente, Jomo Kenyatta, cuyo nombre significa «Lanza Ardiente» y su apellido «Luz de Kenia». Pueden adivinar como sinónimo de qué se usa en Kenia eso de «lanza ardiente»...

en Kenia entre 1930 y 1931), en los que amplió su formación y presionó por el retorno de tierras y el autogobierno, Kenyatta había regresado a Kenia en 1946 como uno de los pesos pesados de la lucha independentista. En 1952, fue detenido, procesado junto a otros cinco compañeros y erróneamente sentenciado a cárcel con trabajo forzoso en un juicio amañado, por su supuesto papel de organizador de los Mau Mau, a los que siempre se opuso.[12] Con esta maniobra, las autoridades le colocaron la medalla de mártir que le faltaba ante los suyos y le convirtieron en elemento unificador de la lucha.

Sin embargo, Jomo había engañado a todos. Él no representaba cambio, sino continuidad. Si los Mau Mau combatían para que se les devolvieran sus tierras, Kenyatta consideró —una vez liberado— que estas estarían mucho mejor en su poder. Si los colonos temían que se expropiaran sus ranchos, el nuevo presidente garantizó que no habría nacionalización. Si los Mau Mau aspiraban a echar del poder a los blancos, Jomo soñaba con quedarse él al mando cuando esto sucediera. Si los europeos residentes en Kenia temblaban ante lo que el flamante Gobierno africano pudiera hacerles, Kenyatta no les puso trabas para su marcha y adquirió sus fincas a precio de ganga. Hablaba de socialismo africano cuando practicaba el capitalismo. Ni era el demonio

[12] Bildad Kaggia, uno de los cinco detenidos junto a Kenyatta, ha descrito en varias ocasiones cómo, durante el periodo de internamiento, Kenyatta y los verdaderos líderes Mau Mau estuvieron enfrentados por sus diferencias políticas: «Kenyatta no era uno de los nuestros en la cárcel. Se había casado con una mujer cuyo padre era un *jefe* (designado por la administración colonial) y por eso, cuando fuimos encarcelados, estaba a menudo del lado de los conservadores y del Gobierno. Me convertí en el líder del grupo, en su lugar, aunque todos estábamos decepcionados… El comandante del campamento le separó más tarde de nosotros por nuestras discusiones. Un día, él y Chotaga se liaron a puñetazos, supuestamente porque Kenyatta estaba vendiendo nuestra comida a los *askaris* (guardias), pero también era porque no estábamos de acuerdo con sus políticas». Elkins, 2005. (Traducción del autor).

que en él veían los blancos, ni el redentor que deseaban los negros: un dicho kikuyu sostiene que un camaleón siempre será un camaleón, y Kenyatta cambiaba de color según la ocasión. Cuando le conoció el último gobernador colonial, Malcolm MacDonald, quedó convencido de que era el mejor garante de los intereses británicos en Kenia. Lo que igual no sospechaba es que Kenyatta era aún mejor garante de los suyos propios.

Los Mau Mau salieron maltrechos de los *centros de detención* y de los poblados de concentración creyendo que habían ganado, aunque la sensación les duró poco. Pronto descubrieron que sus tierras estaban ya repartidas y los trabajos de la nueva administración adjudicados entre la camarilla de Kenyatta y demás fieles a Londres. «Nada es gratis», aseveró el nuevo presidente, haciendo borrón y cuenta nueva. Kenyatta se convirtió en el patrocinador de una amnesia oficial que condenó a los Mau Mau. No tardó en olvidar sus años presionando por la devolución de tierras a cientos de miles de kikuyu y kenianos de otras tribus que habían sido desposeídos. De hecho, la exmetrópolis financió parte de las compras de las tierras de los colonos que optaban por marcharse de la nueva Kenia, pero pocas de estas fincas regresaron a manos de sus propietarios originales. Diez años después de empezar estos programas de redistribución, «se vio que una sexta parte de los terrenos de los colonos se había vendido intacta a la élite africana emergente, incluidos Kenyatta, su mujer, sus hijos y socios cercanos».[13] Hubo reparto, pero no justicia.

—Me he encontrado con algunos torturadores muchas veces —comenta Gitu wa Kahengeri—. Son gente de los pueblos.

[13] Informe de la Comisión para la Verdad, la Justicia y la Reconciliación de Kenia, 2013, volumen IIA, p. 19.

No les pasó nada. Incluso son los más ricos del país. Porque antes de que nosotros saliéramos de los campamentos de detención, la administración colonial les ayudó a comprar tierras, a hacer buenos negocios, a conseguir buenos trabajos en el Gobierno, ya que habían sido leales. Los que *africanizaron* la administración fueron los colonialistas, y no ponían de comisario del distrito a Gitu wa Kahengeri, sino que escogían al que les ayudó a apalear a Gitu wa Kahengeri. Cuando salimos, no podías ser comisario del distrito, porque el puesto estaba cogido. No podías ser secretario del Gobierno, porque estaba pillado. No podías ser director de un banco, porque estaba ocupado. Así que solo podías ir a ellos a suplicarles. Y no nos daban ¡nada!

Las aspiraciones de los Mau Mau eran tan modestas como las de Jane Muthoni Mara, quien antes de morir querría tener un par de acres a su nombre en los que cultivar, incluso a sus casi setenta y cinco años.

Los Mau Mau hubieron de esperar hasta 2003, bajo la presidencia de Mwai Kibaki, para que la controvertida ley que les criminalizaba fuera declarada nula. Tres años después, se erigía en el centro de Nairobi una estatua a Dedan Kimathi, su líder. Y, en 2010, la nueva Constitución cambiaba el Día de Kenyatta por un mucho más amplio Día de los Héroes.[14] Pero los símbolos no dan de comer, y miles de antiguos Mau Mau siguen sobreviviendo casi al día, ahora ya ancianos.

Por eso, la compensación anunciada por Londres en junio de 2013 para más de 5000 Mau Mau torturados supuso una

[14] Se celebra el 20 de octubre, el mismo día de la entrada en vigor del estado de emergencia en 1952 cuando, en una redada en Nairobi, fueron detenidos *los Seis de Kapenguria* —al igual que otros cientos de supuestos colaboradores Mau Mau—, seis líderes independentistas entre los que estaba Jomo Kenyatta. Su sobrenombre se debe a que fueron juzgados y mantenidos en prisión preventiva en la inhóspita localidad de Kapenguria.

victoria…, aunque pírrica. El proceso judicial que comenzaron Wambugu wa Nyingi y Jane Muthoni Mara en 2009 junto a otros dos compañeros prosperó, a pesar de que el Reino Unido se empeñó desde los años previos a la independencia en destruir cualquier tipo de documento incriminatorio para la metrópolis. Si bien los 3000 euros por persona por haber sido apaleados y hasta castrados «está lejos de ser suficiente», según Gitu wa Kahengeri, «más vale pájaro en mano que ciento volando». «Nos tendrían que compensar con millones de chelines», continúa, ya que el precio de un acre de la tierra ancestral de los Mau Mau puede llegar al equivalente en moneda local a 10.000 euros. Pero Wambugu wa Nyingi consiguió más de lo esperado:

—Yo solo quería hacer a los británicos una pregunta: ¿por qué me detuvieron y se quedaron con mi tierra y mi ganado?

Así que ahora que están recién aterrizados en el aeropuerto internacional Jomo Kenyatta de Nairobi, no olviden que la pista en la que su avión ha tocado tierra fue construida por miles de Mau Mau detenidos a los que apenas se recuerda. Algunos incluso fenecieron durante los trabajos forzosos. No como la familia Kenyatta, que sigue muy viva: es de las más ricas y poderosas del país.

Karibuni Kenya. Bienvenidos a Kenia.

LA COSTA NEGRA

Old pirates, yes, they rob I
Sold I to the merchant ships
Minutes after they took I
From the bottomless pit.[15]
Redemption Song. Bob Marley.

—Mi hijo, que tiene veinte años, puede querer una moto, o 2000 chelines para sacar a su novia a cenar, pero jamás se le pasarían por la cabeza cantidades como las que los piratas exigen como rescate. Uno se pregunta si los piratas habrán visto alguna vez esos cientos de miles de dólares que solicitan. Eso indica que hay alguien detrás…

—¿Y quién cree usted que está detrás?

—No lo sé. Gente trajeada en Londres o en otras capitales… Mira, mañana tengo una vista con un grupo de chavales acusados de piratería. Si les ves, entenderás mejor esto que te comento. ¿Quieres venir?

Estoy en Mombasa. Mañana es ya hoy, y hoy es 4 de febrero de 2011. Y en febrero, en Mombasa, cualquiera cambiaría su reino por una sombra y un poco de brisa marina y, quizá, también por abrazarse a un bloque de hielo. El sudor fluye sin freno. El sol quema el cogote y espabila la axila, y uno

[15] Los viejos piratas me secuestraron / Me vendieron a los barcos mercantes / Minutos después de sacarme / del foso sin fondo.

cuestiona con frecuencia obsesiva la utilidad de la ducha en un enclave que podría ser El Dorado de los fabricantes de desodorante si los ungüentos para el sobaco sirvieran aquí de algo. El bufete de abogados Kadima & Co. dista unos pocos pasos del Palacio de Justicia de la ciudad, así que Francis Kadima no empapa demasiado el traje que se ha enfundado para la ocasión. Kadima se ha labrado una reputación como letrado defensor de piratas en Mombasa. Se gana la vida con clientes al uso, pero también es miembro de una organización *pro bono* que se encarga de casos como el de hoy, en los que los acusados no tienen un chavo, ni conocen el idioma local y tanto menos el sistema legal del país.

La vista dura unos pocos minutos y, una vez zanjada, el abogado me invita a acompañarle, aunque no especifica adónde. La canícula me nubla el seso y no me permite anticipar mi suerte. Vamos a los calabozos del tribunal de Mombasa, que no hacen sino multiplicar los efectos del calor pegajoso del verano en la ciudad. Una puerta al sótano del edificio tapia el sol y solo quedan de él sus ecos: la humedad de la costa tropical, el sofoco del encierro.

Las bombillas dibujan un corredor con celdas oscuras e insalubres a ambos lados, con puertas de barrotes enfrentadas. En una de ellas se agolpan once chavales somalíes con cara de haber pasado veranos mejores. Son los que acaban de levantarse del banquillo: son los acusados. Cuentan que son pescadores y que en Somalia todo el mundo tiene pistolas. Así que, si eres pescador, somalí y tienes un arma, las embarcaciones extranjeras piensan que eres un pirata. Kenia es horrible —dicen— porque de ese país no conocen más que la cárcel.

La vista que ha concluido minutos atrás forma parte del juicio por el que están en prisión preventiva y su nueva defensa, encabezada por Kadima, ha solicitado un aplazamiento para preparar el caso. Este en particular es el primero en el que la Unión Europea ha aceptado que los acusados cuenten con un abogado distinto al asignado de oficio. Y ese abogado distinto es Kadima, que tras una breve charla con sus clientes les pide que firmen unos documentos. Así lo hacen los que saben usar un bolígrafo; el resto reboza el pulgar en tinta azul y estampa su huella sobre el papel.

Los once zagales llevan casi dos años encerrados en los sótanos del edificio. Dicen que gente de la OTAN les ha amenazado de muerte en su celda. «Queremos volver a Somalia con nuestras familias y seguir pescando. Es lo único que sabemos hacer», explica, a través de un traductor somalí, Ahmed Abdikadir Hirsi, quien a sus treinta años es el mayor de los sospechosos. Para la acusación, sin embargo, no hay demasiado que sospechar. Su versión es que a mediados de la primavera de 2009, en pleno *happy hour* de secuestros marítimos frente a Somalia, Hirsi y compañía cometieron la torpeza de atacar el barco equivocado.

Lo habían identificado a lo lejos y se lanzaron a por él. En las lanchas de Hirsi y los suyos no ondeaban banderas con tibias ni calaveras, ni contaban con patente de corso, ni llevaban ron, pues su religión no lo permite, ni loros al hombro ni parches en un ojo, aunque sobre eso el Corán no consta que se pronuncie. Eran simplemente una consecuencia lógica del estado de su país: una guerra de dos décadas en uno de los lugares más pobres del globo, con algunas de las aguas más suculentas del planeta y donde no había autoridad alguna que las controlara. Muchos pesqueros extranjeros estaban sacando de allí su tajada de atún, e Hirsi y los demás, como muchos otros, se estaban buscando la vida en el país del sálvese quien pueda.

¿Cuánto podrían ganar con el rescate que exigirían por esa nueva embarcación que tenían ya a su alcance? ¿Lo suficiente para retirarse? ¿Qué órdenes les darían desde arriba? ¿Cómo se organizaría la entrega del botín? ¿Sabían ya lo que harían con su parte? Es difícil saber si era codicia lo que les cegaba; resulta más sencillo pensar que fue el sol. Al fin y al cabo, el objetivo navegaba rumbo a levante en maniobra evasiva. Pero el buque no era rival para las rápidas lanchas pirata.

De pronto, fue demasiado tarde para huir. Cuando estaban tan cerca como para comenzar el asalto, tan cerca como para saber que se habían tragado el anzuelo hasta el esófago, tan cerca como para apreciar las diferencias entre un pesquero cualquiera y la fragata francesa antipiratería Nivôse, un helicóptero y varios botes rápidos saltaron de esta para darles una bienvenida sin confeti. En el haber de los bucaneros, varios kaláshnikovs y lanzagranadas. Los calabozos del tribunal de Mombasa serían su hogar desde el momento en que fueron desembarcados en la vecina Kenia.

Hirsi y sus compañeros no estaban inventando la rueda. Solo habían retomado la vieja práctica de la piratería: la misma que usó Vasco da Gama a finales del siglo XV durante su paso por la zona en su ruta hacia las Indias.

* * *

Hay quien dice que fue a instancias de Mahoma y que a él se debe la primera presencia foránea conocida en África oriental: la emigración hacia la costa de enfrente por parte de musulmanes perseguidos en Arabia. Primero, a Abisinia (la actual Etiopía), en un intento de Mahoma de que sus seguidores estuvieran a salvo ante la persecución de la tribu politeísta quraysh, en cuyo seno había nacido el profeta, pero ya se sabe que nadie es ídem en su tierra. Después de la muerte de Mahoma, en el año 632, varias fuentes coinciden en que las rencillas por la sucesión del profeta terminaron con algunos correligionarios suníes embarcándose hacia África oriental en busca de un nuevo hogar (y la historia dura hasta nuestros días porque Kenia es uno de los países que más refugiados acoge del mundo). En ese mismo siglo VII consta algún asentamiento de los huidos en el actual paraíso turístico de Lamu, aunque los árabes hacía siglos que comerciaban con esa zona conocida como «Zanj», tierra de negros. A aquella costa («bar») llegaron más y más inmigrantes árabes de Muscat y Hadramaut. Fueron los primeros gobernantes extranjeros de «Zanjbar», Zanzíbar, la costa de los negros.

Los matrimonios mixtos eran habituales y así se expandió la nueva religión de Arabia en la costa negra. También fue un modo de mezclar las lenguas, la indígena y la forastera, alumbrando un idioma llamado suajili, nombre que también recibirían los hijos de estos cruces y, por extensión, la propia costa (de hecho, «suajili» en origen también significa «costa»). La tierra era productiva y el mar, generoso. Los inmigrantes dinamizaron la economía, el comercio floreció y, a cambio del oro, el marfil, el aceite de coco o la pimienta roja exportada, se compraba seda y porcelana. Las mansiones porticadas y con amplias terrazas y patios comenzaron a aparecer en una especie de pequeñas ciudades-Estado. El Angkor Wat à la africana, que son las actuales ruinas kenianas de Gede, cerca de Malindi, sirven para imaginar una gran población suajili de roca coralina entre los siglos XII y XVII, con murallas, palacio, mezquitas. Tampoco es que se comiera caviar a diario ni que los habitantes cabalgaran a lomos de unicornios rosas. Existía ya el comercio de esclavos a pequeña escala, por ejemplo, y estos eran los encargados de trabajar la tierra.

Pero el regusto más que relativo a *dolce vita* que pudiera haber llegado a existir por allá se fue al traste tan pronto llegaron los portugueses.

Desde la caída de Constantinopla en manos otomanas a mediados del siglo XV, Europa había buscado una Ruta de la Seda alternativa y la expansión de los españoles por el Nuevo Mundo espoleó a sus vecinos (eso, unas bulas papales y el Tratado de Tordesillas, por el cual Portugal podía disponer de África sin interferencia española). Así que Da Gama siguió los pasos de Bartolomeu Dias y dobló el cabo de Buena Esperanza, atracó en lo que hoy es Sudáfrica, después en Mozambique y continuó rumbo norte sin hacer demasiados amigos por el camino. Su expedición arribó a Mombasa a principios de abril de 1498 y permaneció allí una semana. Puede que su tendencia a asaltar barcos de mercaderes árabes desarmados no les procurara la acogida soñada y tuvieron que salir de la ciudad con más apremio del que habrían deseado.

Tras huir escaldada de Mombasa, la expedición siguió fiel al imán de la brújula y, cual jubilados italianos del siglo XXI, pasaron diez días en la cercana Malindi. En ese tiempo, el navegante portugués sí logró entenderse con el sultán de la ciudad —que estaba enemistado con el de Mombasa— y quizá también tuvo ocasión de tostarse al sol con *algún antepasado* de Flavio Briatore, aunque sobre esto las fuentes históricas no arrojan luz alguna. En Malindi, uno de los lugares más repugnantes de la actual Kenia (teman cualquier sitio que presuma abiertamente de estar libre de prostitución infantil), queda como testigo de aquel viaje un pilar coronado por una cruz que lleva el nombre de Vasco da Gama, a quien se suele considerar el primer europeo en pisar lo que hoy es Kenia. El destino ha sido cruel con el luso, y mientras un monolito encalado de lo más piojoso recuerda su hazaña (el primer europeo en conectar Asia y Europa por mar y llegar a las Indias de verdad, las fetén, y no ese sucedáneo llamado América), una señora llamada Karen Blixen, que llegó allí 416 años después en un barco de línea, tiene un pedazo de museo a su nombre en Nairobi y casi cualquier occidental en Kenia sabe recitar aquello con lo que arrancó sus *Memorias de África*: «Yo tuve una granja en África, al pie de las colinas Ngong» (confiamos en que le procurara unas señas más certeras al cartero).[16]

En cualquier caso, con Da Gama —y no con Blixen— comenzó el flechazo europeo con lo que acabaría convirtiéndose en Kenia. Por entonces aquel enclave se veía como poco más que una base de descanso y avituallamiento para viajes comerciales de los súbditos del rey de Portugal a la India, cuando estos aprendieron a leer el monzón. Fue uno de esos domadores de los vientos de Oriente quien condujo a Da Gama hasta la India, en una travesía que conocía el comercio mucho antes de esa expedición. Cuando en 2010 una investigación conjunta de los Museos Nacionales de Kenia y la Universidad de Pekín (que costeó esta última) exhumó a unos pocos kilómetros al norte de Malindi unas porcelanas y una pequeña moneda de la dinastía Ming, varias teorías se pusieron sobre la mesa. La más difundida de ellas, que el navegante chino Zheng He llegó a la zona con una flota de unos 200 barcos en la segunda década del siglo XV.[17] Zheng

[16] El grueso de la población local, sin embargo, no tiene ni idea de quién fue Karen Blixen. Por contra, Vasco da Gama sí se estudia en la escuela, como parte de la historia colonial.

[17] Uno de los chascarrillos sobre esta excavación era que los chinos, en plena expansión neocolonialista por el continente africano, intentaban demostrar a los africanos que ellos llegaron allí antes que los europeos y ganarse con eso de alguna forma su simpatía.

habría obsequiado al sultán de Malindi con varios objetos de porcelana *made in China* y un poco de calderilla, y aquel le habría correspondido con una jirafa y otros animales autóctonos. Pero el turno era de los lusos.

A primera vista, parecía razonable suministrar agua potable y viandas a esos marinos en su ruta hacia las Indias. Sin embargo, la letra pequeña de su embajada exigía lealtad al rey de Portugal y unos tributos anuales de 3000 monedas de oro. Empezaban 200 años de intermitente presencia portuguesa a cañonazos en África oriental, durante los que avanzaron y recularon como las mareas, y en lo que fue una relación un tanto esquizofrénica: había que hacer amigos para tener puertos seguros, obtener la fidelidad de sus habitantes para que sus posibles competidores en el comercio marítimo internacional no fueran bien recibidos allí, recaudar impuestos para su imperio y exterminar a todos los *infieles*. Complicadillo.

A pesar de que los enclaves suajili profesaran una religión común (la mahometana, todavía muy presente en la zona), no constituían una civilización uniforme, eran prácticamente ciudades-Estado sin conexión terrestre entre sí, con escaso contacto con el interior y que estaban habitualmente a la gresca unas con otras. Su aislamiento parcial facilitaba la conquista portuguesa, aunque esta rara vez duraba demasiado. Las crónicas de la época hablan de una violencia tal por parte de los invasores que las revueltas contra ellos eran frecuentes. La débil huella portuguesa en la actual Kenia puede ser consecuencia de esa actitud beligerante: unas pocas palabras del suajili, como *meza*, *mvinyo* o *bendera* (mesa, vino y bandera), el Fuerte Jesús que construyeron en Mombasa y, por supuesto, nuestro amigo el pilar de Vasco da Gama en Malindi.

Por motivos de personal y presupuesto, los lusos nunca contemplaron abarcar más territorio, sobre todo hacia el interior, donde las enfermedades tropicales como la del sueño o la malaria habían servido para ahuyentar a posibles invasores. Norman Leys, un médico escocés que vivió en la zona dieciséis años al inicio del siglo XX, aporta un contexto muy necesario en su libro *Kenya:*

> Las enfermedades epidémicas y endémicas de África difieren de aquellas de los climas templados. Los afectados por viruela, peste, tifus, patologías intestinales, fiebre, difteria y gripe —los principales destructores de vida en Europa a lo largo de la historia— o se mueren o se recuperan por completo. Estas enfermedades rara vez se convierten en infecciones crónicas. La eficiencia mental y física se restauran por completo entre los supervivientes. Solo hay dos importantes excepciones, la tuberculosis y la sífilis, y de estas la sífilis llegó al Viejo Mundo solo tras el descubrimiento del Nuevo. Por contra, las principales infecciones de los trópicos duran muchos años, a menudo de por vida.[18]

Asimismo, Leys detalla que las patologías de los trópicos no proporcionan inmunidad a estas una vez superadas, ni siquiera después de varios ataques, a diferencia de las enfermedades más extendidas por suelo europeo a lo largo de la historia. Mientras en Europa la inmunidad vitalicia evitaba recaídas, muchos africanos de la época crecían con una limitación de sus facultades mentales y físicas: «Probablemente, ni uno de cada cinco niños nacidos entre el [río] Zambeze y el Sáhara escapa a la malaria durante su infancia. Una quinta

[18] Leys, 1924. (Traducción del autor).

o sexta parte de los atacados muere y el resto crece con una pérdida de energía natural».

Las diferencias no cesan ahí: en Europa las enfermedades casi siempre estaban relacionadas con expulsiones a través de la nariz, la boca o el recto. Bastaba con mantener controladas esas descargas y progresar en cuestiones de higiene. No así en la zona subsahariana de África, donde los mosquitos eran (son) los encargados de propagarlas, suponían una amenaza menos controlable y una prevención mucho más compleja.

La única inmunidad que adquirieron los nativos fue a ser conquistados, algo que, según Leys, fue un desastre para la zona. Conquistadores como Alejandro Magno «hicieron mucho más por estimular y fertilizar que por destruir. Los países donde las águilas romanas volaron alguna vez todavía disfrutan de un derecho de nacimiento que otros no tienen». El aislamiento del interior africano impidió la adopción de nuevas ideas e ingenios que facilitaban la existencia. Aquí habría que añadir otros aspectos del entorno poco favorable, como el hecho de que estuviera salpicado de leones, leopardos, elefantes y otras bestias que lo mismo te mataban el ganado que te allanaban el sembrado. La humanidad tuvo la puntería de nacer en un lugar jodido.

Sí hubo una conquista exitosa del interior, pero el batallón invasor no lo formaron soldados con fusiles, sino semillas: maíz, tabaco, patata y plátanos del Nuevo Mundo, introducidos en África occidental y oriental en el siglo XVI a través de puertos como el de Mombasa.

La ciudad constituía uno de los puntos calientes en aquel momento de expansión de Lisboa por el mundo, aunque su posesión de ultramar más extensa y relevante era Brasil. A esas costas habían llegado, a principios del *cinquecento*, los primeros esclavos procedentes de África occidental, pistoletazo de salida de otra de las epidemias que más contribuyó al estancamiento africano: la esclavitud a escala industrial.[19] No es que no hubiera un comercio anterior o que la servidumbre no fuera habitual en muchas otras partes del mundo durante todas las épocas anteriores, pero se estaba internacionalizando y llevando la práctica al extremo. Globalización y esclavitud han ido siempre de la mano.

Las plantaciones y las minas de las colonias americanas, cuya mano de obra era esclava, eran tan lucrativas —para los esclavistas, entiéndase— que los británicos se tiraron de cabeza en el segundo cuarto del siglo XVII al comercio de seres humanos, hasta entonces casi monopolizado en el Atlántico por Portugal y España. Más tarde, entre 1713 y 1715 en particular, el Tratado de Utrecht le serviría también a Gran Bretaña para hacerse con el comercio de esclavos en las colonias españolas, a las que antes no había tenido acceso.

El comercio de negros se fue de madre en el XVIII —con mejor tecnología naval y mejor armamento—, y los esclavistas desarraigaron a más de ocho millones de africanos para repartirlos en distintas partes del mundo, la inmensa mayoría desde la costa oeste del continente hacia América. En aquel momento comenzó el movimiento abolicionista en Londres, capital del imperio más poderoso de la época, aunque los primeros en plantar cara no fueron los británicos, sino los propios esclavos: las rebeliones y los suicidios se convirtieron en forma habitual de protesta.

[19] La Unesco estima que unos diecisiete millones de africanos fueron víctimas de ese comercio salvaje, y la cifra no contempla aquellos que murieron en las travesías marítimas o en las expediciones esclavistas al interior del continente. Se calcula que en torno a uno de cada ocho murieron en esos supuestos. Otras fuentes cifran en «más de doce millones» el volumen del tráfico transatlántico, que duró hasta el siglo XIX. Norman Leys sitúa en ocho millones los africanos objeto del comercio y en «al menos cinco veces más» los que murieron defendiendo su libertad, en cautiverio o durante el viaje.

Entre el coste de reprimir las revueltas, la pérdida de las colonias británicas en América del Norte en 1783, la reducción en el uso de mano de obra con la revolución industrial, los ideales aireados por la Revolución francesa y las décadas de presión abolicionista, el Parlamento británico pensó que quizá no fuera mala idea ilegalizar, en 1807, la compra, venta y transporte de esclavos. A partir de entonces, Gran Bretaña aprovecharía cada nuevo tratado internacional para calzar una provisión por la cual el país de turno renunciaba a ese mercadeo. Las otras potencias esclavistas de la época —Holanda, Francia, Estados Unidos, Portugal y España— suprimirían ese tipo de comercio en los años subsiguientes.

Después, con igual celo con el que los británicos se habían lucrado con el comercio de esclavos, su armada patrullaba las costas del África occidental para prevenir lo que había pasado a ser, bajo su legislación, tráfico de esclavos. Habría que esperar hasta 1833 para que el Parlamento británico prohibiera la posesión de esclavos y compensara a los propietarios con veinte millones de libras esterlinas de las arcas de Londres. Las víctimas del negocio no verían ni una.

La película era distinta en la costa oriental, que a fin de cuentas es la que aquí nos interesa. Los árabes y los persas habían esclavizado a los negros durante siglos y siglos y, digamos, la esclavitud siempre había formado parte del paisaje: se les utilizaba como marineros en Persia, como buscadores de perlas en el Golfo, como soldados, como trabajadoras domésticas en las casas adineradas, como concubinas. A algunos esclavistas árabes y suajili, el beneficio del tráfico de esclavos les compensaba el riesgo de ir a comprarlos o cazarlos al interior del continente.[20] Así que siguieron esas

[20] En *The Lunatic Express*, Charles Miller estima el beneficio de la compra de esclavos en

caravanas violentas que partían desde la costa suajili hacia el interior de las actuales Tanzania y Mozambique, llegando incluso a Uganda, Malaui o la República Democrática del Congo.[21] Por el camino, los esclavos capturados eran usados como porteadores de marfil, cuya demanda vino aparejada a la de esclavos que lo cargaran. Quizá los que menos crudo lo tuvieran fueran los que permanecían en la costa suajili. El trato que se les dispensaba a estos, por parte de unos amos de vida tranquila y ambición moderada, era «diez veces mejor que a miles de conserjes y dependientas» del Reino Unido, según el explorador y geólogo británico Joseph Thomson, quien pasó varias veces por la zona a finales del XIX y con quien nos volveremos a encontrar más adelante. Se les alimentaba dos o tres veces al día, tenían derecho a parte de su cosecha, trabajaban un número determinado de horas al día, gozaban de un par de días libres a la semana, algunos recibían una educación y a aquellos más espabilados se les otorgaban puestos de confianza. Pero muchos otros eran despachados a lugares menos apetecibles, como la isla de Reunión, donde los franceses habían creado plantaciones de café y algodón. O a Zanzíbar y Pemba, donde el cultivo del clavo había comenzado a principios del siglo XIX y los sabrosos ingresos que reportaba la especia embrutecieron y ampliaron las prácticas esclavistas de árabes y suajili: los esclavos no podían alimentarse de la cosecha, escapar de las islas era

---

un sesenta por ciento del precio final, que podía ser de veinticinco dólares de la época en Zanzíbar y de cien en Muscat. En el interior se adquirían más baratos, claro. «He visto niños de ocho a diez años ser vendidos por menos maíz del que cabría en uno de nuestros sombreros», escribió en 1871 el misionero Horace Waller, destinado cinco años en el lago Malaui.

[21] Por territorio keniano existió una ruta menor, desde el lago Victoria hasta el río Tana, que aprovisionaba de esclavos y marfil a los puertos costeros. Los masái, con su fama de guerreros implacables, contribuyeron a que los esclavistas se adentraran menos por esa franja, a diferencia de las más frecuentes del sur.

imposible dada la distancia a la costa y el nuevo armamento facilitaba el mantener a raya a los amotinados.

Con la costa oeste de África sellada para los esclavistas, el flujo iba a dispararse desde el extremo opuesto merced a la demanda constante por parte de los patrones brasileños, en cuyo territorio no se abolió la práctica hasta 1888. Alguien estaba frotándose las manos en Zanzíbar, Wall Street negrero del este africano.

* * *

Zanzíbar se había convertido en una colonia del sultanato de Muscat y el imanato de Omán después de que los árabes echaran un cable a los suajili para expulsar a los portugueses de los enclaves costeros a finales del siglo XVII. Como estas ayudas rara vez salen gratis, se pusieron ellos al mando. En 1840, la capital del sultanato se trasladó de Muscat a Zanzíbar, a las aguas turquesa y las playas de palmeras y arena blanca. Dieciséis años después, el sultán Said dividió el imperio en su testamento: Omán quedó por una parte y Zanzíbar por otra como sultanato independiente, con varias posesiones en la costa, entre ellas Mombasa.

Londres no había perdido de vista ni un minuto la zona, ya que desde el siglo XVI Lisboa competía con la *Union Jack* en la India, niña bonita del Imperio británico, y contribuyó a la pérdida de influencia de los lusos en la región, aunque sus maniobras diplomáticas terminaron tal vez por enfangarles más de lo que jamás pudieron haber previsto, como veremos en breve.

A diferencia del litoral oeste, el oriental presentaba más recovecos geográficos en los que esconder un falucho de transporte de esclavos en caso de avistarse una patrullera británica, por mucho que el comercio negrero se hubiera prohibido mediante un acuerdo entre el Reino Unido y Zanzíbar en 1847. Pero como existía una provisión que permitía al sultán zanzibarí transportar esclavos entre sus territorios, los árabes jugaban esta baza para reírse en la cara de la marina británica, ya de por sí escasa de efectivos en la zona.[22]

A mediados del siglo XIX, las noticias de la continuación de la trata de negros en el África oriental causaron tal consternación entre el público británico que varios comandos de señores armados con crucifijos acudieron a exorcizar el demonio de la esclavitud de una vez por todas. A eso y, de paso, a evangelizar a esos pobres hombres que aún no conocían la verdadera palabra de su dios. El doctor Livingstone, suponemos, fue uno de ellos.

En sus garbeos por el interior del continente para llevar a cabo su labor, estos misioneros ejercían también en parte de pioneros de la exploración del África ignota —que para los europeos era mucha—, como en el caso de Johannes Rebmann y Johann Ludwig Krapf, quienes, partiendo siempre de la costa suajili, contribuyeron a la creación del llamado *mapa babosa*: un mapa diseñado por su compañero Jakob Erhardt y publicado en 1855 en el que aparece un gran lago interior (resultaron ser tres distintos: Victoria, Tanganica y Malaui) en forma de molusco. Entre lo sugerente del mapa baboso, que Rebmann y Krapf habían asegurado ver nieve en dos montañas distintas de una zona tropical y que entonces nadie en Europa sabía de dónde salía el agua del río que amamantaba a Egipto, la Real Sociedad Geográfica de Londres se puso a financiar expediciones a la región como

[22] Londres no sacaría la artillería sobre la mesa para zanjar el asunto, al menos su apartado legal, hasta un acuerdo de 1873.

si no hubiera un mañana y los grandes nombres de la era victoriana se adueñaron de un buen trozo del mapa africano. ¿En serio era necesario todo aquello? También se lo pregunta Nicholas Drayson en la divertida y tierna *A Guide the Birds of East Africa*:

> ¿Es una simpática singularidad de los exploradores europeos imaginar que cada punto geográfico en los que sus ojos se posan por primera vez necesita un nuevo nombre o es, simplemente, una estupidez? Hasta donde sé, los humanos llevan danzando por esta parte de África [...] tres millones de años. La existencia de una gran *babosa* húmeda en el medio no pasaba desapercibida [...] El doctor Livingstone le puso un nombre más, en honor a una anciana de una tribu de blancos que vive en una pequeña isla a miles de kilómetros de allí. ¿Simpático o estúpido? De verdad que no me decido.[23]

El caso es que el establecimiento de misiones religiosas en los puntos de origen del tráfico de esclavos les parecía a muchos británicos la única manera para terminar con esa práctica diabólica. Allí, a orillas de los lagos Tanganica, Victoria y Malaui, era donde los esclavistas habían establecido décadas antes puestos avanzados para su negocio. De hecho, de vez en cuando había enfrentamientos entre estos, los misioneros y los nativos. En más de una ocasión, soldados indios al servicio de la corona británica se encargaron de defender a los religiosos, en expediciones que aumentaban la presencia de Londres en el interior de África oriental. Además, varios avances científicos, como el descubrimiento de la quinina —esencial para

[23] En realidad fue el explorador británico John Speke el que nombró así al lago. Livingstone bautizó como Victoria a las cataratas, en el sur del continente. Drayson, 2009. (Traducción del autor).

tratar la malaria—, habían logrado que internarse en África no fuera sinónimo de terminar encamado… o enterrado.[24]

Esa mayor resistencia a las enfermedades tropicales fue solo uno de los factores que posibilitaron el imperialismo. A finales del siglo XIX, esta se había juntado con los avances en las comunicaciones y el transporte, la necesidad de materias primas para alimentar la bestia de la industria, el excedente industrial en busca de nuevos mercados, el deseo de bases militares y puertos seguros, el abolicionismo, el afán evangelista y un deseo de expansión y prestigio alimentado por la competencia no siempre saludable entre los países europeos.

En ese contexto y ya con Alemania y el Reino Unido registrando sus primeros roces en África oriental, el canciller germano Otto von Bismarck convocó una conferencia en Berlín en noviembre 1884. En ella se reunieron trece países europeos, Estados Unidos y ni un solo africano. Solo un par de los delegados allí presentes habían estado alguna vez en el continente. África estaba a punto de *ser salvada* de sí misma y sin su concurso a través de una combinación de comercio, cristianismo y *civilización*. El horror, el horror…

El objetivo teórico de la reunión de Berlín era formular una serie de directrices que rigieran los proyectos comerciales y políticos en África occidental, pero se acabó por expandir a los treinta millones de kilómetros cuadrados africanos que los mandatarios europeos ya se estaban repartiendo en ocasiones a hurtadillas, otras, de manera descarada. La conferencia duró hasta febrero de 1885 y se consiguió poco más que establecer las reglas para el conocido «reparto de África», que

[24] Los militares británicos destacados en la India a principios del XIX encontraban el agua tónica, en la que buceaba la quinina, demasiado amarga y decidieron endulzarla con ginebra. Si lo hubieran patentado, sus descendientes seguramente desayunarían langosta a diario.

terminó por cuadricular el continente con tiralíneas. También crearon los conceptos indefinibles de *ocupación efectiva* y *esferas de influencia*, que cada cual podía interpretar a su parecer. Porque ¿dónde terminaban las *esferas de influencia* cuando se tenía poco más que un precario control de algunos enclaves en la costa? ¿Era la presencia testimonial en esos puertos una *ocupación efectiva*? Si al Reino Unido le habían correspondido los territorios continentales al norte de Zanzíbar y a Alemania aquellos al sur…, esa maravilla interior más allá del lago Victoria llamada Uganda de la que hablaban los exploradores, ¿era británica o teutona? Se disparó la firma de tratados surrealistas con jefes tribales, muchos de los cuales apenas conocían el contenido de estos documentos, no digamos ya sus consecuencias.[25] Días después de la conferencia, Berlín declaró una colonia: el África Oriental Alemana, que se extendería a grandes rasgos por las actuales Tanzania continental, Ruanda y Burundi. Los británicos, que habían de responder de alguna forma a la *amenaza* germana, lo hicieron dos años después con la creación de lo que se transformará en 1888 en la Compañía Imperial del África Oriental Británica (y que a partir de ahora llamaremos CIAOB, por aquello de la economía del lenguaje).

La CIAOB sí que era una subcontrata a lo bestia y no lo que tiene Zara en Bangladés: se encargaría de administrar y desarrollar el África Oriental Británica con el consentimiento del gobierno de Su Majestad.[26] Y no solo eso, sino que arrendarían al sultán de Zanzíbar la franja costera bajo su

[25] El desalmado del rey Leopoldo II de Bélgica llegó a acordar la entrega de dos piezas de tela al mes a cambio del gobierno efectivo de un par de regiones de lo que se convertiría en el Congo belga, un territorio setenta y ocho veces mayor que el de Bélgica y que Leopoldo jamás pisaría. *The Berlin Conference*, In Our Time, BBC Radio 4.

[26] Aquí todavía se pueden percibir las reticencias de Londres a pringarse de manera directa con empresas inciertas, aunque a estas alturas tenían ya las botas hundidas en el barro de África oriental hasta bien rebasada la frontera genital.

dominio. La CIAOB contaba con capacidad para comerciar, legislar, impartir justicia, acuñar moneda, imprimir sellos, firmar tratados, cobrar impuestos y gobernar, así en general, con el compromiso de Gran Bretaña de no aplicar la legislación vigente a sus administradores.

La capital del cortijo de la CIAOB se establecería en la que probablemente constituyera lo único parecido a una ciudad en todo el territorio. Una urbe caótica, hermosa y canalla, cóctel de religiones, escenario de infinitas batallas, conquistas y capitulaciones, gobernada por tal número de manos distintas a lo largo de la historia que es casi imposible llevar la cuenta. Una ciudad imprescindible, ametrallada de salitre, escenario perfecto para una película de espías, en la que la brisa marina arrastra el humo de la basura quemada en su vertedero interminable, en la que es posible avistar ballenas o cenar en un bajel y en la que cualquier grumete, marino o lobo de mar, joven o viejo, tuerto o présbita, de este u otro tiempo, verá saciadas todas sus necesidades. La capital será la que de facto había sido capital del Índico africano: la seductora Mombasa.

El 11 de diciembre de 1895 desembarcaba allí un británico llamado George Whitehouse con la intención de lanzar un cohete a Marte. O, para la época, una marcianada similar: plantar una vía férrea al interior del continente, desde la costa negra hasta ese lago que un compatriota suyo había bautizado como Victoria. Kenia estaba a punto de empezar en esa orilla, y no solo en sentido geográfico.

* * *

La siguiente vez que me encontré con Ahmed Abdikadir Hirsi y sus compañeros habían pasado dos años y medio desde aquella entrevista imprevista en los calabozos del tribunal de Mombasa. En esta ocasión me topé con ellos en Nairobi. Bueno, yo estaba en Nairobi, leyendo la prensa en la oficina, y ellos aparecían en una noticia del periódico…

Daily Nation, 30 de agosto de 2013

UN TRIBUNAL REDUCE LA PENA DE PIRATAS SOMALÍES DE VEINTE AÑOS A CINCO

El tribunal de Mombasa recortó este viernes a cinco años una sentencia de veinte años de cárcel a once piratas somalíes.

El juez Martin Muya dijo que los once apelantes, declarados culpables de atacar un navío en el océano Índico en 2009, habían estado bajo custodia tres años, y por eso consideró dura la sentencia de veinte años.

El magistrado jefe S. K. Gacheru dictó la sentencia de veinte años en prisión el 19 de junio del año pasado. Los apelantes son Ahmed Abdikadir Hirsi, Abdirahim Salat Roble, Abdullahi Yusuf, Mohamed Abdullahi, Mohamud Jama, Abdi Dahir Ahmed, Ahmed Maalim Omar, Ahmed Hassan Adow, Ahmed Mohamed Osman, Abshir Ahmed Hassan y Omar Ibrahim Jimale.

Fueron acusados de atacar el MV FNS Nivôse el 3 de mayo de 2009 en el océano Índico armados con dos rifles AK-47, siete lanzagranadas y un cuchillo.

El juez coincidió este viernes con la solicitud de la apelación de que el juez titular no había tenido en cuenta que se trataba de delincuentes sin antecedentes.

«Considero los veinte años de pena duros y excesivos y los reduzco a cinco años desde la fecha de su sentencia», dictó el juez Muya.

El juez ordenó que los once fueran repatriados a Somalia al término de la condena.

ADIÓS A LAS LANZAS

Una nueva idea sigue a una vieja.
Proverbio masái.

Memusi Ole Ngais aparece al final del camino a lomos de una bicicleta de montaña. Se ha vestido para la ocasión: una *shuka* roja de cuadros cubre su cuerpo, y cuentas de colores le adornan el cuello y el pelo. Saluda amablemente y pregunta si ha sido fácil encontrar Endana, y lo cierto es que no: ha hecho falta una hora de moto por caminos casi invisibles en medio de una planicie salpicada de acacias y habitada por humanos y fauna a partes iguales. Niños caminando hacia la escuela, pastores a lo suyo y órix en su hábitat agachando la cornamenta para pastar. Ese trayecto es su enlace cotidiano con lo que hemos decidido denominar civilización, si es que el asfalto cuenta como tal.

Memusi Ole Ngais es uno de los Maasai Cricket Warriors, un grupo de veintitrés guerreros masái que, varias veces al mes, se enfunda los guantes, empuña los bates, golpea las bolas y, en definitiva, juega al críquet. Memusi resume de forma un tanto vaporosa que empezaron en 2007 cuando entraron en contacto con una investigadora sudafricana afincada en Kenia y apasionada del críquet que les enseñaba el deporte a los niños. «Y los guerreros masái estaban por la zona y se interesaron».

Hoy se han juntado varios componentes del equipo para entrenar a un grupo de chavales de la Escuela Primaria de Endana. Los niños, con más voluntad que técnica, tratan de atizar a la bola con el bate, la mayoría de las veces de manera infructuosa. El fútbol despierta más simpatías en este rincón del mundo, pero estos emisarios improvisados del críquet no desisten. Adenoi Ole Mamai corrige el movimiento de bateo a un chaval, que asiente como por cumplir y se apresura a esconder su timidez en una fila de compañeros.

«Aquí en la región de Laikipia, donde está Endana, no hay mucho críquet», lamenta Memusi Ole Ngais. «En las ciudades, como Nairobi, sí se juega, pero aquí nosotros somos los embajadores del críquet. Lo hemos propagado por quince escuelas y siete institutos». Acto seguido, endurece el gesto y, cual eslogan publicitario, suelta: «Aunque, para nosotros, el críquet no es solo un juego. Nosotros lo usamos como un arma para combatir las injusticias en la comunidad. Como la mutilación genital femenina, el sida y el VIH, y para promocionar la igualdad de género».

Esta expansión por escuelas también ayuda a promover la educación y —dicen— contribuye a la autorrealización de cada jugador. Como una de las comunidades más pobres de Kenia en términos modernos, los masái sufren las consecuencias del desempleo y de otros males más recientes, como la tendencia al alcoholismo o la drogadicción. El trabajo en equipo que propicia el críquet pretende de algún modo integrarlos en la sociedad actual.

Estos nuevos masái rompen moldes a la misma velocidad a la que lanzan la bola: quieren preservar el entorno, mientras que su tradición mandaba matar un león como parte del rito de paso a la edad adulta. Abogan por la paz, cuando siempre han sido una tribu temida por su fiereza guerrera. Y van más allá. En el equipo cuentan que a través del críquet buscan «promover la excelencia, el liderazgo de los jóvenes, los derechos de salud reproductiva y el crecimiento económico para ayudar a las niñas y jóvenes a escapar del ciclo de la pobreza y de prácticas culturales retrógradas». Este tipo de tradiciones contemplan los matrimonios forzosos o la mutilación genital femenina, una práctica todavía muy extendida entre los masái.[1]

«Vamos a las escuelas —relata Memusi Ole Ngais— y, contra el sida, recomendamos la regla del ABC», siglas en inglés para *abstinencia, ser paciente y condón.* «En la iglesia, hacemos obras de teatro para difundir estos mensajes», apunta. Hay recovecos del planeta donde no alcanzan las directrices anticonceptivas de Roma, sobre todo cuando estas se traducen en que se te muera la parroquia.

Aunque el conflicto entre tradición y modernidad sea patente en sus comunidades, el equipo masái de críquet es un modelo de cómo combinarlo sin perder su identidad, al tiempo que se benefician de los aspectos salvables del llamado progreso. La aparentemente carnavalesca combinación de la indumentaria tradicional masái con el casco, los guantes o las almohadillas necesarios para practicar este deporte es un ejemplo.

El hermano de Memusi Ole Ngais, Sonyanga (más mayor, más fornido y más serio), es el capitán del equipo, formado

[1] La mutilación genital femenina afecta al setenta y ocho por ciento de las niñas y mujeres masái, según el Estudio de Salud y Demografía de Kenia de 2014, a pesar de la legislación creada para su erradicación. La población de esta tribu es de poco más de millón y medio, repartida entre Kenia y Tanzania, con algo más de la mitad residente en suelo keniano. *Kenya Demographic and Health Survey*, Kenya National Bureau of Statistics, 2014.

por jóvenes de entre dieciséis y treinta años, aunque el *núcleo duro* son once: cinco que viven en Endana y seis en Il Polei, una aldea cercana donde está el campo en el que entrenan dos veces por semana. Bueno, *cercana*. A veces en moto, a veces a pie, los guerreros residentes en Endana recorren los dieciséis kilómetros de camino de cabras (y de antílopes) hasta la carretera principal y, una vez en el cruce, toman el *matatu* (un minibús colectivo por lo general descacharrado) durante otros veintiséis kilómetros hasta Il Polei. Y luego ya empiezan el entrenamiento.

Además de la dificultad que les supone juntarse todos a entrenar por las complicaciones logísticas, también se enfrentan a los desafíos cotidianos de la zona: que un león se haya comido alguna de sus vacas o que unas hienas les hayan matado unas ovejas. Pero que todo esto no lleve a engaño. Aunque las casas de sus familias son de palos, barro y estiércol, los componentes del equipo están sin duda en una onda más moderna. Memusi Ole Ngais estudió Periodismo en la universidad y quiere ser fotógrafo. Seko Ole Mamai es un sacrificado maratoniano que va para hostelero, mientras que su hermano Adenoi estudió para contable. Los más mayores del equipo compaginan el críquet con el trabajo, porque de momento esta afición no les da para ganarse la vida. Los Masai Cricket Warriors sobreviven hasta ahora de donaciones, bien del Gobierno local, bien de benefactores. Cuando se presenta la oportunidad de acudir a un torneo, como los Last Man Stands, ponen en marcha un sistema de recaudación por Internet. Además, Sonyanga Ole Ngais confía en que la salida del documental *Warriors*, sobre el equipo, les dé mayor visibilidad y procure algún ingreso.

Mientras tanto, en la escuela de Endana, el entrenamiento ha concluido por hoy. La madre de Memusi y Sonyanga Ole

Ngais, una señora menuda y de pelo rapado, contempla la escena a lo lejos junto a la madre de los Ole Mamai. Siempre que pueden, van a animar a sus retoños. «¿Le gusta que sus hijos jueguen a críquet?», le consulto a la primera. Memusi lo traduce al maa, el idioma de los masái («masái» significa «hablante de maa»), y ella responde en inglés con el pulgar levantado: «*Cricket, number one!*».

De repente, Memusi saca su móvil de debajo de la manta roja que arropa su cuerpo y propone que nos hagamos unas fotos juntos. Le pido que me las mande. «¿Tienes WhatsApp?», pregunta. Y nos despedimos.

* * *

Tipira Ole Ntayia afirma que no es difícil matar un león. No está hablando de caza deportiva, ni del uso de armas de fuego, ni de cavar un foso y que el animal caiga en una trampa peliculera. Tipira habla del toreo en versión masái: el hombre contra el león. Sin estoque y sin capote. A pelo. Bueno, con una lanza. «Si caza una vaca y no quiere soltar la presa, esperas a que se la coma, le sigues hasta que caiga la noche, y luego lo rodeas entre unos cuantos guerreros armados con lanzas», comenta como si nada mientras conduce por la sabana. Tipira lo sabe bien porque se ha cargado nueve. «Nueve leones usando lanza», precisa. «Alguno más con arco y flechas». Acto seguido se justifica para carcajada general: «Por aquel entonces no éramos amigos de los leones…».

Pero de aquello hace ya muchos años. Ahora ha cambiado el discurso, porque la modernidad y la ironía han hecho que el bienestar de Tipira ya no dependa tanto de la supervivencia de sus vacas como de la supervivencia de los leones que se dedica a rastrear para los miles de turistas que cada año viajan desde todos los continentes hasta su hogar: el parque nacional del Maasai Mara, en el suroeste de Kenia.

Tipira dice que tiene cuarenta años, pero esconde alguno más que no quiere confesar quizá por un acceso repentino de coquetería. Es un buen rastreador y le gusta su trabajo. No sabe decir si le gusta porque es bueno, o es bueno porque le gusta, pero el caso es que aprendió la profesión casi sin querer, desde crío, por una mera cuestión de subsistencia. «Cuando yo era niño, había muchos más animales y era más peligroso, porque te podías topar con alguno. Crecí rodeado de ellos y aprendí su comportamiento desde pequeño». Él no fue al colegio y, como muchos niños no solo masái sino también de otras tribus en la Kenia actual, apenas empezó a caminar, le armaron con una ramita y le encomendaron pastorear el ganado. Por eso sabe que a los elefantes, a los guepardos o a los leones uno se puede acercar más que a los búfalos, los rinocerontes o los leopardos.

Como otros tantos, pasó el rito de iniciación para convertirse en *morán:* la circuncisión y la tradición casi inexistente en nuestros días de matar un león. La función de los *morán*, los guerreros, es la protección de su comunidad, algo que Tipira hizo con celo, ganándose el respeto de los suyos y de los de fuera. Como guerrero, le tocaría proteger al ganado de los depredadores, y a los rudimentos aprendidos en la infancia añadió en su juventud un curso intensivo de interpretación de las señales que la naturaleza le proporcionaba para saber anticiparse al peligro. Los leones no fueron sus únicas víctimas. Algún humano cayó también en luchas contra otros clanes y tribus, y en las redadas para robar ganado que caracterizaban a los masái[2] y que se siguen dando sobre todo en

[2] En teoría (y así lo justifican los entrevistados), esta tendencia masái a los asaltos para

el norte de Kenia. Tipira luce una piel tersa sin apenas vello, salpicada de cicatrices circulares, como pequeños cráteres. Son quemaduras que él mismo se infligió de niño, para acostumbrarse al dolor, pues no hay mayor deshonra para una familia que cuando un hijo da muestras de debilidad durante el ritual de la circuncisión. El llanto o un mero gesto de angustia serían una humillación, por eso ha de bastar como anestesia el baño previo en aguas frescas antes de pasar por un filo rudimentario. Tipira es alto, fornido, ágil, fuerte, con instinto, inteligencia, temple, determinación y recursos. Ahora inspira seguridad; antes, con rastas largas, con los lóbulos dilatados de las orejas colgando (y no hechos un ovillo, como ahora), con su cuchillo en ristre, empuñando la lanza en una mano, el *rungu* en la otra y vestido para el combate, debía de dar mucho miedo.

En parte por eso José decidió contratarlo (por la buena planta y lo de transmitir seguridad, no por lo segundo). José es José Serrano, dueño del campamento de safaris Enkewa Mara Camp y uno de los pocos humanos que al abrir la puerta de su casa (léase: la cremallera de su tienda) ve una colina que ya no es Kenia, sino Tanzania. José Serrano es también una de esas personas que disfruta tanto con su trabajo que contagia el entusiasmo. Un día que está más libre, nos vamos a solas con Tipira de safari y se presta a hacer de intérprete.

«Tipira estaba trabajando en otro campamento de safaris y estaba hasta las narices —arranca José mientras el todoterreno de Enkewa con el masái al volante trepa por una colina donde pastan unos ñúes—. Su hermano trabajaba ya conmigo, y Tipira me vino con una cabra a pedir trabajo. Yo en un

robar vacas se debe a una creencia (compartida por otros pueblos trashumantes) de que su dios les concedió todo el ganado del mundo y es su objetivo recuperarlo.

primer momento le dije que no, porque sentía que me quería comprar, pero aquí es como se hacen las cosas. Después de un tiempo le dije que nos fuéramos de safari para probarle y me dejó flipado. Rastreó un rinoceronte y lo encontró. Primero vio sus excrementos e intuyó hacia dónde había ido. Al rato encontró otro rastro… y, después, dio con él (media hora después de esta conversación, Tipira y José encuentran uno de los cincuenta y tres rinocerontes que habitan los 1510 kilómetros cuadrados de la reserva natural). Tipira —alaba José— sabe leer señales que otros no vemos. Es una especie de… ¿energía del Maasai Mara? Si, por ejemplo, estamos buscando un leopardo…, por cómo están ubicados los animales alrededor, él ya intuye que está en el árbol de aquella colina (apunta el dedo a un *árbol de salchichas* —*Kigelia africana*— a un kilómetro de nuestro todoterreno), aunque no lo haya visto aún».

Tipira fue *morán* hasta los veintitrés años, algo más que la media. Su bravura y buena fama como guerrero le facilitaron casarse con la hija del más rico de la aldea y le brindaron la oportunidad de pasar a trabajar para un campamento de safaris al tiempo que seguía metido en el negocio tradicional de la ganadería *à la masái*. Primero fue vigilante de seguridad en ese campamento; después empezó como rastreador. En 2007 fichó por Enkewa y ahí lleva más de diez años. En total, dos décadas encontrando animales para enseñárselos a los clientes y una vida en contacto directo con la naturaleza.

Para Tipira, la fauna era antes sinónimo de amenaza, pero ahora dice haber comprendido el valor de esta para el futuro de los masái. Con el turismo[3] se han abierto muchas nuevas

[3] El turismo supuso el 8.2 % del PIB keniano en 2019, según el Consejo Mundial de Viajes y Turismo. Ese mismo año, en España sumó el 14.3 %. *Economic Impact Report*, World Travel and Tourism Council, 2020.

oportunidades para aquellos dispuestos a aprovecharlas, y Tipira sabe que proteger la fauna y el entorno es la clave para mejorar sus vidas y apuntalar el futuro de sus hijos. «Ahora las cosas son más sencillas, la vida es más fácil: hay más comida, por ejemplo. Porque hay más tiendas, también. Antes tenías que ir a Narok y no había buena conexión por carretera. Y también porque hay más acceso a medicinas. Antes la gente se moría porque no había medicinas. Ahora los niños van a la escuela y aprenden más cosas. Cuando yo era pequeño había menos conocimiento». En realidad, cuando Tipira era pequeño había menos de todo excepto vegetación y fauna. De eso sí que había mucho más. Y en esa transición hacia una más que relativa abundancia, los masái han ido modificando su vestimenta, sus joyas, sus armas, sus tradiciones, su vida.

No es raro que en la hoja de los cuchillos que llevan algunos masái se pueda leer *MADE IN CHINA*: el país asiático se ha convertido en la fábrica mundial de souvenirs… y de todo lo demás. Puede que las cuentas de plástico de colores que la tribu utiliza para elaborar pulseras, anillos, collares o cinturones también provengan de allá. Antes se usaba el material local disponible para la joyería: concha, hueso, piedra, cristal, madera, hierro, arcilla, cuerno. Los escudos que usaban los *morán* se confeccionaban con piel de búfalo, mientras que ahora, que se les da un uso festivo y comercial (para los turistas con posibles), son de piel de vaca. De este material eran precisamente las sandalias tradicionales, ahora elaboradas con neumáticos viejos, lo que las hace más cómodas y duraderas. La piel de vaca y de oveja servía antes para elaborar la ropa, en general una manta, llamada *shuka* en el idioma maa, que cubría el cuerpo y cada cual ajustaba a su gusto y tintaba con los pigmentos que daba la naturaleza. En la actualidad son omnipresentes las *shukas*, casi siempre de algodón, rojas y de cuadros, abrigando los estilizados cuerpos de los masái.

Sobre la tribu existe tanto mito que conviene coger con pinzas cualquier historia que les rodee. La de la evolución de la *shuka*, sin ir más lejos. La teoría más extendida es que las mantas de cuadros llegaron a los hombros de la tribu a través de misioneros escoceses porque, admitámoslo, el estampado se parece. Como ya en 1895 había en Kenia al menos una misión, la Africa Inland Mission, establecida por un escocés-estadounidense, la historia podría ser hasta verosímil. Otra hipótesis es que los masái se aficionaran a las telas que se usaban como moneda de cambio en el comercio de esclavos y que se teñían con pigmentos naturales de varios colores disponibles en Madagascar. Todo aquello habría llegado a África oriental en torno al siglo XIX, cuando se puso de moda el mercadeo de negros a gran escala en la zona. Sin embargo, la más divertida de las cábalas sobre cómo llegaron a vestir estas mantas es que los masái fueran descendientes de —o hubieran tenido contacto con— una legión romana que desertó o se perdió más allá de la frontera sur del Imperio. Igual los legionarios tenían por misión entregar un paquete a Karen Blixen con *UNA GRANJA EN ÁFRICA AL PIE DE LAS COLINAS NGONG* como única dirección de destino, tomaron el desvío equivocado y así hasta hoy: de aquellas túnicas, estas *shukas*.

Pero la ropa o las joyas son aspectos más superficiales y, como en cada faceta de la vida en Kenia, se termina por topar con la propiedad de la tierra. La zona de ocupación de los masái también ha ido variando con el tiempo y no precisamente por el contacto con los romanos, sino más bien por deseo de algunos colonos hijos de la Gran Bretaña.

En el momento en el que los europeos entraron en contacto con los masái de manera más habitual, a finales del siglo XIX, la tribu estaba en el ocaso de su poder. Esta comunidad nómada, nilótica y procedente de lo que ahora es Sudán del Sur se había extendido por todo el valle del Rift keniano y más allá, desde Samburu hasta la actual capital tanzana, Dodoma. Su fama como guerreros implacables estaba bien fundamentada: altos, fibrosos, valientes, capaces de resistir duras marchas en tiempos de récord. A veces llegaban hasta la costa del Índico. Eran una especie de espartanos de África. Esto había hecho que las tribus circundantes tomaran precauciones, se abstuvieran de asentarse en las llanuras y se pensaran dos veces lo de tener vacas. Aunque los masái no buscaban conquistar territorio, ni mujeres, ni hacer esclavos o prisioneros, sus redadas para obtener ganado podían acabar con más de un disgusto. Pero para cuando los blancos les empezaron a rondar, *acojongojados* por la fama histórica de la tribu, todo eso estaba en declive: en torno a 1890 hubo una plaga de peste bovina y el ganado masái sucumbió de mil en mil. Sus dueños murieron de hambre y algunos autores estiman que la población de la tribu se redujo en dos tercios. Eso fue solo una parte del *Emutai*, la gran hecatombe masái de finales del XIX, que se juntó con una sequía, una plaga de perineumonía bovina y de viruela. Y contra todo eso el ardor guerrero tiene poco que hacer.

Las crónicas sobre la época aseguran que esta debilidad coyuntural de los masái le sirvió a la administración colonial para ganarse a la tribu al poco de su llegada sin tener que someterla por la fuerza. Bueno, la decadencia y, en teoría, un episodio en el que los británicos habrían demostrado a los masái un elevado sentido de la justicia. Bien es cierto que un servidor se basa aquí en el relato de dos británicos, pero luego ya si eso que juzgue cada uno: era noviembre de 1895 y una caravana compuesta por un millar de suajili y kikuyu se topó con los masái a la altura del valle de Kedong. Casi todos los suajili perdieron la vida. No así los kikuyu, que huyeron a Fort Smith, un puesto militar británico cercano, para informar del incidente. El incidente —concluyeron las autoridades del fuerte tras una investigación— se produjo porque los suajili raptaron para su disfrute a dos chicas masái de una aldea cercana a la zona de su acampada. Los masái protestaron, hubo un poco de bronca y acabó por saltar un disparo, que mató una vaca, que para un masái es poco menos que como si le hubieran amputado una pierna y sacado un ojo, y el inevitable ataque masái al convoy arrasó todo lo que pilló en medio. La noticia del ataque habría llegado a oídos de un tipo un tanto temerario llamado Andrew Dick, quien estaba viajando por la zona, y en respuesta habría atacado a los masái y robado unas cuantas vacas, a lo que los *morán* respondieron atravesándolo con una lanza. El tal Dick se convirtió así en la primera y única brocheta europea por cortesía masái de la que se tiene constancia.

En aquel momento, el jefe masái Lenana, quien había manifestado en más de una ocasión su deseo de entrevistarse con la administración británica en Fort Smith, acudió al lugar antes de que los colonos conocieran el suceso en toda su complejidad. Allí, Lenana aguardó a que concluyeran las pesquisas británicas. Las autoridades coloniales comprendieron que los masái habían actuado bajo provocación y habían perdido unos cuantos efectivos en el enfrentamiento con Dick, por lo que decidieron no aplicarles más castigo del ya recibido. Además, estimaron justo compensar a las familias de los kikuyu muertos en el incidente del rapto de las mujeres a manos de sus compañeros suajili con las vacas recuperadas del forajido europeo. Supuestamente asombrado por el trato y la imparcialidad de la administración británica en su decisión final, el jefe masái Lenana se les mantuvo fiel.[4]

A partir de entonces, los masái respetaron y siguieron las decisiones del jefe Lenana respecto al gobierno colonial, lo que no quita para que los *morán* les robaran vacas a los colonos cuando les viniera en gana. Como a Lord Delamere, quizá el colono más influyente de Kenia, y del que se cuenta que padecía *masaitis*: una percepción romántica que catalagoba los miembros de la tribu como *buenos salvajes* incapaces de la fechoría. Llegó a emplearles como pastores de sus rebaños —¡valiente!— y las cabezas de su ganado desaparecieron a puñados. En una ocasión en la que a los masái se les fue la mano en el saqueo, el colono fue a pedirle cuentas a uno de los sabios de ese clan particular, para saber cuántos en la aldea estaban al tanto del robo. «Delamere —le espetó el hombre—, los únicos que no lo saben son los niños que están en los vientres de sus madres».

El problema, más adelante, fue qué hacer con los masái en una organización territorial moderna. Como tribu trashumante, consideraban el trabajo manual una suerte de esclavitud. No tenía pinta de que fueran a ser empleados en los ranchos de los nuevos colonos o que fueran a producir más allá de sus propias necesidades. El único encaje que parecía tener la tribu en el mundo *moderno* de los colonos era como sección en el museo.

[4] La fidelidad a los británicos había sido el deseo que el jefe Batián, padre de Lenana, le habría expresado en su lecho de muerte. El pico más alto del monte Kenia, a 5199 metros sobre el nivel del mar —segunda cima más alta de África—, lleva por nombre Batián, mientras que el tercero, a 4985 metros y accesible sin escalada técnica, recibe el nombre de Lenana. El segundo más alto, Nelion, a 5188 metros, se nombró en honor al hermano de Batián. Halford Mackinder, el primer europeo en subir a la cima en 1899, habría sido el encargado de bautizarlos así. ¿Un gesto de gratitud? ¿Un detalle para terminar de ganárselos?

Además, los pioneros vieron que no muy lejos de Nairobi había tierras fértiles supuestamente desaprovechadas —las de pastoreo masái— y las solicitaron. ¿Acaso algún masái tenía un título de propiedad para reclamarlas? En 1904, las autoridades coloniales acordaron con la tribu la creación de dos reservas partidas por el ferrocarril que Londres había terminado de plantar tres años antes. Estas se ubicarían al norte y al sur de los terrenos más suculentos del valle del Rift, en zonas con menor acceso a recursos hídricos, en un territorio que equivalía a una pequeña parte de lo que habían sido dominios masái a finales del XIX y en un momento en el que la población de la tribu estaba de nuevo en crecimiento. Como la separación de estas reservas entre la zona fronteriza con la actual Tanzania (sabana, más árida y al sur) y la zona de Laikipia (con más recursos, más poblada y al norte) creaba muchos problemas, se decidió largar a los masái una vez más, en un nuevo desplazamiento que contó con la oposición de buena parte de la administración y la población pionera, que asistía al maltrato de la tribu. Y como había europeos con intereses en Laikipia, se mandó a todos los masái que allí vivían hacia una versión ampliada de la reserva sur, con el beneplácito también del jefe Lenana, quien veía cómo al estar separada la tribu en dos reservas su influencia sobre los residentes de Laikipia iba menguando. La *mudanza* definitiva de los masái a la reserva del sur no se produjo hasta 1913, cuando Lenana ya había pasado a mejor vida, si es que existe una vida mejor que la vida pirata o la vida masái.

Para ser un protectorado, Londres estaba ofreciendo a los habitantes de este una protección más que cuestionable. Se estaba destrozando la estructura de la tribu, ya que la opinión generalizada entre los europeos en el terreno era que los masái eran poco menos que una panda de bárbaros. Se les prohibió hasta la venta de sus reses fuera de la reserva, puesto que los masái se negaban a vacunar a su ganado contra la devastadora fiebre de la costa oriental y las autoridades temían contagios. Se estrangularon sus ritos y, con ellos, buena parte de su cultura. La estocada (la lanzada) final vino por otro cambio del sistema: con la introducción del dinero, el número de reses dejó de ser la medida de la riqueza personal. Los masái, que habían llegado a ser los Rockefeller de las vacas, sufrían ahora una especie de crack del 29 bovino. La tribu se estaba quedando como los indios americanos: en una reserva y condenada a la inactividad.

«La conversión de una tribu de depredadores-saqueadores [de ganado] a pacíficos pastores se estaba produciendo tan rápido como era posible esperar. Igual demasiado rápido, de hecho», escribió Norman Leys, muy crítico con la administración colonial. «Por supuesto —continúa el médico británico—, hay que admitir que si el mundo estuviera gobernado por la razón y la justicia, se les daría a los masái cien años en lugar de diez para aprender a ser diligentes en vez de valientes. [...] Se han resistido a todos los cambios de manera tan clara porque estaban dirigidos a convertir a los masái en nuestros obedientes sirvientes. ¿Por qué —piensan ellos— deberían aprender nuestro modo de pastorear nuestro ganado en vez del suyo?». Y el método masái no contemplaba, por ejemplo, sistemas de distribución del agua, sino terreno al que ir libremente a pastar. Un terreno —la nueva reserva del sur— cuya extensión se había recortado exponencialmente, mientras que la población de la tribu aumentaba: había menos pastos para más vacas. Además, en 1948 se creó en esa zona una reserva natural, convertida en parque nacional del Maasai Mara en los setenta. En 1984 se terminarían fijando las actuales dimensiones de la reserva, en la que ya no estaban permitidos los asentamientos que no fueran alojamientos turísticos, ni la caza, ni el pastoreo, limitando aún más el margen de maniobra masái. Pero para cuando Tipira llegó al mundo, a mediados de los setenta, su aldea, Nadenderit, sí estaba dentro del Maasai Mara.

Nadenderit es un pueblacho minúsculo con unas pocas chozas alrededor de un redil central que el baile oficial de lindes dejó definitivamente fuera del Maasai Mara, pero que no está separado de la reserva por ninguna frontera real más allá de la que muestra un dibujo en un papel llamado mapa. En Nadenderit viven los nueve hijos que Tipira tiene con sus dos mujeres: Noorkiloret y Naitaing.

Tipira aprovecha esta visita, una de las dos que hace al mes, para hablar con sus familiares y apañar algunos negocios relacionados con su ganado. Así que Lesaloi, compañero de Tipira en el campamento de safaris de José, también rastreador y el único que habla inglés de los dos masái, se ofrece a enseñar la aldea y la choza de la segunda esposa de Tipira, Naitaing. Es una mujer guapa y parece muy joven, pero lo parece solo, porque ni ella lo sabe. El no conocer la propia edad es una constante en las zonas en las que la tradición escrita apenas tiene un siglo y fue impuesta de manera externa. Los registros y los censos son muy recientes, así que muchos kenianos —y otros africanos, desconocedores del día de su primer cachete— tienen estampado en su carné de identidad que nacieron el 1 de enero del año equis. Además del Año Nuevo occidental, debe de ser el día con más cumpleaños del mundo.

Naitaing está cocinando alubias, un básico de la dieta actual de los masái, que completan con arroz o leche de sus muchas vacas y carne en días festivos, como cuando hay una boda o una ceremonia de circuncisión y viene gente de otras aldeas, próximas y remotas. Lesaloi cuenta que las mujeres están a cargo de la casa, desde construirla hasta administrarla. Se encargan de los niños, de ir a buscar el agua y de cocinar. Cuando se casan, se mudan a la aldea de su marido y rara vez regresan de visita a la de sus padres. Se espera de las mujeres que obedezcan las órdenes de sus maridos. ¿Y en caso contrario? Lesaloi sacude una mano de manera un tanto teatral y dice con media sonrisa: «¡Ay! El marido les puede zurrar bien…».

Por su parte, los hombres son los encargados de llevar el dinero a casa, como sucede con Tipira, quien gana quince veces más como rastreador en Enkewa de lo que ganaría con el pastoreo (negocio que, por otra parte, tampoco ha desatendido).

A la salida de la choza de Naitaing, Lesaloi muestra los rediles en los que se encierra al ganado por las noches en Nadenderit: el de las vacas es el más grande del lugar por motivos obvios, y la separación entre las ramas de acacia que componen el vallado es mayor. Los cercados para las cabras y las ovejas, sembrados de cagarrutas, tienen un vallado más sólido y apretado, para evitar que ninguna res salga… ni ningún felino entre. Las crías del ganado más pequeñas se meten en las chozas masái, llamadas *manyattas*, que tienen una estancia para la madre (y el padre, cuando decide pasar la noche con esa mujer), otra para los niños y una estancia central para el fuego. Algunos huecos sirven para apilar leña o utensilios de cocina y la poca vajilla que haya. Son chozas levantadas con un esqueleto de madera de acacia y recubiertas de barro y desechos estomacales vacunos. Para mantener el calor, en la choza no existen ventanas, aunque sí un pequeño vano cegado con una contraventana de palo, y cuando no hay nada al fuego, ni fuego, se abre el ventanuco en la pared, que deja pasar los rayos de sol de la tarde y dibuja en un momento un Caravaggio en la *manyatta*.

Tipira afirma que todos sus retoños van a la escuela, aunque no se distingue ninguna alrededor. ¿Dónde está entonces el colegio? El de preescolar, cerca. El de primaria, lejos. ¿Cómo de lejos? «Detrás de aquella montaña», señala Lesaloi en la distancia. «Unas dos horas de ida y dos de vuelta». ¿Y dónde se compra el arroz, por ejemplo? «En la tienda. ¿Ves aquellas casas blancas?». Señala Lesaloi a una colina en la dirección opuesta, aún más lejana que la de la escuela. Ahí está la tienda. Dos horas y media de ida y otro tanto de vuelta a pie por medio de la sabana. Oye, y los masái, ¿en qué creéis? «Algunos en Laiboni, pero cada vez más la gente cree en Dios». ¿Y dónde queda la iglesia? «Ahí al lado, detrás del cercado de las vacas». A dos minutos andando.

El cristianismo ha sido otro de los grandes agentes del cambio entre los miembros de esta tribu. El masái Michael Ole Sayo, fundador de la ONG Mando Maasai, considera que el peso de esa religión ha modificado ciertas costumbres ancestrales que, digamos, dificultaban la convivencia en un país en el que la hermandad nacional fue por imposición. «Ya no hay tantas expediciones de robo de ganado, por la presión del Gobierno y de los consejos de sabios.[5] Y por la Iglesia, porque los sabios van a la iglesia y les dicen que está mal robar vacas…». Con la monogamia se ve que está habiendo más resistencia por parte de los mayores de la tribu. Aunque Michael Ole Sayo indica que las comunidades con las que trabajan admiten una mejoría de su situación a raíz de la escolarización de más y más críos. Esto también conlleva un grado de sedentarización y, con la creación de pozos y presas,

[5] La forma de gobierno tradicional en varias tribus.

ya no hace falta caminar decenas de kilómetros para encontrar pasto fresco y agua. Excepto en periodos de sequía, cuando la gente cruza libremente a Tanzania vulnerando una frontera que, en realidad, jamás ha existido.

El futuro de los masái depende en parte de esos niños que pasan más tiempo en las aulas que entre vacas. Chavales como los de Tipira. ¿Saben ya qué van a hacer de mayores tus hijos, Tipira? «Lo que ellos decidan», traduce Lesaloi. ¿Alguno quiere ser rastreador, como su padre? Sí, alguno le ha manifestado su deseo.

—Ahora, los nuevos que quieran empezar a trabajar de rastreadores ya no serán iguales que nosotros.

—¿Por qué?

—Porque no han crecido tan en contacto con la naturaleza. Las aldeas están fuera de la reserva natural, ya no hay tantos animales y algunas personas jamás han visto, por ejemplo, un rinoceronte. Y yo les tengo que decir qué animal es.

—¿Y cuando los de tu generación os jubiléis?

—Ya no habrá rastreadores como nosotros.

Hay enseñanzas de la naturaleza que no están en los libros, ni siquiera en Internet. ¿Cómo serán entonces los rastreadores del futuro? ¿Acaso sabrán rastrear? La tecnología terminará por alargar sus tentáculos también hasta este campo. El jardín del Edén con paloselfi. Algunos vehículos de safari se avisan desde hace muchos años por radio o por teléfono de dónde están viendo un león, un leopardo o un cruce de ñúes y cebras en el río Mara durante una de las maravillas de la naturaleza: la gran migración anual entre el Serengeti y el Maasai Mara. La agencia de vida silvestre de Kenia lleva años realizando seguimiento a determinados animales con sistemas de localización por satélite para conocer sus comportamientos y prevenir la caza furtiva. Ahora se ha dado un paso más. Para que las nuevas generaciones de pastores masái, menos familiarizados con la naturaleza, sepan dónde quedan los leones y eviten pérdidas de ganado, varias ONG se dedican a colocar collares a los felinos para localizarlos por GPS. Todo apunta a que la industria del safari acabará tomando una senda similar para complacer a los clientes cuando ya no haya gente como Tipira Ole Ntayia, capaz de deducir que en aquel arbusto lejano se esconde una leona solo porque ha visto a unas cebras dar una coz a destiempo en dirección noroeste al amanecer de un frío día. Y en ese punto preciso radica una parte del dilema de Tipira:

—Nuestra vida era dura. De jóvenes, nuestra única perspectiva era cuidar del ganado y protegerlo de los felinos. Ahora hay otro tipo de vida. Los nuevos podrán aprender muchas cosas en los libros o por Internet sobre los comportamientos de los animales o sus características… Pero no sabrán rastrearlos. Se los encontrarán. Porque, para ser rastreador, la mejor escuela es el campo.

LA CONQUISTA DEL OESTE

No es extraño que un país construya un ferrocarril, pero sí lo es que un ferrocarril construya un país.

Charles Eliot, comisionado del Protectorado de África oriental, 1900-1904.

La última década del siglo XIX fue uno de esos momentos en los que uno habría podido pensar que los hilos del Imperio británico los manejaban los Monty Python. Fueron varios años de encendido debate parlamentario en Londres sobre la necesidad, la conveniencia, lo oportuno, lo costoso y lo cabal de plantar un ferrocarril en un rincón desconocido y remoto de África. Una vía que se sabía dónde iba a empezar e igual hasta cuándo iba a empezar, pero cuyo desarrollo y término se intuían solo con una certeza difusa.

La línea férrea —sus promotores estaban convencidos— serviría para terminar de una vez por todas con las caravanas esclavistas, ayudaría a explotar las riquezas naturales de enclaves entonces míticos como Uganda, avivaría el comercio regional y favorecería la colonización de la zona, al tiempo que agilizaría el transporte de tropas, si estas fueran necesarias. El contexto de apogeo del delirio imperial es necesario, porque uno de los argumentos principales a favor del ferrocarril de Uganda parecía sacado de la cabeza de John Cleese y compañía: era crucial dominar Uganda y tener un rápido acceso militar a esta, ya que en su territorio se hallaba la cabecera del Nilo con la que tanto había costado dar. Si un país rival, como Alemania desde su vecina posesión africana de Tanganica (la actual Tanzania continental), llegara a plantarse allí y embalsara las aguas del Nilo blanco, la posesión británica de Egipto estaría en grave peligro, podría verse asfixiada y con ella su dominio del canal del Suez, y perdiendo este paso vital para las comunicaciones intercontinentales terminar esfumándose la joya imperial más preciada: la India. A menos que WikiLeaks revele en una de estas que los alemanes estaban valorando contratar a Moisés para separar las aguas del Nilo, cegar cada uno de sus afluentes y cerrar el grifo británico en Egipto, se podría decir que Londres sobreestimaba sobremanera a sus adversarios. Sonaba todo tan surrealista que el diputado liberal Henry Labouchère recurrió a una publicación de su propiedad para plasmar una protesta en verso contra la construcción del ferrocarril:

Lo que costará, no lo pueden expresar las palabras;
Cuál es su propósito, ningún cerebro lo puede suponer;
Desde dónde empezará, nadie es capaz de adivinarlo;
Adónde va, ninguno lo sabe.
Para qué hace falta, nadie lo puede conjeturar;
Qué llevará, no hay quien sea capaz de definirlo;
Y a pesar del sermoneo de George Curzon,[1]
Está claro que no es sino una línea lunática.

En el Museo del Ferrocarril de Nairobi creen que fue este último verso el que sirvió para bautizar al proyecto como el Expreso Lunático, el tren tarado. Labouchère había dado en

[1] Curzon era vicesecretario de Estado británico de Asuntos Exteriores en la época.

la diana y eso que en el momento de redactarlo era desconocedor de lo que estaba por venir.

* * *

George Whitehouse debió de ser un optimista de aúpa. Como ingeniero jefe del ferrocarril de Uganda, le correspondía la misión de convertir un dibujo en realidad: una sinuosa línea en un mapa de una zona semiexplorada en una vía de tren que cruzara desierto, jungla, montaña y terreno volcánico. El trazado seguía *grosso modo* una antigua ruta esclavista hacia el lago Victoria, misma senda que se desarrolló como camino para caravanas de bueyes por la Compañía Imperial del África Oriental Británica, que para entonces ya no existía. La CIAOB había hecho prácticamente de todo menos obtener beneficios, y para entonces estaba arruinada. El Reino Unido se hizo con la administración directa del territorio por primera vez. Era 1895 y nacía el Protectorado de África oriental: más o menos lo que en un futuro sería Kenia.

El panorama que halló allí Whitehouse era muy poco alentador: fondos limitados, presiones desde el Reino Unido, mano de obra escasa y poco cualificada, y materiales insuficientes que se reponían a ritmo tropical. Aunque, como decimos, nuestro hombre debió de ser un entusiasta de los que hacen época. Los fondos se fueron estirando; las presiones, desoyendo ligeramente; para la mano de obra se recurrió a culis de la India —peones algo cualificados a espuertas, 30.000 durante todo el proyecto— y los materiales…, bueno, estos siguieron llegando con cuentagotas.

George Whitehouse sabía echar cuentas, pero no desesperó: en torno a un año después de su llegada a Mombasa, las vías no se internaban ni cuarenta kilómetros en el continente.

A ese ritmo, iban a tardar una generación en completar los más de mil kilómetros proyectados hasta el lago Victoria. Por esas fechas, la mitad de los culis que entonces trabajaban plantando un ferrocarril en la sabana a sueldos de risa estaba encamada por cortesía de la malaria, la disentería y la pulmonía. «Teniendo en cuenta que el personal médico del ferrocarril consistía entonces en cinco doctores y una docena de asistentes quirúrgicos indios —escribió Charles Miller en *The Lunatic Express*—, fue un pequeño milagro que menos de cien personas murieran en 1896».

El año siguiente los británicos *lograron convencer* y formar mínimamente a varios centenares de lugareños para trabajar a sus órdenes, pero según se adentraban más en el continente, la mano de obra disminuía por la escasez poblacional del territorio y la dispersión de las aldeas. Además, el apoyo mecánico era escaso y defectuoso, ya que las locomotoras importadas desde la India se estropeaban con frecuencia. Cuando reclutaron mulas, bueyes, burros y camellos para apoyar las obras, las moscas tsé-tsé se ventilaron a la mayoría en tiempo récord. No sabemos si ese tren era un delirio propio de un chalado, pero sí parecía un proyecto perdido, y con esas condiciones las deserciones y las protestas se sucedieron.

Al adentrarse en el desierto de Taru, el agua y la fauna desaparecieron del paisaje. Era una zona que las caravanas solían circunvalar por motivos evidentes, pero el tren tenía que buscar el trayecto más directo, y eso significaba atravesarlo. Con menos caza alrededor, la carne dejó de ser parte de la dieta de los trabajadores, y crecieron las raciones de arroz y maíz. Superado el desierto y llegados a Tsavo, en torno al kilómetro 210, la carne volvió a abundar, sobre todo para dos leones de la región. Era principios de 1898 y había que levantar un puente sobre el río Tsavo, una obra que requería un tiempo considerable estacionados en el mismo lugar, así que se estableció allí un campamento. Pronto comenzaron los sobresaltos y, en varias semanas, dos leones sin melena se merendaron a una treintena de indios que allí trabajaban (de los africanos parece que no se llevaba una cuenta tan precisa). De poco sirvieron los cercados, las hogueras disuasorias, las guardias y los toques de queda: los felinos se colaban en el campamento, entraban a las tiendas de campaña y se llevaban a la presa que veían más apetecible. Los obreros huyeron en masa. El terror que causaron las bestias les granjeó el mote de «los devorahombres de Tsavo», que fue también el título que dio a su libro el coronel John Henry Patterson, quien terminó por darles caza tras unas cuantas noches sin dormir y algunos encuentros peligrosamente cercanos con los animales.[2]

Tsavo se llevó la fama de bufé libre felino, pero no fue el único punto en el que se registraron tales incidentes. En 1899, un ingeniero apellidado O'Hara murió cuando un león le crujió el cráneo con sus mandíbulas en los alrededores de Voi, hacia el kilómetro 100, mientras que un año después, 320 kilómetros más adelante, otro león iba a encargarse de aterrorizar a los moradores de la localidad de Kima. El superintendente de la Policía Ferroviaria, Charles Ryall, decidió encargarse del asunto de manera personal y se desplazó a Kima, donde apartó su vagón privado hacia los dominios del cuadrúpedo y montó guardia, rifle en mano. El problema fue que la guardia del león fue algo más eficaz que la suya y, en una cabezadita del humano, el *asesino de Kima* entró al vagón a por la cena. Ese vagón maldito está expuesto en el Museo del

[2] Patterson usó a los felinos de alfombra durante años, hasta que recibió una oferta del Museo de Historia Natural de Chicago. Vendió las pieles y el museo se encargó de rehacer los leones a partir de estas, con un resultado obviamente mucho menos intimidatorio del que tenían en realidad. En la actualidad, continúan allí expuestos.

Ferrocarril de Nairobi, con una señal en rotulador que ruega que no se use el retrete del mismo… por más que visitar el escenario de la historia afloje el esfínter.

Enfermedades tropicales, huelgas, un desierto, moscas tsé-tsé, leones, lluvias torrenciales que desmantelaban el trazado… Faltaban abducciones de extraterrestres, aunque lo que llegó fue una sequía, la consecuente hambruna y una plaga de viruela que acabó con miles de africanos en la región de Machakos. Otra zona de desastre más. Hasta llegar al kilómetro 500, cuando los ingenieros comprendieron por qué los masái de la zona llamaban a aquello Nakusontelon, «el inicio de toda belleza». Era una extensión rebosante de fauna que, en una zona cenagosa, partía por la mitad un arroyo que los masái denominaban Nairobi, «aguas frescas». Y como a los pocos kilómetros comenzaba el duro trabajo del valle del Rift —con pronunciadas pendientes para el ferrocarril— y estaba más o menos a mitad de línea según lo proyectado, la dirección de la obra decidió establecer allí, en esa llanura, el centro neurálgico del ferrocarril. Era 1899 y acababa de nacer la futura capital de un país aún por fundar. Bueno, es un decir, porque la ciudad estaba también por crear: hubo que transportar materiales desde Mombasa (que pronto perdería la capitalidad del protectorado en favor de Nairobi) y talar muchos árboles para levantar una estación, oficinas, talleres, alojamientos. La elección de esa ciénaga para ubicar una ciudad preocupó a más de uno. El primer funcionario médico del lugar, un tal doctor Boedeker, escribió que cuando años antes del tren pasaban por allí las caravanas comerciales «se consideraba un sitio insalubre plagado de mosquitos». Los fundadores de la ciudad igual no previeron que aquel campamento ferroviario se convertiría en un monstruo de unos cinco millones de habitantes.

Después de plantar por ahí su bandera, los británicos se adentraron en el territorio verde de los kikuyu, rumbo al valle del Rift. En esa zona el alimento era variado y abundante, el agua no faltaba jamás y la altitud aislaba de la malaria. El único inconveniente antes del empinado descenso hasta la base del valle del Rift fue una profecía que habría legado décadas antes un curandero local: una gran serpiente de hierro cruzaría su territorio, del mar hasta el lago, y llegarían con él unas criaturas de color blanco que lo dejarían todo hecho unos zorros. Bueno, quizá el hechicero no usara exactamente esas palabras, pero la idea era esa misma. Y las consecuencias fueron escaramuzas kikuyu contra la construcción de la *serpiente de hierro.*

Una vez superadas y alcanzada la base del valle del Rift, las vías se montaron en tiempo récord y pronto se llegaría a los dominios de los nandi, que se resistieron a los invasores y al ferrocarril con un ardor guerrero inédito para los constructores. Los nandi no solo atacaron a los grupos de trabajadores indios (que se dedicaban a abusar de las mujeres de la tribu por las buenas o por las malas), sino que robaron material a espuertas participando así en el tradicional y noble arte de saquear obras: el acero y el cobre era material de lujo para sus armas y joyas. «Uno se puede imaginar —escribió Charles Eliot, a la sazón comisionado del Protectorado de África oriental— qué robos se cometerían en un ferrocarril europeo si los cables del telégrafo fueran collares de perlas y los raíles, escopetas de primera calidad».

La práctica (la de robar de las obras, no la de la orfebrería nandi) sigue muy presente en todo el mundo más de un siglo después de aquello, pero en Kenia, donde la realidad supera a la ficción dos veces de cada tres, el asunto acabaría dando otra vuelta de tuerca. Tras retrasos en las obras de la carretera de Thika, en Nairobi, en 2012 los residentes por fin asistimos a la apertura del faraónico proyecto, realizado bajo batuta china: una autopista de varios carriles llena de badenes para regular la marcha, señalización reluciente y pasos elevados cuyo uso los peatones consideraban un esfuerzo innecesario que bien podía suplirse por cruzar a pata una de las arterias más grandes de la capital. La carretera no tardó en volver a la prensa y ni siquiera por los muertos por atropello. Así, el 4 de junio de 2013, tras las misteriosas desapariciones de varias señales, farolas y quitamiedos en la recién inaugurada *superautopista* de Thika, el *Daily Nation* regalaba este simpático titular: «Aumentan las exportaciones de chatarra metálica a China». La noticia daba cuenta de un 25,8 % de crecimiento de la exportación respecto al año anterior, con el *Imperio del Centro* como principal comprador. «China está comprando chatarra a un ritmo de récord, convirtiendo en vulnerables las infraestructuras kenianas», alertaba entonces el rotativo. De poco había servido la normativa aprobada dos años antes para vetar la exportación de varios materiales férreos en forma de chatarra o los 120 millones de chelines kenianos que, en teoría, la Autoridad Nacional de Autopistas estaba invirtiendo en ese momento en disuadir a los vándalos.

El robo de chatarra alcanza cotas tan extremas que hay quien teoriza al respecto, como el editorialista Charles Onyango-Obbo, quien opina que los ladrones de obra pública respetan más el periodo de construcción al entenderlo como sacrosanta propiedad privada del contratista, mientras que una vez inaugurada ya *pertenece al pueblo* (con lo que cada uno puede pasar, en fila y sin vocear, hagan el favor, a recoger su parte). Los nandi, a todas luces más impacientes que el chatarrero keniano medio de la actualidad, no respetaron la tendencia y siguieron hostigando a las autoridades durante la construcción del Expreso Lunático, aunque sin mermar el afán *ferrocarrilizador* de estas, porque el 20 de diciembre de 1901 se concluyó la columna vertebral de lo que pronto sería un país: el Expreso Lunático había llegado a su destino, en la orilla del lago Victoria, y las caravanas de tres meses pasarían a ser un trayecto en tren de pocos días.

* * *

Hasta entonces, el terreno que atravesaba la vía en la futura Kenia parecía una especie de peaje a pagar por alcanzar las maravillas que escondía Uganda con las que tanto habían dado la murga los exploradores decimonónicos. De ahí que el proyecto se bautizara como *ferrocarril de Uganda*. Pero los Monty Python volvieron a la carga: un reajuste fronterizo en 1902 hizo que los límites entre el Protectorado de África oriental y Uganda se desplazaran hacia el oeste… y el fin de línea, Port Florence (que pronto recuperaría su nombre original: Kisumu), dejó de ser Uganda para convertirse en el extremo occidental de la futura Kenia. A los pocos meses de terminar la obra, el ferrocarril de Uganda no llegaba a Uganda. En realidad, la Uganda que ansiaban los británicos estaba más al oeste aún, adonde se accedía mediante barco por el lago Victoria y donde había reinos independientes que a sus ojos eran más sofisticados.

Pero algún uso había que hacer de la línea y se pensó que…, bueno, je, esto…, quizá en toda esa zona que el tren atravesaba también se podía plantar algo. En algunas partes la tierra era tan fértil que producía calabazas capaces de acomodar a Cenicienta, a su madrastra, a un rebaño de cabras y a un coro de canto gregoriano si se apretaban un poco, y había regiones en las que el clima permitiría cultivar buen té y café. Si incentivaban convenientemente a unos cuantos británicos a emigrar allí y crear plantaciones de cultivos comerciales, lo mismo se lograba dinamizar la economía de la zona, darle salida a los productos mediante el tren, recuperar la inversión que este había supuesto y, de paso, *civilizar* a los *salvajes* del lugar.

Los primeros en decidir quedarse sin que nadie tuviera que venderles la moto fueron los indios que habían trabajado en las obras. Con todo lo que había costado terminarla, como para irse una vez acabada. Así, formaron la comunidad extranjera más numerosa del país. Y tenía sentido, porque las autoridades habían mirado más a la India que a Europa para moldear el protectorado en sus primeros años: los primeros cabecillas de la administración colonial tenían más experiencia en la India que en otras zonas del Imperio, se importaron tropas indias para sofocar conflictos locales, el sistema legal se calcó del impuesto allí por los británicos, la mano de obra había salido de allí, la moneda en circulación eran rupias de la India británica[3] y las primeras locomotoras del Expreso Lunático habían sido manufacturadas en el subcontinente. Emprendedores, integrados antes que los lugareños en la economía de mercado y mucho más conocedores de los métodos de los británicos por el pasado colonial en su propia tierra, bastantes indios optaron por convertirse en comerciantes y una buena parte del comercio nacional pasa aún hoy por sus manos.

A los indios que habían sobrevivido al ferrocarril no les desvelaba la propaganda machacona en la prensa británica para atraer colonos y otros representantes europeos de *la más*

[3] En 1920 —año en el que el Protectorado de África oriental pasó a denominarse Colonia de Kenia— sería sustituida por el florín y, un año después, por el chelín, nombre de moneda que aún pervive en la Kenia actual.

alta civilización a la aventura colonial definitiva. «Hogar invernal para aristócratas», rezaba uno de los carteles propagandísticos. Lo vendían como una suerte de tierra prometida y a punto estuvo de serlo, pero para los judíos. Cuando los pogromos de la Rusia zarista empezaron a cobrarse las vidas de miles de judíos en 1903, Londres ofreció al movimiento sionista una amplia zona fértil para que se asentaran. Incluso estaba más o menos conectada con el ferrocarril. La leyenda cuenta que los comisarios judíos enviados a inspeccionar el terreno se encontraron con un viaje interminable hasta el lugar, varios guerreros masái en indumentaria de combate que se les acercaron de manera no especialmente amigable, fauna deambulando amenazante por sus dominios y rugidos animales como música para conciliar el sueño. No debieron de darle muchas vueltas antes de declinar la oferta.

A otros europeos el lugar les pareció extraordinario, y por eso empezaron a desalojar a sus habitantes de las tierras más apetecibles para asentarse ellos, una maniobra ejecutada a punta de pistola y que confinó a los locales a reservas tribales en zonas menos productivas: la fundación de la colonia se estaba sustentando sobre la alienación de terrenos.

Para 1905, unos 3000 forasteros habían llegado al puerto de Mombasa —entre el tren y carros de bueyes que transportaban todos sus bártulos— y a sus destinos en las granjas de lo que pasaría a conocerse como las Tierras Altas Blancas. Algunos fueron allí a ver si la vida les concedía una segunda oportunidad, otros acudieron desde las posesiones británicas en Sudáfrica. Las ventajosas condiciones de concesión de las tierras confiscadas a los lugareños ayudaban mucho, así como la exención de impuestos, porque de alguna forma había que alentar la llegada de pioneros. Otros más llegaron huyendo del hastío de una vida de privilegio en Europa: el Expreso

Lunático transportaba maletas con su ropa, pero también baúles con vajilla de lujo, cuadros e incluso bañeras. «En algunas cuestiones —dejó escrito Charles Miller—, puede que fueran la comunidad de hacendados más aristocrática de la historia colonizadora». Más que pioneros, se les podría haber llamado *pijoneros*.

Eran un anacronismo a principios del siglo XX: llegaban décadas tarde al juego de los colonos. Además, en la historia de la colonización, eran los pioneros los que abrían brecha a las bravas y luego se sumaban el tren y el gobierno, no como en el Protectorado de África oriental, donde los *pijoneros* llegaron con la mesa a medio poner. Luego tardarían una década en domesticar el terreno y hacerlo productivo, gracias en parte al trabajo de los indígenas, porque eran los lugareños los que agachaban la riñonada: el *país del hombre blanco* se sostenía gracias al trabajo del hombre negro.[4] Cómo esto pasó a ser así es un tanto siniestro: mientras a los colonos se les eximió del pago de impuestos, los africanos habían de contribuir a una administración que no velaba en absoluto por su bienestar. Para obtener dinero para esos pagos, los indígenas debían trabajar en contra de su voluntad en las fincas de los blancos una serie de meses cada año en un sistema con tufillo a plantación sureña yanqui. De esa manera, los colonos tenían mano de obra barata durante unos meses y se integraba progresivamente a los kenianos en el sistema capitalista.

Con el paso de los años, unos 30.000 colonos —concesionarios de un veinte por ciento de la tierra del país, en particular

[4] En *Kenya*, Norman Leys aporta datos que demuestran que la producción agraria nativa en Uganda era muy superior al modelo de plantación de los colonos en Kenia, por lo menos hasta mediados de los años veinte. *White Man's Country* («el país del hombre blanco») es el título de la biografía de Lord Delamere, escrita por uno de los cronistas de la colonia, Elspeth Huxley. En los años setenta se grabó un documental con ese título.

de aquel veinte por ciento más fértil— dominaban sobre entre cuatro y cinco millones de africanos. Solo tendría que pasar la Primera Guerra Mundial para que a los granjeros blancos de una Sudáfrica racialmente fracturada y a los aristócratas europeos se les unieran como colonos exmilitares británicos premiados por su servicio en el campo de batalla con tierras en el Protectorado. No se podía esperar que estos colectivos dieran la campanada fundando una sociedad multicultural y progresista, ¿no?

El *apartheid keniano*, bastante menos conocido en el exterior que el sudafricano, cuajó rápidamente. Se llegó a controlar en qué zonas podían vivir los lugareños, adónde podían viajar, qué podían cultivar, qué podían poseer, en qué escuelas podían estudiar, a qué ocupaciones podían dedicarse y hasta dónde podían ascender, qué vagones del ferrocarril o qué retretes usar y en qué restaurantes podían sentarse a comer. «Seamos claros: los europeos eran de primera clase», ilustra el antiguo colono Charles Markham en el capítulo dedicado a Kenia de la serie documental *End of Empire*. «Los asiáticos [en referencia a los indios] eran de segunda clase y cuarto. Y los africanos eran de cuarta clase y media. ¡No tenían ningún estatus!».

* * *

El tren a Mombasa acaba de partir de la flamante estación de Nairobi a las nueve en punto de la mañana y un par de viajeras kenianas, que han llegado solo a tiempo de ver cómo se quedaban en tierra, maldicen esa extraña costumbre de la puntualidad. Ni siquiera han tenido tiempo de pasar el control de equipajes: unas vallas plantadas a unas decenas de metros del edificio, unos perros policía, unos policías un poco perros, y un ritmo de escrutinio de las maletas que desespera a quienes sí han llegado a tiempo, pero ven que se les va a escapar. Para quien, como el que suscribe, está allí para curiosear cómo es la nueva estación, la escena parece obra de Azcona y Berlanga.

El viejo tren, el Lunatic Express, no se permitía esas licencias, como salir rigurosamente en hora. Quizá su concepción y su construcción fueran muy lunáticas, pero el resultado era muy poco exprés: partía tarde, a veces con horas de retraso, y uno nunca estaba del todo seguro de cuándo iba a abandonar la estación de origen ni de cuándo iba a alcanzar su destino. Las averías eran frecuentes y un viaje programado para durar catorce horas podía fácilmente llegar a prolongarse durante bastante más de un día incluso entrado el siglo XXI.

A los que entonces hacían el viaje por placer y no por necesidad, la experiencia recompensaba las horas muertas. Se salía sobre las seis, a la puesta del sol, poco después de que sonara un silbato que paralizaba la estación para arriar la bandera keniana y ponerla a dormir hasta el día siguiente. Si viajabas en primera o en segunda clase, donde los compartimentos eran de dos o cuatro literas, el billete incluía la cena y el desayuno y, al poco de abandonar la estación, un revisor recorría los pasillos campanilla en mano para indicar que la cena estaba lista. Entonces se llenaba el vagón-restaurante, con la comodidad (y también el encanto) de los años setenta. Porque no mucho se había invertido en la línea que hizo nacer a la actual Kenia desde aquella década.[5]

[5] «En los setenta, algunos empresarios cercanos a Kenyatta quisieron hacer negocio con el transporte en camiones, para así acabar con el control que los lúo [una tribu del oeste de Kenia históricamente enfrentada con los kikuyu, como veremos más adelante] tenían de los trabajos en el ferrocarril. Dejaron que el ferrocarril se hundiese», sostiene el escritor keniano Binyavanga Wainaina en *One Day I Will Write About This Place*. (Traducción del autor).

Mientras los camareros negros servían a los turistas blancos la cena, uno podía descubrir cómo el Expreso Lunático servía también de estudio sociológico del propio país. Era una herencia colonial mantenida un poco por inercia, un poco por falta de alternativas y un poco más por desgana a la hora de gestionar con eficiencia y criterio los bienes públicos. La tercera clase era la que habitualmente utilizaba la población local, no ya por la segregación racial, superada décadas atrás (sobre el papel, al menos), sino por la eterna segregación económica: un billete en primera o en segunda, donde apenas se veían kenianos, suponía para los viajeros de las clases más bajas el sueldo de varios días. Sus billetes de tercera no incluían comida, y quien podía subía al tren con un almuerzo preparado para cuando rugiera el *matumbo*, las tripas. Los asientos, bancos de madera con restos de lo que años antes parecía haber sido un tosco acolchado, se compartían entre más pasajeros de los que la lógica y un campeón de Tetris habrían conseguido encajar juntos. Si el traqueteo, el ruido, el frío y las cucarachas hacían complicado dormir en las literas de primera y segunda clase, en los asientos de tercera debía de ser poco menos que imposible.

Aunque si el tren partía desde Mombasa y marchaba sobre el horario previsto, el amanecer era generoso para todos los viajeros por igual. El sol comparecía al tiempo que la locomotora se abría paso entre las llanuras de Kapiti, un centenar de kilómetros al sureste de Nairobi, y desde los vagones se podían contemplar grupitos de gacelas Thomson desayunando cerca de las vías. Las cebras mantenían una distancia más prudencial, al igual que los alcélafos, que de vez en cuando se tomaban una pausa en el pasto y levantaban el tirachinas de sus cuernos para observar aquella curiosa bestia mecánica que surcaba la sabana. Menos interesados se mostraban los ñúes, en general asustadizos y a los que casi cualquier ruido o movimiento brusco hacía arrancarse al galope y alejarse unas decenas de metros más. Los avestruces agachaban el cuello al paso del Expreso Lunático, mientras que las jirafas lo paseaban bien estirado, dispuestas a llenarse el buche con las hojas de los pocos árboles que poblaban el paisaje. En esos momentos, con la cabeza asomada a la sabana, uno estaba tentado de dejarse llevar por la emoción y sucumbir a las palabras del inclasificable Churchill: «¡Todo lo superó! Bosques, barrancos, tropas de leones depredadores, el hambre, la guerra, cinco años de execrable debate parlamentario... Salió al paso de todo y desfiló el ferrocarril. Y por fin, de forma más o menos eficaz, ha llegado a su meta. ¡Menudo camino!». Seguramente, uno de los pocos safaris ferroviarios del planeta.

Para desgracia de turistas nostálgicos, todo esto dejó de existir en la primera mitad de 2017. En abril de ese año, el Lunatic Express hizo su último viaje y un mes después se inauguró su sucesor, el Expreso del Autogobierno.[6] El nuevo tren ha supuesto una mejora para los pasajeros kenianos en general: nuevos vagones más cómodos y limpios, y cuatro horas y media de trayecto en vez de las al menos catorce de antaño. El nuevo tren, que inexplicablemente seguirá siendo de gasoil, también ha supuesto una mejora para algunos bolsillos de los miembros de los gobiernos keniano y chino en particular: Pekín puso sobre la mesa miles de millones de euros para la obra en forma de préstamo a condición de que Nairobi no la licitara. Así, se le adjudicó a dedo a la China

[6] Madaraka Express, pues dos días después de su inauguración se celebraba el Día del Autogobierno en conmemoración del 1 de junio de 1963, cuando Kenia pasó a tener como primer ministro a Jomo Kenyatta. El 12 de diciembre de 1963 declararían la independencia del Reino Unido y un año después, la República de Kenia, con Kenyatta como presidente.

Road & Bridge Corporation, que concluyó el tramo Nairobi-Mombasa por 2800 millones de euros, cuatro veces superior a lo estimado en un inicio.[7] Si bien parte de ese dinero parece haberse evaporado por el camino, el Ejecutivo keniano ha dejado claro que no tolerará que la vía corra la misma suerte. Durante la inauguración de la infraestructura, el presidente de Kenia hizo uso del mismo talante con los chatarreros que habían tenido los colonos con los nandi: Uhuru Kenyatta dijo que autorizaría la ejecución de los vándalos que, como varias personas arrestadas con el tren aún sin estrenar, pretendieran ganar unos chelines a costa del ferrocarril.

* * *

Por más que sean populares en los cogotes de muchas kenianas, el expresidente del Tribunal Supremo de Kenia Willy Mutunga cree que las pelucas son un impedimento a la hora de la administración de la justicia. Claro que no se refiere a las que se venden en los salones de belleza o en cualquier supermercado —extensiones de colores, trenzas de todo tipo, pelo liso del que no crece habitualmente del cuero cabelludo local, melenas rubias compradas al peso a extranjeras—, sino a las que llevan los jueces y que según el columnista Sunny Bindra les dan el aspecto de «adornos navideños». Se lo darían a cualquiera: las pelucas canas o rubias platino con

[7] Además, los chinos gestionarían la infraestructura durante los primeros años, encargándose de su mantenimiento y de la formación del personal keniano, pero también embolsándose —como durante la obra— sus beneficios. «Will Kenya get value for money from its new railway?», BBC News, 8 de junio de 2017: <http://www.bbc.com/news/world-africa-40171095> y «Tanzania building electrical rail at half price of Kenya's diesel Standard Gauge Railway line», *The Standard*, 8 de octubre de 2017: <https://www.standardmedia.co.ke/article/2001256729/tanzania-building-electric-rail-at-half-price-of-kenya-s-diesel-standard-gauge-railway-line>.

tirabuzones son otra más de las reliquias coloniales que penetraron en Kenia a través del ferrocarril y Mutunga aboga por deshacerse de ellas. Arguye que togas y tirabuzones, o el apelativo de «señoría», además de herencia británica, alejan al pueblo de la justicia, al percibirse como ajenas a la cultura local y abrumar con una imagen de poder y prestigio en vez de una más necesaria de imparcialidad y servicio.

Si una batalla tan relativamente asequible está tardando años en ganarse, la espera puede demorarse décadas a la hora de corregir herencias coloniales implantadas a través del Expreso Lunático que lastran la sociedad, la cultura y la economía locales.

Muchos daños son casi irreparables, como la destrucción de las estructuras sociales y económicas previas a la colonia. La educación occidental y la nueva religión de los blancos alteraron las tradiciones de los pueblos indígenas; la legislación y configuración estatal impuesta hizo que guerreros y consejos de sabios quedaran obsoletos, y la propia administración colonial designó a despóticos jefes tribales como interlocutores. La llegada de los colonos reventó el sistema productivo local y la organización de su trabajo: antes la producción era poco más que de subsistencia, con la acumulación de ganado para demostrar riqueza (en el caso de algunas tribus trashumantes), una riqueza que había pasado a contarse en monedas. Se les privó de miles de hectáreas de los mejores pastos y campos de cultivo y muchos se vieron obligados a trabajar en las plantaciones de los *pijoneros*. Otros, sin tierra ni medios para ganar lo suficiente para vivir y hacer frente a los impuestos, tuvieron que emigrar a las ciudades en busca de sustento, lo que terminó por deshilachar el tejido social.

Tampoco ayudó que las autoridades coloniales no invirtieran apenas en la educación y la sanidad de los lugareños, y las misiones se lanzaron a tapar esas carencias, descargando así al Estado de su responsabilidad gubernamental (hoy en día el relevo parecen haberlo tomado las ONG). Los misioneros empezaron a traducir la Biblia a idiomas locales y a convertir a los indígenas que se dejaron, que eran en su mayoría kikuyu.[8]

El inglés terminó imponiéndose en esos colegios como la única lengua en la que formar a futuros siervos de la corona británica. Pero ese idioma en el que se narraban cuentos de personajes de piel blanca en lejanos parajes era impropio, extraño, ajeno, y no permitía describir el mundo con los ojos de los que a uno dotaba una lengua materna. ¿Estaban tratando los británicos de colonizar también las mentes?

[8] Mayoritariamente kikuyu, pues allí, en las Tierras Altas de las que estos eran habitantes, había gran cantidad de misiones. «A los conversos se les llamaba *athomi*. Literalmente, "gente que lee". El libro que leían era la Biblia. Una de las primeras traducciones a idiomas locales de la Biblia fue al kikuyu, lo que hizo más accesibles las enseñanzas cristianas. En general, se les daba preferencia en la administración colonial británica a los kenianos que se convirtieron al cristianismo y a menudo se les nombraba jefes y subjefes de aldeas y pueblos. Además, aquellos que abrazaron la cultura *athomi* la presentaban como progresista, con sus miembros adentrándose en un mundo moderno mientras que a los otros se les presentaba como primitivos y atrasados, viviendo en el pasado. La cultura *athomi* trajo las formas europeas de hacer las cosas y llevó a profundos cambios en la manera en la que los kikuyu se vestían y arreglaban, los tipos de comida que comían, las canciones que cantaban y las danzas que bailaban [...] Una transformación casi total de la cultura local en una parecida a la de Europa había tenido lugar en la generación anterior a la mía». Maathai, 2008 [2006]. (Traducción del autor).

ESPERANDO UN NOBEL BAJO UN ÁRBOL

Mi aliado es el futuro. En el futuro,
las cosas pueden cambiar.

Ngũgĩ wa Thiong'o.

Al día siguiente se fallaba el Premio Nobel de Literatura y el keniano Ngũgĩ wa Thiong'o aparecía como el favorito en las listas de varias casas de apuestas británicas. La prensa local se había hecho eco del fenómeno y los corresponsales en Kenia —al menos los que aún no sabíamos que las casas de apuestas jamás dan una en estos casos— estábamos tratando de agotar todas las vías posibles para conseguir una entrevista con el escritor, empresa complicada dado que vive en Estados Unidos, donde ejerce como profesor de Literatura Comparada e Inglesa en la Universidad de California. Barbara Caldwell, su ayudante, se había mostrado muy amable por correo electrónico, pero ella sabía tan bien como nosotros que, si ganaba Ngũgĩ, la cosa iba a estar difícil para hacerle unas preguntas.

Cuando parecía que la resignación iba a ser la única opción ante la victoria cuasi impepinable de Ngũgĩ, Edu llama por teléfono. Edu necesita presentación: Eduardo Sánchez Molano, corresponsal del diario *ABC* en el África subsahariana, culoinquieto profesional, lector compulsivo, amigo de los porcentajes impares como argumento de autoridad, de las clasificaciones de hamburgueserías de Nairobi y de las ideas peregrinas. Es en virtud de esto último que llama. En su desesperación, Edu ha caído en que Ngũgĩ wa Thiong'o nació en Kamirithu, una aldea que no dista demasiado de Nairobi. ¿Y si nos acercásemos a esperar el anuncio de la Academia Sueca en el pueblo de Ngũgĩ, con familia y vecinos? Cómo resistirse. Aunque en realidad es un plan sin plan, porque no sabemos si su familia sigue viviendo allí y ni siquiera Internet tiene demasiado claro dónde queda aquello.

Madrugamos y nos ponemos en marcha. Después de una hora de *matatu* desde Nairobi, nos dicen que nos apeemos en un cruce. La carretera de Naivasha parte un paisaje verde, con un bosquecillo a un lado y una ciénaga ahora seca, en la que los chavales juegan al fútbol, al otro. Si los vehículos que la transitan no fueran tan viejos y expulsaran un humo negruzco y los mozos del lugar donde nos bajamos no estuvieran tostando mazorcas de maíz como si no hubiera mañana, seguramente daría gusto respirar el aire del lugar. Por suerte, los lugareños saben más que Google Maps e indican de manera aproximada cómo llegar a «la casa del escritor». Como preguntar por distancias tiende a ser arriesgado en estas latitudes (nunca sabes cuántas horas puedes llegar a vagar por senderos interminables antes de otear en el horizonte ese destino que —te perjuraron— quedaba «aquí al lado»), optamos por saltar los dos en un *boda-boda*, amorosamente apretados tras el mototaxista. Este enciende el motor, se pone en marcha y sale de la carretera principal para desviarse a una carretera secundaria, luego gira a un camino principal —punto en el que decide preguntar si alguien le sabe aclarar la dirección—, se desvía por un camino secundario una vez solventada la duda y termina dejándonos en la verja abierta del jardín de nuestro destino. Nadie a la vista.

«¿Hola? ¿Hay alguien?». Solo los pájaros contestan. Edu recuerda que en suajili hay que decir «hodi» para pedir permiso para entrar a una casa y nos ponemos a vocearlo como si acabáramos de descubrir el fuego. «¡Hodi! ¡Hodi!». Nadie responde desde la puerta, así que nos adentramos tímidamente. Es una casa espaciosa, una amplia vivienda de hormigón de una planta, un palacio en comparación con otras construcciones rurales de la región que hayamos conocido antes. Pero en un estado de semiabandono, como si ya hubiera visto pasar sus mejores días. Ngũgĩ wa Thiong'o la encargó levantar en 1974 con un diseño tradicional que se aprecia mejor desde dentro: está compuesta de tres grandes espacios circulares, cada uno de ellos como si fuera una choza kikuyu, y unidos entre sí por unos breves corredores. «¡Hodi! ¡Hodi!». La «choza» norte era la de los niños; la parte central, por la que hemos accedido, es un gran salón, con una cocina y una despensa en una estancia aparte; y al sur se ubica un baño y la vivienda de los padres, donde dormía y trabajaba el escritor. Es una finca extensa, de hectárea y media, en la que hay cultivos de maíz, alubia y patata, y sobresalen un peral y algunos ciruelos. Una cabaña exterior hace de cocina *de facto* para que el humo de la fogata que sirve para calentar las ollas no inunde la casa, en la que no hay ni un mal infiernillo.

«¡Hodi!», insistimos. «¡Karibu!», contesta al fin un hombre saliendo de una de las dependencias. Nos presentamos. «¿Ha ganado?», pregunta, cuando faltan aún dos horas para conocer el nombre del vencedor. Cuando nos dice que es uno de los hijos de Ngũgĩ, estamos a punto de besarnos para celebrar nuestra suerte. Nos atenderá, sí, pero tiene que terminar unos asuntos, así que nos pide un tiempo que aprovechamos para salir a charlar con los vecinos. O, bueno, a intentarlo, porque los hay que piden dinero por conversar, los hay que solo saben kikuyu y suajili, los hay que no hablan y, por fin, alguno que habla en inglés y gratis. No saben leer, por lo que no se han leído ninguna de las obras de su vecino, pero cuentan —o inventan, tal vez— maravillas sobre el autor.

* * *

En realidad, Ngũgĩ wa Thiong'o no nació en la pedanía donde está ubicada la casa que hemos encontrado: eso se conoce como Gitogothi. Ngũgĩ nació en otra aldea de Kamirithu a un par de kilómetros de allí. Kamirithu es a su vez un arrabal de Limuru, y Limuru es el principal centro urbano de la zona y una de las estaciones del ferrocarril de Uganda. Limuru formó parte tanto de las fértiles Tierras Altas Blancas (dan fe las extensas plantaciones de té al otro lado de la vía del tren) como de la consecuente resistencia de los Mau Mau al invasor, y de esto da buena cuenta el propio Ngũgĩ.

Ngũgĩ wa Thiong'o (Ngũgĩ el de Thiong'o) llegó al mundo en 1938, uno de los veintitantos hijos del agricultor Thiong'o, y el quinto de los seis que este tuvo con Wanjiku, su tercera esposa de un total de cuatro. La extensa familia vivía de trabajar la tierra y pastorear cabras y ovejas, tenía una existencia modesta y concluía los días con sugerentes relatos alrededor del fuego. Algunos fragmentos de política internacional y de la Segunda Guerra Mundial que escuchaba a sus mayores sobrepasaban la comprensión del pequeño Ngũgĩ. ¿En serio que un blanco llamado Hitler, que era más malo que la malaria, no había querido dar la mano en cierta ocasión al atleta más veloz del mundo solo porque el corredor era negro?

La vida iba a cambiar entre las chozas y Ngũgĩ lo intuía en sutiles detalles, como que el bosque aledaño dejara paso a un claro que a su vez se convirtió en una plantación de pelitre en la que a veces trabajaba de niño y que era propiedad de la familia del reverendo Kahahu, los ricos del pueblo. Luego los cambios fueron más bruscos y las circunstancias familiares forzaron a Wanjiku a marcharse con sus hijos a las tierras de su propio padre. Para entonces, Ngũgĩ ya había entrado a la escuela, había descubierto el poder de la lectura y no necesitaba esperar a las fábulas nocturnas junto al fuego para desembridar su imaginación. El Antiguo Testamento fue uno de los primeros libros con los que se hizo y lo leía casi en clave de novela de aventuras. Igual dejó algo de poso porque, en un arrebato juvenil de fe, decidió bautizarse y escogió como nombre cristiano James Ngũgĩ.

Su vida la partieron la revolución Mau Mau y el estado de emergencia, que le pillaron en la adolescencia, con un hermano mayor echado al monte, con su cuñada encerrada en una cárcel de máxima seguridad, con su madre interrogada brutalmente, y él mismo «refugiado» de la deprimente realidad en el instituto de Alliance. Como uno de los estudiantes más brillantes del país, el chico había logrado plaza en el prestigioso centro. Pero la situación de Kenia le emboscó apenas puso un pie fuera al acabar el primer trimestre y regresar caminando a Kamirithu para sus vacaciones.

Volver.

Volver a casa.

> De pronto el instinto me dice que he llegado a casa… o donde se supone que debería estar. Me paro, dejo en el suelo la maleta y miro a mi alrededor. El seto de hojas grisáceas que plantamos sigue igual, pero más allá, nuestro hogar es un montón de barro seco quemado, madera astillada y hierba. La choza de mi madre y la casa sobre pilares de mi hermano han sido arrasadas. Mi casa, de la que salí hace solo tres meses para

ir a Alliance, ya no existe. Nuestro peral sigue en pie pero, como el seto grisáceo, es un testigo mudo. Observando más allá, de repente me doy cuenta de que todo el poblado ha desaparecido. Los caminos que cruzaban el paisaje, uniendo las moradas desperdigadas en una comunidad, ahora llevan de un montón de escombros a otro, tumbas de lo que fue. No hay ni un alma a la vista. Incluso los pájaros que sobrevuelan o pían en los setos enfatizan la soledad. Desconcertado, me siento sobre mi maleta bajo el peral, como si esperara que fuera a compartir conmigo lo que sabe. Al menos, el árbol ha desafiado la desolación y cojo un par de peras maduras para comer en un silencio confuso. ¿Cómo ha podido desaparecer un pueblo entero, con su gente, su historia, su todo, tal que así?

La visión de dos ratas persiguiéndose entre los escombros me saca de mi ensoñación. Se me ocurre ir en busca de una respuesta hacia las únicas casas que aún están en pie, las de los Kahahu, a pesar de su aura fantasmal. Una vez más me tambaleo con la maleta. En el seto veo a un hombre y reconozco a Mwangi, parte de un grupo de trabajadores que siempre prestaron fieles servicios a la familia Kahahu. De niños, le llamábamos Mwangi wa Kahahu, aunque no estuvieran emparentados. Siempre tenía cotilleos sobre lo que sucedía en la casa grande de la colina. Ahora él y yo somos los únicos humanos del desolador paisaje.

¿Quieres decir que no sabes que todo el mundo ha sido trasladado junto al puesto de la Guardia Local? Ah, claro, que acabas de volver a casa por vacaciones. Sube y lo verás por ti mismo, dice, señalando vagamente en dirección a la loma.

Su relato es prosaico. Le miro a la espera de más, pero se aleja caminando. Normalmente, se habría tomado el tiempo de hablar de los Kahahu, su tema preferido, pero hoy no tiene palabras. Me encamino despacio hacia la cima del cerro, junto a más pilas de escombros, piras funerarias carbonizadas de una comunidad rural. Desde la cima de la loma, despojada de todo recuerdo, dejo la maleta en el suelo y miro al valle. Una nueva vista de tejados de paja queda ante mí.

Fuera las imágenes del pasado, me digo. Las distracciones no ayudarán. Coge la maleta y baja por el camino que solías tomar para ir a la escuela. Baja la cuesta. Cruza la pista de tierra en el valle de abajo, pasada la ciénaga de permanentes aguas turbias. Obliga a los pies a moverse. Sí, a moverse. Muévete. Muévete. Sigue. Arrastra la maleta.

Voy a la primera línea de casas. Con algunos hombres en las montañas y otros entre rejas, las mujeres se han volcado en viejos y nuevos roles: alimentar y vestir a los niños, ir a por agua, trabajar en el campo, estirar las manos para recibir magros salarios y construir. Construir casas nuevas. Levantar nuevos hogares. Ni siquiera hay tiempo de juzgar el trabajo de tus manos. Hace falta un forastero, como yo, para ver lo que no tienes tiempo de ver. Las chozas están en distintas fases de construcción. Miembros armados de la Guardia Local patrullan el nuevo poblado de paja. No hay tregua para vosotras, nuestras madres, hermanas e hijas.

Pregunto a la gente, a cualquiera que se me pone delante, si han visto a mi madre. Algunos parecen confusos y me dicen que no saben de quién hablo. Otros se encogen de hombros o simplemente sacuden la cabeza y siguen con sus tareas. Pero algunos me preguntan por detalles de mi familia, la ubicación del antiguo hogar, y luego señalan hacia donde quizá encuentre más información.

Los viejos hogares independientes de distintas lomas se han juntado en un poblado de concentración llamado Kamirithu, sin tener en cuenta los viejos barrios. Al final, de alguna forma, encuentro a mi familia. Mi madre y la mujer de mi hermano

> están cubriendo el tejado y mi hermana les pasa manojos de paja desde abajo. Mi hermano pequeño y otros jóvenes que no conozco están rellenando las paredes con barro. Un grito de reconocimiento de mi hermano pequeño, Njinju, hace que los vecinos se paren a observar. Mi hermana Njoki se limpia las manos en el vestido y me da la mano. Mi madre suelta *tuge ni woka*, (así que has vuelto), como si hubiera preferido que estuviera alejado. Mi hermano pequeño dice *karibu*. Es más una invitación a unirme al trabajo que una bienvenida al calor familiar. Busco un rincón, me quito el uniforme de Alliance y me pongo ropa vieja, y en unos segundos soy todo barro. Así no es como había imaginado mi vuelta.[1]

Será esta experiencia la que marcará su obra y su vida: el regreso desgarrador, el trauma de la violencia, la lucha contra el colonialismo en cualquiera de sus formas.

De alguna forma, Ngũgĩ logró sobreponerse y pudo más la promesa de esforzarse al máximo que le había hecho a su madre años atrás, cuando esta consiguió escolarizarle. Su alto rendimiento en el instituto le llevó después a bordo del Expreso Lunático hasta Uganda, para estudiar en Makerere, la universidad más prestigiosa de África oriental y que entonces era un campus de la Universidad de Londres. En Kampala no solo le brotaron ideas para sus primeras obras de teatro y novelas —el estado de emergencia que atravesaba Kenia era una mina para el joven James—, sino que, en junio de 1962, asiste al evento que cambiará su vida profesional por completo: la primera conferencia de escritores africanos de expresión inglesa. No tanto por acudir a ponencias de no-

[1] *In the House of the Interpreter*, Vintage, 2013 [2012]. (Traducción del autor). En castellano: *En la Casa del Intérprete*, Rayo Verde, 2018.

velistas de primera línea del continente como Wole Soyinka, o por haber entregado al reverenciado Chinua Achebe el manuscrito en inglés de la que será su primera novela para que le diera su opinión,[2] sino por lo que colearía una vez concluida la conferencia: en un texto de repaso a esta, el poeta nigeriano Obi Wali lamentó que, tratándose de un encuentro de escritores africanos, ni uno solo de ellos escribiera en un idioma africano, ni hubiera habido sobre la mesa un solo texto parido en las lenguas del continente. El entonces aspirante a escritor estaba en esos momentos más preocupado por los aspectos formales y creativos de su escritura que por los políticos. Aunque la semilla quedó plantada en su cabeza. Sería cuestión de ir regándola.

Así, cuando comenzó a dar clase en la Universidad de Nairobi en 1967, defendió la abolición del Departamento de Literatura Inglesa en pos de la creación de uno de Literatura, a secas, en el que las letras del llamado tercer mundo fueran protagonistas: «Si hay necesidad de un "estudio de la continuidad histórica de una cultura", ¿por qué no puede ser africana? ¿Por qué no puede la literatura africana estar en el centro para que podamos ver otras culturas en relación a esta?».[3]

Pasarían dos años más hasta que James Ngũgĩ renunciara al nombre de bautismo y retomara el otorgado al nacer: Ngũgĩ wa Thiong'o.

Siempre volver. Volver a ser.

La vuelta al idioma materno no tardaría en llegar.

[2] *Weep Not, Child*, publicada en 1964, será la primera novela publicada en inglés por un escritor de África oriental. Sin embargo, aunque *The River Between* se publicó un año después, el borrador estaba listo con anterioridad a *Weep Not, Child*.

[3] *Homecoming*, 1969. Cita extraída de la página web de Ngũgĩ wa Thiong'o: <www.ngugiwathiongo.com/about/>. (Traducción del autor).

***

Ngũgĩ wa Thiong'o llega tarde a la entrevista y pide unos minutos más de paciencia: necesita ir al retrete. He volado cuatro horas para poder sentarme a hablar con él, como para no concedérselos. Una vez se ha aliviado, escogemos un rincón tranquilo de la cafetería del hotel barcelonés en el que se hospeda y empezamos a charlar. Cuando le digo que años antes conocí a uno de sus hijos, lo primero que hace es desenfundar el móvil, llamarle y pasármelo. Ngũgĩ te gana desde la primera respuesta:

¿Qué le hizo tomar la decisión de escribir en kikuyu?

Había estado pensando sobre el asunto del idioma desde hacía mucho tiempo, pero nunca había hecho nada al respecto, hasta 1976. En Kamirithu, creamos una obra de teatro que representaría la gente de la zona, *Ngaahika Ndeenda*. El 16 de noviembre de 1977, el Gobierno keniano [encabezado por Jomo Kenyatta hasta 1978, año de su muerte y en el que le sucedió Daniel arap Moi] paró la obra, que estaba en kikuyu.[4] Y el 31 de diciembre, me metieron a una cárcel

[4] Traducida en inglés como *I Will Marry When I Want (Me casaré cuando quiera)*. La obra, escrita en kikuyu al alimón con Ngũgĩ wa Mirii, buscaba acercar la cultura al pueblo y alejarse de las representaciones clásicas y a las que solo acudía la burguesía. Se representó durante seis semanas en un teatro al aire libre expresamente creado para la ocasión, y se llenó en cada pase, aun siendo de pago. La obra, que repasa la lucha de liberación del opresor británico y en la que se implicaron muchos de los partícipes de la resistencia dotándola de mayor realismo, trata sobre una familia de labradores obligada a trabajar también de braceros para llegar a fin de mes. Y al final una multinacional termina por arrebatarles hasta su pequeño terreno en confabulación con los ricachos del lugar. En marzo de 1982, pocos años después de prohibirla, el gobierno represor de Daniel arap Moi terminaría desmantelando hasta el escenario donde se representó.

de máxima seguridad.[5] Así que pasé de ser el director del Departamento de Literatura de la Universidad de Nairobi a ser un prisionero sin nombre. Un número, pero sin nombre. Fue ahí, en 1978, cuando empecé a pensar en la relación de poder entre los idiomas europeos y los africanos. O dicho de otro modo: entre los idiomas de los colonizadores europeos y los de los africanos colonizados. Y fue ahí cuando tomé la decisión de dejar de escribir en inglés como idioma principal para mis trabajos intelectuales, y comencé a escribir *El diablo en la cruz* en kikuyu…, en la cárcel…, en papel higiénico… ¡Así empecé! Y nunca he vuelto, excepto para trabajos teóricos.

No muchos autores se atreverían a volver a su lengua natal en sus circunstancias. ¿Qué se siente siendo un rebelde a su edad?

[Se ríe con ganas] ¿Sabes? No me considero un rebelde. Soy una persona que cree en la normalidad, pero, por desgracia, cuando la normalidad se convierte en lo anormal y uno intenta ser normal, la gente te considera un rebelde… o un radical… o un revolucionario. Pero lo único que estás diciendo es que nos desarrollemos igual que se desarrolla la gente en todo el mundo: empezando con lo que te rodea y, a partir de ahí, sumas. Primero los idiomas africanos, y luego los europeos, los asiáticos, o los que sean. Pero nosotros no hacemos eso. La condición para el aprendizaje de inglés o francés o portugués es que abandones tu idioma.

[5] Permanecería encarcelado hasta el 12 de diciembre de 1978, casi un año, sin juicio previo y acusado de lo siguiente: «Se ha involucrado usted en actividades y expresiones peligrosas para el buen Gobierno de Kenia y sus instituciones». Extraído de *Detained: A Writer's Prison Diary*, East African Educational Publishers, 2011 [1981]. (Traducción del autor).

¿Con qué obstáculos se ha topado en esta batalla por reclamar las culturas y los idiomas precoloniales?

¡La mente! Lo que el colonialismo hace en todas partes es poner patas arriba la normalidad. La forma normal de aprender es empezar desde donde estás, de lo que sabes, y luego vas hacia lo desconocido. El proceso colonial es al revés: lo desconocido es la forma en la que un país se ve a sí mismo. Es muy alienante. Pero es que no hay nada malo en los idiomas europeos: lo que es mala es la relación con los idiomas africanos. También es muy difícil encontrar una editorial interesada en historias en idiomas africanos, en especial para quienes empiezan.

En su generación, les castigaban en la escuela si les pillaban hablando en su idioma en vez de en inglés. ¿Cómo se lucha contra eso?

Esto de humillar a la gente por su idioma y su cultura a través de la violencia es una amenaza común en todas las situaciones de colonizador-colonizado, a nivel económico o político. Lo primero que tratan de hacer es imponer su idioma. Aunque no lo hacen de manera normal, porque para aprender otro idioma tú no necesitas abandonar el propio. Pero en esa situación se aseguraban de reprimirte si hablabas tu idioma en el colegio. Y te premiaban si hablabas inglés muy bien. El idioma es la herramienta de la dominación.

Cuenta en sus memorias que alguna vez se sintió avergonzado de no llevar su uniforme escolar e ir vestido con la ropa tradicional, ¿qué es lo que hace tan atractiva la modernidad?

La modernidad vino asociada a la escuela, al idioma y a la ropa. Si vistes ropa occidental llega a simbolizar prestigio, mientras que tus códigos de vestimenta representan atraso. No hay nada de atraso en la forma de la que uno vista, pero te han hecho creer eso. Y está conectado de nuevo con el idioma. Porque al ver un idioma de manera negativa, también ves esa cultura y esas historias del mismo modo.

* * *

La resistencia, sostiene todavía hoy, es la mejor forma de mantenerse a flote. En prisión, resolvió empezar otro texto, una novela esta vez, en la lengua vernácula de su tribu, y además lo hizo con material suministrado por el propio Estado que le había puesto entre rejas. «Lo que era perjudicial para el cuerpo era beneficioso para el bolígrafo», bromea, sobre el papel que le raspaba las posaderas y que se convirtió en un soporte fabuloso sobre el que alumbrar al personaje de la valiente Wariinga.

«En un momento dado, los papeles ocupaban bastante en la celda y las autoridades me los confiscaron, pero después me los devolvieron pensando que eran inofensivos», relata Ngũgĩ entre risas, en un taxi camino a la Sagrada Familia de Barcelona, muchos años después de aquello. «No veo nada malo en esto. ¡Escribe usted en un kikuyu muy complicado!», le había dicho un celador al entregarle el borrador requisado tres angustiosas semanas antes. Era 1978 y los carceleros de la prisión de máxima seguridad de Kamiti le habían restituido una de las críticas más feroces al podrido sistema de la Kenia poscolonial. *Caitaani Mutharaba-ini* (*El diablo en la cruz*), la primera de sus novelas en kikuyu y manuscrita íntegramente sobre papel del culo, dispara a matar contra el dios dinero y sus feligreses, reunidos en un concurso de expertos en robo y hurto. Poco después fue liberado, pero la fábula no iba a quedar impune.

Solo hubo que esperar a 1982, mientras se encontraba en el Reino Unido para promocionar la publicación en inglés de *El diablo en la cruz*. Durante su estancia en Londres, Wa Thiong'o aprovechó para visitar a un viejo conocido, Cyril L. R. James, quien le pidió que no se jugara la vida regresando a Kenia en vista de la situación en el país africano. Y al llegar al Hotel Russell, donde le había alojado su editorial, Ngũgĩ halló un mensaje en el que se le aconsejaba mantenerse alejado de su patria. Le alertaba de que, a su vuelta a Kenia, sería recibido con alfombra roja…, pero que quizá fuera su sangre la que tiñera de rojo la alfombra. Un viaje de promoción literaria había terminado por convertirse en el inicio de un largo exilio. Aunque Ngũgĩ prefiere hablar de un naufragio.

* * *

«La cárcel es una prisión interior —reflexionará—, pero el exilio es una prisión exterior». El exilio es lo que uno quiera hacer de él. Y durante el suyo, el autor decidió hacer lo que mejor sabe: escribir, y hacerlo en su idioma materno. En su casa de Noel Road en el municipio londinense de Islington, Ngũgĩ wa Thiong'o construyó una nueva novela en kikuyu, *Matigari*, un cóctel molotov contra las oscuras cristaleras levantadas por Daniel arap Moi en torno a la Kenia de la época.

Con Moi, el país africano había metido una marcha más en la caja de cambios de la represión política. En los años de Kenyatta, la tierra se había utilizado para recompensar a los aliados y la violencia, para eliminar disidentes. Cuando Kenyatta murió en 1978 y su entonces vicepresidente, Daniel arap Moi, maniobró para ponerse al mando, las rutinas violentas se multiplicaron. Moi no contaba con la legitimidad de que había gozado Kenyatta, ni de los mismos recursos públicos que había tenido este a su disposición al empezar en el cargo para contentar a sus socios y comprar a sus detractores. Moi era de una tribu más pequeña, la kalenjin. Era profesor de primaria hasta que fue designado a dedo para formar parte del Consejo Legislativo colonial. En el parto de Kenia como estado independiente, Moi formó parte del partido opositor a la KANU de Kenyatta, para pasar más tarde a integrarse en él con tal celo que, durante años, Moi y KANU significaron lo mismo.

Pero Moi no infundía el mismo respeto que su antecesor y se lo tuvo que fabricar a base de terror. Las torturas se convirtieron en norma.

A mediados de 1982, al exponer en el Parlamento la propuesta para la reforma constitucional que convertiría a Kenia en un país de partido único también *de iure* (Kenyatta lo había convertido *de facto* en 1969), el entonces ministro de Asuntos Constitucionales e hijo de un jefe tribal designado por la administración colonial, Charles Njonjo, estiraría la hipocresía gubernamental hasta límites ignotos: «Los kenianos estamos contentos de estar haciendo este cambio aquí en la Cámara, porque Kenia cree en la democracia. ¿En qué lugar de África hay elecciones cada cinco años? En ninguno».[6]

Unas semanas después, un golpe de Estado fallido brindó a Moi una excusa excelente para ventilarse sin muchos miramientos a quienes consideraba oposición. «L'Etat, c'est Moi», se bromeaba. ¿Un rey déspota francés del siglo XVII o un dictador africano de finales del XX? Y por si algún opositor tenía todavía las piernas en su sitio para 1988 o las ganas de jugárselas, el sátrapa implantó un sistema de votación para las primarias de la KANU que se estudiará en los cursos de Iniciación a la

[6] Branch, 2011. (Traducción del autor).

Tiranía: el *mlolongo*. Esta manera tan graciosa de forzar el voto público y ponerse una diana en la espalda consistía en colocar una fotografía de los aspirantes a determinados puestos y que la gente que les apoyaba hiciera cola delante del retrato de su candidato. En teoría, luego se contaba la gente que había apoyado a cada uno y el de la fila más concurrida, ganaba. Era un modo fabuloso de buscarse problemas.

El mundo, no obstante, estaba a punto de dar un volantazo, estamparse contra un muro en Berlín y hacerlo pedazos (que después se venderían a los turistas, porque para algo había triunfado el capitalismo). Con la caída de la Unión Soviética, Occidente empezó a tolerar peor eso de tener tiranos en nómina. Aquello había estado bien para taponar la expansión comunista, pero empezaban a hacer feo una vez que la *amenaza* había desaparecido. En Kenia eso se tradujo en un movimiento duramente reprimido por Moi que buscaba la introducción de una democracia de esas en las que al menos se disimula un poco autorizando la existencia de más de un partido político. Al final, en 1991, y después de no pocas presiones internacionales, Moi aceptó el cambio a regañadientes y la violencia adoptó una nueva forma: las amenazas, la extorsión y la represión iban a servir para asegurarse la victoria en las elecciones.

Para entonces habían pasado cinco años desde el desembarco de *Matigari* en Kenia, con su autor exiliado. *Matigari* había llegado, visto, vencido y prendido entre los kikuyu como fuego en un campo de cereal. *Matigari ma Njiruungi* (literalmente: «los patriotas que sobrevivieron a las balas», y que es tanto el nombre del protagonista como de la obra) era un poco como aquel soldado japonés que pasó tres décadas en las selvas filipinas sin querer creer que la Segunda Guerra Mundial hubiera terminado. El revolucionario Matigari salió de los bosques y se encontró un panorama desolador. ¿Y todo por lo que había luchado? Ni la ley ni la justicia estaban al servicio del pueblo, sino al de las marionetas de los opresores y los patriotas de cartón. «¡Menudo mundo!», exclama Matigari, sorprendido. «Un mundo en el que el sastre viste a retales, el agricultor come bayas silvestres y el albañil suplica un techo». Matigari emprende entonces la búsqueda de sus hijos, los hijos de la patria, de sus mujeres, de sus compañeros de lucha, de la verdad y de la justicia en un lugar, en un país, en el que miles de personas se sacrificaron para una libertad que nunca terminó de llegar.

Matigari camina y pregunta, camina y pregunta, ¿dónde está la justicia?, ¿dónde está la verdad?, y busca respuestas en las calles, en los bares, en la cárcel y hasta en la sabana, donde encuentra a una anciana ermitaña. «Mi querido vagabundo —se compadece esta—, no puedes hallar respuestas a tus preguntas aquí, donde nadie habita. La verdad y la justicia se han de encontrar en las acciones de las personas. Lo correcto y lo incorrecto están insertos en el obrar de la gente. Pero, incluso entre la gente, te verás en un aprieto para encontrar las respuestas a tus dudas. ¿Y sabes por qué? Deja que te lo susurre al oído. Acércate. Es miedo. Hay demasiado miedo en este país. ¿Cómo dice el refrán? Demasiado miedo cría miseria en la tierra. Déjame sola. ¡Ve! Ve con los sabios, aquellos que saben leer las estrellas».[7]

Las preguntas de Matigari reverberan entre los fértiles valles kikuyu, y pronto llegan hasta Moi, que cuenta con oídos, con ojos en cada árbol, en cada camino, en cada loma, en cada aldea. ¿Quién es ese Matigari que formula tan impertinentes preguntas? ¿Quién es ese Matigari que cuestiona el nuevo orden? ¡Arrestadle!

[7] *Matigari*, East African Educational Publishers, 2011 [1987]. (Traducción del autor).

Pronto, los secuaces de Moi descubren que no se trata de una persona, sino de un personaje. Enfurecido, Moi ordena lo más cercano a la detención de un personaje ficticio: un secuestro editorial. Y este se produce en febrero de 1987:[8] el personaje se había unido a su autor en el exilio. «Esta es la Kenia de Moi —alerta Ngũgĩ—, un país en el que la realidad supera a la ficción, en el que las acciones del Estado en las calles provocan más terror a sus ciudadanos que sus propias pesadillas, en las que las palabras del jefe del Estado sobre sí mismo en sus discursos, dichas con total seriedad, superan las sátiras más brillantes que pudiera escribir cualquier escritor».[9]

Matigari, como otros de sus personajes, es en verdad un reflejo del propio Ngũgĩ: una vez pasados los efectos de la borrachera emocional de la independencia y despejadas las nubes de la resaca, Ngũgĩ —como Matigari— comenzó a hacer(se) preguntas. ¿Se ha sufrido, luchado y muerto para que quienes han sufrido, luchado y muerto sigan sufriendo, luchando y muriendo? ¿Dónde está la justicia? ¿Por qué hay que renunciar a la cultura y al idioma propios? La nueva clase dirigente —antiguos colaboracionistas de los colonos, nuevos ricos amigos del *sálvese quien pueda*, indígenas neocolonizados conchabados con el capital— no iban a tolerar semejantes insolencias. ¿Hasta dónde podría llegar a prender esa llama si no se extinguía de inmediato? ¿A qué estaba jugando ese filocomunista llamado Ngũgĩ wa Thiong'o? ¡Y esas preguntas! ¡Las formula en un idioma que el pueblo puede entender!

* * *

[8] Hasta 1996 fue imposible encontrar *Matigari* en las librerías kenianas.
[9] *Desplazar el centro*, Ngũgĩ wa Thiong'o, Rayo Verde, 2017 [1993].

A su independencia, Kenia adoptó como idioma nacional el suajili, mientras que el inglés sería cooficial. Los más de cuarenta idiomas precoloniales de las distintas tribus que habitaban el territorio que luego se convertiría en Kenia habían quedado así relegados al ámbito privado. El idioma de los colonos, de la élite blanca, había pasado a ser el de la nueva élite negra keniana. Las clases de la universidad serían en inglés, idioma en el que se impartiría la justicia y se interpelarían los diputados en el Parlamento, como había sido hasta la fecha. Es muy probable que un político hable a cámara en inglés, mientras que en los mítines se dirigirá en suajili a su electorado o en su lengua vernácula si está en su zona, un poco por crear complicidad con los oyentes, un poco por hacerles ver que es de los suyos. Como si de un trauma taladrado con barrena se tratase, el inglés de los colonos es todavía hoy sinónimo de autoridad: cuando el keniano medio busca recalcar unas palabras, abandona el suajili para utilizar el inglés. ¿Puede un idioma significar autoridad? ¿Por qué ese desprecio a lo autóctono? ¿Acaso no son igualmente respetables todos los idiomas, en tanto que herramientas de comunicación, de transmisión de conocimiento, de expresión de una cultura? Ngũgĩ encontró un socio inesperado en la música. Y no en un bardo cualquiera, sino en el que puso ritmo y letra a los sentimientos de los descendientes de africanos desarraigados a la fuerza y dispersados por el mundo, de los desposeídos, de los discriminados y de los oprimidos. «Emancipate yourself from mental slavery / None but ourselves can free our minds», escribió Bob Marley en 1979.[10] ¡Había que librarse también del colonialismo mental!

[10] «Emancípate de la esclavitud mental / Solo nosotros podemos liberar nuestras mentes», *Redemption Song*. Tanto Wa Thiong'o como Marley bebían del pensamiento de Marcus Garvey (en el caso del músico, estos versos están tomados directamente de un discurso que Garvey pronunció en 1937).

* * *

Usted se acercó mucho a la religión de joven, y esta también se usa como herramienta para esclavizar la mente…

Pero también se puede usar como espacio de liberación mental. Las ideas son un ruedo para luchar, como los idiomas, la literatura… Si pones a una persona sentada encima de otra, su visión de la religión será muy distinta de la visión que tenga el que está debajo. El de arriba dirá que hay que mantener las circunstancias como están, porque en el cielo serás recompensado. Pero el de abajo dirá: «¡No! No quiero esperar al cielo para ser recompensado. ¡Quiero cambiar esto ahora!». No es la herramienta en sí, sino cómo la uses.

¿Sigue siendo creyente?

Sí. ¡No! Un momento… Soy una persona espiritual. Creo en la espiritualidad. No tengo una religión en particular. Creo que todas las religiones buscan la espiritualidad, porque la misma vida humana aspira a lo espiritual. No vivimos solo para alimentarnos. Entonces, ¿para qué vivimos? Para algo más que para comer. Y creo que todas las religiones tratan de buscar una forma de conectar con esa espiritualidad, pero lo hacen a través de ritos y rituales, y a veces estos se vuelven más importantes que la espiritualidad que están buscando. De alguna forma, muchas religiones son antiespirituales. Cuando ves el modo en el que está conectado el mundo, las plantas, los animales, los seres humanos…, somos parte de lo mismo de una manera muy emocionante. Incluso lo inanimado: no podemos vivir sin la tierra que pisamos, el agua que bebemos o el aire que respiramos. El universo…, esa conexión es algo que… no entiendo del todo.

No me considero de ninguna religión. Pero me he leído todos los libros de las grandes religiones. Y cuando los lees ves que todos son conscientes de la espiritualidad. Son muy potentes.

Pero eso es algo distinto de lo que hacen las religiones establecidas...

Porque crean rituales. Dicen que el rito es lo mismo que la espiritualidad. Pero esos ritos, que son un medio, terminan por convertirse en un fin. Y terminan por estrangular la espiritualidad. ¿No te parece horrible que los humanos digan que están luchando por Dios? Los cristianos en el pasado, en las cruzadas..., ¡es divertido! Como si Dios les fuera a decir: «¡Eh! ¿A cuántos habéis matado hoy por mí?» [Nos reímos]. La espiritualidad nos rodea, pero no la reconocemos. Y la idea de Dios es una expresión de la espiritualidad. Tenemos alma, pero no la tocamos, no sabemos exactamente dónde está. Es como Dios, que es el alma, pero fuera de nosotros. Tiene sentido, ¿no?

* * *

La obra y la relevancia de Ngũgĩ wa Thiong'o como autor y pensador fueron creciendo en su exilio. Con su cadencia tranquila y su discurso lúcido y punzante, dio conferencias por todo el mundo reclamando la presencia de las culturas locales y el fin de las imposiciones culturales o lingüísticas. Ejerció de profesor de Literatura en Yale, luego en la Universidad de Nueva York y, finalmente, en la de California. Hasta que, en 2003, se presentó la ocasión de regresar a casa. El año anterior, Moi había cedido el poder tras la derrota de su partido ante la opositora Coalición Arcoíris en las elecciones (y tras agotar los dos mandatos presidenciales de cinco años de tope que marcaba la Constitución que él mismo reformó en 1991). Su coche fue sometido a apedreo popular al abandonar el acto de investidura del flamante presidente, Mwai Kibaki, quien llegó con un amplio apoyo del espectro político, un programa contra la corrupción y una progresista reforma constitucional bajo el brazo. Las ilusiones de cambio se podían hasta masticar en Kenia.

Es hora de volver, Ngũgĩ.

* * *

Habían asistido a una bienvenida de héroes. «He vuelto a casa con la mente abierta, con el corazón y los brazos abiertos», había dicho Ngũgĩ a las masas que les recibieron con bailes y canciones tradicionales. Tras veintidós años de exilio para evitar cárcel, torturas y quizá algo peor, Ngũgĩ wa Thiong'o —entonces con sesenta y seis años— había regresado a Kenia con su segunda mujer, Njeeri. Ambos profesores de la Universidad de California, planeaban dar varias conferencias en escuelas y universidades del país, así como presentar la primera novela de Ngũgĩ en dos décadas.[11] No era una mudanza. Había que tantear el terreno. Era solo una gira y se quedaría solo en una gira: la noche del 11 de agosto de 2004, cuatro ladrones armados con pistolas y un machete entraron en el apartamento de las Torres Norfolk en el que Njeeri y Ngũgĩ se hospedaban en Nairobi. Les pidieron dinero, todo el dinero que pudieran juntar en ese momento. Los cientos de dólares que hallaron no fueron suficientes. Les golpearon, apagaron cigarrillos

[11] *Mũrogi wa Kagogo* (*El brujo del cuervo*), escrita en kikuyu, claro.

en la cara de Ngũgĩ, que se resistió al destino de su mujer, a quien después violaron. Se llevaron también un ordenador, algunos documentos y la alianza de Njeeri. Ambos fueron hospitalizados.

La policía sospechó que se trataba de un robo común. Al fin y al cabo, la capital de Kenia es famosa por esta faceta: no por nada la llaman Nai*robo.*[12] El matrimonio no sospechó lo mismo. Días después, cuando estaban fuera de peligro aunque aún comprensiblemente traumatizados, convocaron una rueda de prensa en el propio hospital. Ngũgĩ consideró «difícil de creer que esos cuatro estuvieran actuando solos o que el robo fuera su objetivo principal… Su forma de actuar lenta y sin prisas era escalofriante». Su teoría era que fueron enviados para humillarles. «Hay un refrán que dice que no deberíamos dejar que nos extinga el ánimo la gente a la que no le gusta lo que hacemos. Así que vamos a continuar con nuestro programa».

Volver a resistir. Pero también volver a marchar.

* * *

Queda media hora para conocer el premiado y Tee Ngũgĩ —que es como se llama el mayor de los ocho hijos del escritor— sale al jardín de la casa para seguir con nosotros la cuenta atrás. En verdad, se llama Thiong'o wa Ngũgĩ y no *Tee Ngũgĩ*. La mutilación del nombre tiene parte de una leyenda que, protesta el hijo, no es cierta, pero que le gusta contar a su padre. Según el novelista, a su hijo le llovían las bromas de chaval, puesto que su nombre le vinculaba de manera inexorable a su padre. Un amigo le posaba la mano en un

[12] Traducción del autor del inglés *Nairobbery*.

hombro y le decía: «No llores, muchacho». A lo que otro añadía: «¡Dadle un grano de trigo!».[13]

Tee, Edu y yo nos acomodamos bajo un árbol de copa generosa, y comenzamos a coser a preguntas al hijo del literato. Aunque ahora la casa está prácticamente vacía, no era así cuando el patriarca la habitaba. Tee recuerda que estaba abarrotada de clásicos en inglés, de Dickens, de Tolstói, de Dostoyevski. A él, igual que a su padre de niño, le apasionaba *La isla del tesoro*, de Stevenson.

La cuenta atrás en la web del Comité Nobel está a punto de llegar a cero y los tres enmudecemos. La conexión a Internet del ordenador portátil en el que lo estamos siguiendo muere justo cuando la página se está actualizando con el nombre del ganador. Un gallo canta dentro de la casa y lo interpretamos como señal inequívoca de victoria. Pero pronto recibimos la fatídica noticia: Vargas Llosa es el elegido. «Bueno —suspira Tee—, a ver si el año que viene lo gana».

[13] *Weep Not, Child* (algo así como «No llores, muchacho») y *Un grano de trigo* son dos de las novelas más conocidas de Ngũgĩ wa Thiong'o.

UMOJA

Aparte de la participación política, la cultura [tradicional] *es la mayor restricción para el progreso de las mujeres africanas.*

Wambui Otieno.

Judy Lotukoi narra su condena con una naturalidad pasmosa. «Mi padre quería casarme con un señor mayor, y yo no. Así que me escapé», dice mientras trastea con su smartphone rosa. Judy Lotukoi tenía entonces nueve años; ahora, diez más. Su historia no es nueva, ni exclusiva y ni siquiera demasiado original. Es, simplemente, la que viven miles de chicas de la misma latitud: su progenitor opta por darlas en matrimonio lo antes posible para tener un estómago menos que llenar y obtener la dote correspondiente. Unas vacas, unas cabras. Símbolo de riqueza, en este caso, en la tribu samburu, en el centro-norte de Kenia.

«Me dijeron que había un sitio en Archers Post en el que me podían ayudar. Un pueblo para mujeres», recuerda la joven. Se trata de Umoja, una pequeña aldea en un desértico rincón del planeta, solo aliviado por el paso del cercano río Ewaso Nyiro. Lo forman una decena de precarias *manyattas*, casas tradicionales, edificadas sobre tierra yerma con un esqueleto de la madera de las acacias circundantes, y con paredes y techumbre recubiertas de barro y caca de vaca. Vistas por unos ojos occidentales, parecen literalmente unas casas de mierda, aunque son bastante más ecológicas y sostenibles que un bloque de pisos. Tendrán no más de quince metros cuadrados repartidos en tres estancias, con una piel de vaca estirada como colchón en el espacio destinado al dormitorio. El retrete son los arbustos; el río hace de ducha, grifo y lavadora.

Judy Lotukoi no habla apesadumbrada. Cuenta su historia desprovista de dramatismo, como si se tratara de ir a comprar el pan. «Fui a la comisaría diciendo que quería ir a Umoja, pero no tenía dinero». Los agentes de policía le costearon el pasaje del *matatu* y así cubrió los cerca de 150 kilómetros de árido paisaje que separan su Maralal natal de Umoja. Allí vive de forma permanente junto a una treintena de mujeres que comparten un pasado de abusos y malos tratos.

La historia empezó en 1990, cuando quince mujeres que denunciaron haber sido violadas por militares británicos destacados en Kenia fundaron un grupo llamado Umoja: «Unidad», en suajili. Aquel contacto con los soldados extranjeros les supuso ser repudiadas en sus hogares y sus aldeas y quedaron así desamparadas. ¿Quién se iba a querer casar con una mujer que tenía un bebé mulato? ¿A quién le apetecería ajuntar a una mujer que había yacido con un hijo de aquellos colonialistas? Pasaron un par de años y, tras probar varias iniciativas no muy fructíferas, las mujeres, lideradas por Rebecca Lolosoli, dieron con la fórmula de la supervivencia: crear un poblado solo para mujeres, abrirlo al turismo y vender a los escasos visitantes los adornos que ellas mismas fabrican. Las ganancias (que, precisan, son modestas) se reparten entre las moradoras, pero también entre la comunidad y las familias que las mujeres dejaron atrás.

«Ahorramos durante meses —rememora la matriarca sobre sus inicios—. Tras solicitar la tierra, los hombres vinieron y nos pegaron, y arguyeron que las mujeres no podían tener tierra en propiedad. Dijeron que era por mi culpa, y que me dispararían para recuperar a sus mujeres». Pero el proyecto siguió adelante sin raptos ni tiroteos.

Umoja se autodenomina un oasis para mujeres, niñas, huérfanas o viudas víctimas de matrimonios forzosos, de la mutilación genital femenina o de la violencia machista. A sus treinta y cinco años, la tímida Akidor Lomalia es un ejemplo de esto último. Igual que la joven Jacky Ntepes y otras tantas que prefieren ser anónimas.

Ese, de hecho, es uno de los obstáculos principales a la hora de atajar la plaga: el permanecer calladas y no denunciar las agresiones machistas. La actitud indolente de las autoridades no contribuye en absoluto a cambiar esa dinámica. «Siempre hemos visto en los tribunales casos de violencia contra la mujer, pero no teníamos una legislación que tratara con ese supuesto en particular. Ahora tenemos la ley de protección contra la violencia doméstica, que se aprobó en 2015», afirma la presidenta de la Federación de Mujeres Abogadas de Kenia (FIDA), Josephine Wambua Mong'are. Es una mujer rotunda, de voz potente, una *big mamma* africana que compagina su labor en su bufete de abogados con las actividades de FIDA y las de la progresista Sociedad Legal de Kenia. Josephine Wambua Mong'are, rondando la cincuentena, casada y con tres hijos, es pura energía para el cambio en Kenia. La letrada habla sin trabas, exponiendo y argumentando el complejo contexto de opresión a la mujer en su país. «El problema es la mentalidad de quienes velan por la ley: cuando vas a la policía y dices que tu marido te ha pegado, se ríen de ti y te dicen que vuelvas a casa y llames al consejo de sabios», la forma de autoridad extraoficial presente aún hoy en muchas tribus y del que las mujeres no pueden formar parte. «En el pasado

—continúa la abogada—, el consejo de sabios ejercía mucha presión y lo veía como un asunto familiar. Y en la mentalidad tradicional, los matrimonios tenían que conservarse, no desintegrarse. Existe eso de "vuelve a casa y habladlo" y la policía también piensa así. Tenemos que ir y educarles para que sepan que la gente es más vulnerable en el entorno familiar».

Mong'are apuntala estas afirmaciones con datos. El Estudio de Salud y Demografía de Kenia de 2014 muestra que un treinta y nueve por ciento de las kenianas casadas con edades entre quince y cuarenta y nueve años han sido objeto de violencia física y sexual a manos de sus cónyuges. Un catorce por ciento de las encuestadas aseguraron haber sido violadas.[1] Incluso con una realidad que en Kenia acostumbra a ir a remolque de la ley, el marco legal que ampara a las mujeres se ha ampliado de manera gigantesca en los últimos años, en particular a partir de la Constitución de 2010, sorprendentemente progresista y que quizá por eso cuesta tanto aplicar en algunos supuestos.

La abogada sabe bien que la religión es otro de los grandes escollos.[2] La planificación familiar o el uso de anticonceptivos no forman parte de las doctrinas oficiales y el poder adquisitivo de la mayoría de la población dificulta el acceso a estos métodos. Una madre adolescente tiene todas las papeletas para dejar la escuela y centrarse en el cuidado de sus hijos. Una escuela que además, por presión eclesiástica en contra de una legislación que lo permita, no imparte educación

[1] *Kenya Demographic and Health Survey*, Kenya National Bureau of Statistics, 2014.

[2] En torno el ochenta y cinco por ciento de los kenianos son cristianos de distintas confesiones (la mayoría, protestantes, pero también varios millones de católicos y evangélicos), mientras que el islam lo profesa un once por ciento de la población, sobre todo en la costa y las zonas fronterizas con Somalia, según el censo elaborado en 2019 por el Instituto Nacional de Estadística de Kenia, *Kenya Population and Housing Census, 2019, volume IV, p. 422.*

sexual a los menores ya que se ve como una promoción de la inmoralidad.

El abandono de la educación para terminar ocupándose de la casa es asimismo el futuro más que probable para aquellas a las que se les practica la ablación, un despreciable rito tradicional que entre 2003 y 2014 cayó en Kenia del treinta y dos al veintiuno por ciento gracias a la puesta en marcha de políticas y legislación al uso y la presión internacional para erradicar la práctica. La *lógica* detrás de lo extendido de esta es que constituye el rito de paso a la edad adulta. Una mujer sin mutilar sería, al entender de algunos tradicionalistas de la tribu de turno, una niña, a la que ningún hombre querría desposar.[3] Todo esto en un entorno en el que las niñas siguen contando con una desventaja clara a la hora de terminar escolarizadas: aunque desde 2003 cayera a la mitad el número de kenianos sin educación formal alguna (en ese año, el recién elegido presidente Mwai Kibaki convirtió la educación primaria en gratuita), a mediados de la segunda década del siglo el número de mujeres con la secundaria terminada era del cuarenta y tres por ciento, seis puntos por debajo de los hombres. A Mong'are no le sorprende el dato. Al fin y al cabo, ¿quién querría invertir en sus hijas? La tradición mayoritaria es que, una vez una mujer se casa, va a vivir a la aldea del marido y rara vez acudirá a visitar la propia. ¿Acaso esto reportará algún beneficio a sus padres, más allá de la dote? Habrá que seguir trepando por el libro para resolver la duda.

[3] La ley de prohibición de la mutilación genital femenina se aprobó en 2011. La práctica está extendida entre el noventa y cuatro y el setenta y ocho por ciento de las mujeres de la tribu somalí de Kenia, las samburu, las kisiis y las masái, según el Estudio de Salud y Demografía de Kenia de 2014. El conflicto entre esta tradición tribal y los dictados del cristianismo lo presenta magistralmente Ngũgĩ wa Thiong'o en *The River Between*.

La propia presidenta de FIDA es un ejemplo de esa discriminación, aunque ella, a diferencia de la mayoría de las kenianas, sí pudo acceder a una educación superior. «Si sois cinco hermanas y dos hermanos, como es mi caso, mis padres proveerán para los dos hijos, pero no para las chicas. Porque se supone que te casarás [y en teoría te beneficiarás de la propiedad y la formación del marido]. Tu familia puede gozar de una buena posición, pero no te tendrá en cuenta como a un hijo. Solo que ahora —explica Mong'are—, con las nuevas leyes, tenemos tribunales que pronuncian sentencias que velan por estos derechos. He visto cómo sucede. En especial, cuando la gente es lo suficientemente valiente como para recurrir a la justicia».

La teoría de que el matrimonio redundará en algún tipo de seguridad para la mujer era más que relativa hasta la aprobación de la ley de propiedad matrimonial en 2013, que sustituyó a la decimonónica ley británica imperante entonces en la excolonia. Hasta ese momento, en caso de disolución matrimonial, si la mujer reunía el coraje suficiente como para acudir a la justicia, debía demostrar qué era lo que había aportado a ese matrimonio. Eso siempre y cuando su enlace estuviera registrado, algo no muy común en los habituales casamientos por el rito tradicional de la tribu equis y cuya inscripción solo es obligatoria en el país africano desde 2014 bajo la ley de matrimonio. Josephine Wambua Mong'are asegura que esta última supone otro gran avance para las kenianas. «Incluso en temas sucesorios, es fácil confirmar que eres beneficiaria de tu difunto marido si el matrimonio está registrado. ¿Qué pasaba antes? En la mayoría de esos matrimonios, podía haber estado casada durante veinte años, los niños en la universidad…, el marido fallece de repente y la familia decía: "No la conocemos. Era una novia". Porque querían heredar lo que fuera que hubiera. Pero ahora solo tienes que demostrar que estaba registrado para ser beneficiaria de la propiedad de tu marido». La abogada señala que había muchos casos en los que «los propios hijos saqueaban a las viudas». No obstante, sería ingenuo pensar que la mera puesta en vigor de estas leyes equivale a su aplicación efectiva a todos los niveles en un país en el que no es tan difícil vadear la legalidad mediante el soborno adecuado.

En FIDA son conscientes de esto y muchos de los casos de los que se hacen cargo sin cobrar honorario alguno son de mujeres sin recursos en proceso de despojo. «En Kisumu, en el oeste de Kenia, tenemos un montón de casos relacionados con la tierra. Cuando ha muerto el marido, se ha querido expulsar a las mujeres, o por costumbres en las que se supone que un hogar no debe de ser liderado por una mujer y los familiares quieren heredar —relata la letrada—. Además, en esa zona el sida tiene mucha prevalencia y mucha gente ha muerto, por lo que tienes muchos hogares monoparentales».[4] El tradicional y primitivo método de seguridad social por el que una mujer se casaba con un familiar masculino de su marido al enviudar no ha ayudado en una zona con tanta proliferación de VIH. «Creo que las mujeres están más abiertas al cambio, muchas han podido tomar medicación, y por eso sobrevivieron», sostiene Mong'are. «Y cuando se sabe que la mujer tiene sida, se la expulsa del hogar, y esa es la mayoría de casos que tenemos: mujeres echadas de sus hogares. Y son mujeres rurales que no tienen ningún ingreso. Igual el único

[4] Es la zona más afectada de Kenia, un país con una prevalencia del VIH del seis por ciento entre la población de quince a cuarenta y nueve años. En Suazilandia es de en torno al veintisiete por ciento en ese mismo segmento poblacional, la tasa más alta de África y del mundo, según datos de 2010 de la OMS.

ingreso que tenían era trabajar la tierra y ahora ya no pueden hacerlo».

Pero en el experimento de Umoja no solo tratan de apoyar a las mujeres desposeídas o fugadas de sus hogares por todos estos motivos, sino también de concienciar a la población de la zona y a los niños que corretean en el polvoriento recinto de la aldea junto a cabras y gallinas. «Las madres les enseñan que, cuando forman una familia —cuenta Judy Lotukoi, una de las pocas del poblado que habla inglés—, no tienen que pegar a sus esposas. Y responsabilizarse de los hijos que tengan», una reclamación habitual de las mujeres. «Si cuando los hijos terminan sus estudios quieren estar en el pueblo, pueden quedarse». Pero no hay ningún joven que viva allí en la actualidad. Los retoños crecidos de las fundadoras del pueblo trabajan en el alojamiento cercano, que también le sirve a Umoja como fuente de financiación. Unas cabañas y un bar a orillas del Ewaso Nyiro, rodeado de palmeras y sutiles colinas, que ofrece unos amaneceres que le dejan a uno la sensación de estar estrenando el mundo. Hasta que el sol se eleva y derrite a quien se oponga.

Una gran acacia preside la aldea y ya a las ocho de la mañana es necesario resguardarse a sus pies. A esa hora, algunas mujeres han ido a recoger agua; otras, a comprar fruta y verdura al cercano Archers Post, una localidad con dos filas de construcciones bajas atravesada por una carretera que recuerda a un poblado del lejano oeste americano, pero con diligencias motorizadas. Otras tantas, mientras, marchan en busca de madera que quemar y usar en la precaria cocina de sus *manyattas*. Es el ciclo sin fin en este rincón del planeta: los escasos árboles se talan para obtener combustible para cocinar o material para construir, la tala de árboles reduce las posibilidades de lluvia y las sequías azotan la zona sin piedad.

El río tan pronto puede secarse como desbordarse e inundar la zona.

Las sequías, como la que mantuvo en jaque a la región entre 2010 y 2012 y se llevó cientos de miles de vidas, arrasan también con el ganado. Al igual que sucede entre sus *parientes* masái, las vacas son un elemento central en la vida de los samburu, que incluso tienen una canción dedicada a estos animales en la que las mujeres se colocan enfrentadas y cantan: «¡Mi vaca es más grande que la tuya!». Pero la supervivencia de las reses durante los frecuentes periodos de escasez de lluvias es complicada. Por eso, Rebecca Lolosoli diseñó un proyecto que redujo la dependencia de vacas y cabras, también víctimas de robos o de ataques de las hienas que rondan el lugar. Ahora, las mujeres de Umoja se centran más en criar pollos que, aparte de carne, procuran huevos para vender en el mercado de Archers Post.

Además, las mujeres elaboran joyería con cuentas de colores que luego tratarán de vender a los turistas. Ellas mismas las lucen, aunque entre las más jóvenes se adivine ropa moderna camuflada bajo el atuendo tradicional. Un collar para la ceremonia de la circuncisión del churumbel de turno elaborado con hojas de palmera y materiales reciclados, como el que se afana en hacer la anciana Esther, puede llevar una semana de trabajo. Su precio no alcanzará los veinte euros.

El habitante más joven del pueblo se llama Robert y tiene tres meses. Su abuela, Nagusi Odó, se derrite jugueteando con él y besuqueándole sin parar. A Robert no le va a quedar más remedio que saber llevarlo, ya que el nombre de su abuela en el idioma samburu dicen que se traduce como «Aquella que besa». Nagusi Odó es una de las fundadoras de la aldea y se fue de su hogar porque su marido le pegaba «todos los días». Sin embargo, no abandonará jamás Umoja. «Dice que se podría quedar aquí para siempre», traduce Judy Lotukoi. Nagusi Odó tiene sesenta años, siete hijos, diez nietos y dos ojos que se encienden al tomar a Robert en brazos. Viste tobilleras de metal forjado, que indican que está casada y no se las piensa quitar, a pesar de haber huido de su marido. Cuentan que como los hombres del entorno son polígamos, no pierden demasiado el tiempo con una sola mujer, aunque la poligamia está perdiendo terreno rápidamente en Kenia. Alguna vez se han acordado de ellas y han querido entrar en Umoja, pero ahora tienen miedo de hacerlo, a fuerza de pagar las multas impuestas por la policía.

Nagusi Odó es una de las más inquietas de la aldea y se lanza a preguntar a los visitantes: «¿En vuestro país las mujeres también sufren malos tratos?». En Umoja no quieren que esta lacra se siga extendiendo y por eso se dedican a informar a sus congéneres sobre sus derechos y les animan a iniciar sus propios negocios para reducir la histórica dependencia de los hombres.

No obstante, el poblado dista de ser idílico. Nadie parece disputar el liderazgo de Rebecca Lolosoli, con el que las presentes afirman sentirse cómodas. Tampoco es que haya elecciones. En 1998, un grupo de mujeres abandonó el poblado por sentirse «esclavas en su propia casa». Existen asambleas entre las habitantes, pero es Lolosoli quien dirige los designios de la aldea, y esto ha provocado algunas fricciones. Las mujeres escindidas, por ejemplo, se largaron en lo que denominaron «el éxodo de la esperanza» y formaron su propio pueblo, Nachami, donde dicen gozar de la libertad de expresión que les faltaba en Umoja.

Ahora, sin embargo, el ambiente en Umoja resulta distendido. Mientras la más vieja del lugar, Maria Lisa, posa para un par de fotos, Judy Lotukoi provoca las carcajadas de sus vecinas al decir que la anciana tiene orejas de babuino. Las risas abren una ventana idónea para preguntar por lo que llevo queriendo preguntar desde que vi asomar al primer crío. El dinero que los turistas pagan para entrar al pueblo va destinado a financiar la escuela aledaña, construida para los hijos de Umoja. Pero, si no hay hombres, ¿cómo se reproducen las moradoras? «Si quieren quedarse embarazadas, las chicas jóvenes como yo salen —responde Judy Lotukoi—, se buscan novio, se quedan preñadas, le dejan y vuelven al pueblo con su bebé».

Ni ella misma puede contener la carcajada.

LA TRIBU

El tribalismo es una frágil orquídea, propia de bosques sin viento.

Kenya. Norman Leys.

Los puestecillos de baratijas son un mal pretexto: son las vistas las que obligan a frenar en seco, bajarse del coche y disfrutar en directo de la postal. Porque tras las tiendas la tierra se hunde varios centenares de metros y la altitud —más de dos kilómetros sobre las aguas del Índico— regala un panorama inabarcable desde la cima del desfiladero. Una pequeña iglesia católica en una curva da fe de que fueron prisioneros de guerra italianos capturados durante la Segunda Guerra Mundial en la vecina Etiopía quienes construyeron la carretera que discurre colgada de la montaña y que varios camiones tratan de trepar pacientemente. Las nubes salteadas de una temporada de lluvias recién concluida juegan a oscurecer el verde de la llanura a voluntad y, plantado ahí en medio desde hace un par de millones de años, saluda el monte Longonot, con su cráter perfecto, delineado con compás. Más allá, su prima Suswa, otro volcán inactivo que apenas dista cuatro leguas. Algún monte aquí y allá.

Es el valle del Rift, en el que *rift* ha pasado a constituirse como nombre propio pero significa poco más que *grieta*.

Aunque menuda grieta: una trinchera natural de miles de kilómetros que parte el este de África, desde Mozambique hasta salir del continente, rajar el mar Rojo y llegar al Líbano. En Kenia ha dejado una cicatriz inmensa, de norte a sur, de una herida que está tardando en sanar más de veinte millones de años.

Si bien ha habido muchas teorías al respecto, en el momento de teclear esto la más aceptada establece que el valle se formó por un estiramiento de dos placas tectónicas que terminó en el hundimiento de una fosa tectónica y dejó en Kenia un paisaje que habría enterrado a Stendhal: sabana en el sur, terrenos fértiles en un centro elevado y lluvioso, y desierto en el norte. No contento con el resultado, el valle sigue ensanchándose al vertiginoso ritmo de… dos milímetros al año. Un poco más, si tenemos en cuenta que en marzo de 2018, a la altura de Suswa, la tierra crujió y dejó al descubierto una grieta de varios kilómetros de longitud, quince metros de profundidad y veinte de anchura en algunos puntos. África oriental terminará por desgajarse del resto del continente, según las proyecciones de los expertos. Tan solo hará falta esperar cincuenta millones de años.

La carretera de los italianos salva seiscientos metros de desnivel en apenas quince kilómetros. Décadas antes, los culis indios que construyeron el ferrocarril de Uganda en esa misma ruta apenas podían sostenerse en las laderas con las manos vacías, no digamos ya con el instrumental ferroviario a cuestas. Más que un tren, aquella sección tenía aspecto de funicular. No como la llanura de la base del valle, salpicada de volcanes y lagos, del Turkana al Natron pasando por el Baringo, el Nakuru, el Naivasha o el Magadi. Lagos salados, en su mayoría, cuyo único desagüe es la evaporación. Porque el valle del Rift, en realidad, es una bañera ciega, una palangana, un lugar ideal para que se acumule roña de hace cientos de miles de años: fue aquí, en estas mismas llanuras, donde nuestros antepasados decidieron que andar a cuatro patas estaba pasado de moda. En esta zanja, y en particular en la parte que engloba Etiopía, Kenia y Tanzania, se han hallado incontables fósiles de algunas de las especies que precedieron al *Homo sapiens*. Las paredes de piedra que delimitan el valle del Rift son en verdad los barrotes de la cuna de humanidad.

Sin embargo, el subsuelo no ha sido tan generoso con los minerales y Kenia no rascó demasiado cuando se repartieron las riquezas subterráneas. Solo un uno por ciento de su PIB deriva de ellos y de manera amable y algo ñoña se suele decir que el verdadero capital del país está en su gente, en las más de cuarenta naciones independientes con las que toparon los británicos a su llegada y que llevaban unos pocos centenares de años poblando la zona.[1]

Los datos científicos conocidos hasta el momento apuntan a que el *Homo sapiens* llegó a ser tal en África, luego emigró poblando el resto del mundo y, después, en los últimos milenios, algunos de los que se habían quedado en el continente se dirigieron a levante, quizá huyendo de la desertificación del Sáhara, quizá invitados a marchar por otros grupos hostiles. En el norte de la futura Kenia hallaron una zona árida en la que decidirían asentarse los turkana, los pokot o los rendile, pastores trashumantes y ladrones ocasionales de ganado que capean la dureza del entorno desplazando a sus reses en busca de pastos y agua en un desierto poblado por víboras, alacranes y aves carroñeras como el marabú. Y de camellos, que

[1] Comentaba Ryszard Kapuściński en *Ébano* que la Conferencia de Berlín sirvió más para unificar que para dividir África, y el caso de Kenia es claro: cuarenta y dos tribus, con sus rencillas, disputas, conflictos, reunidas bajo un mismo paraguas sin ser siquiera consultadas.

ayudan a sobrevivir a estas tribus y a los kenianos-somalíes que pueblan la frontera con Somalia y profesan el islam de manera mayoritaria. La misma religión que gran parte de sus compatriotas a orillas del océano Índico, como muchos de los mijikenda o los suajili. Su región presenta playas de arena blanca y cocoteros, aguas generosas en flora y fauna, cuya vida se contagia unos kilómetros hacia el interior, aunque no hasta llegar a las llanuras que atraviesa el ferrocarril en su camino a Nairobi, territorio kamba. Rumbo al oeste toparemos con los masái, moradores de la parte suroccidental, fronteriza con Tanzania, y *primos* de los samburu, en el centro-norte del Rift keniano, habitantes de un paisaje garabateado con la forma de tirachinas gigante de sus palmeras (*Hyphaene thebaica*), o con las finas líneas de la orejuda cebra grevy (*Equus grevyi*), las manchas perfectas de la jirafa reticulada (*Giraffa camelopardalis reticulata*) o el alargado cuello del gerenuk (*Litocranius walleri*), un antílope que prefiere el arbusto al pasto. En el lago Victoria pescan los lúo, y poco más al norte encontramos a los luhya, quienes dominan una región hermosa de nombre engañoso, Kakamega, refugio de la última floresta tropical del país. Los ogiek habitan en los bosques Mau y del monte Elgon, alimentándose de lo que estos provean. Y entre esos dos bosques, los kalenjin cultivan la zona más fértil del Rift, el llamado granero de Kenia, donde las tonalidades de verde se cuentan por millones. Como en el centro del país, donde el monte Kenia vigila los movimientos de los súbditos a sus faldas: los embu, los meru y los kikuyu.[2]

[2] Los kikuyu son la tribu más numerosa del país, y suman un 17,31 % de una población de 47.067.376 kenianos; los luhya, un 14,49 %; los kalenjin, un 13,5 %; los lúo, un 10,76 %; los kamba, un 9,91 %, según los datos del censo de 2019 elaborado por el Instituto Nacional de Estadística de Kenia. *Kenya Population and Housing Census*, 2019, volume IV, p. 423.

En la cima de roca descarnada del monte Kenia, a 5199 metros sobre el nivel del mar, cuenta la mitología kikuyu que habita Ngai. Ngai debía de ser un dios benévolo, pues todo lo bueno llegaba de esa montaña majestuosa, magnética, de cumbre hipnótica, plantada ligeramente al sur de la línea del Ecuador y cubierta de una extraña materia blanca. Ngai se manifestaba en el sol, la luna y las estrellas, y también en los ríos, las lluvias, el arcoíris y las tormentas eléctricas, y las madres kikuyu tenían prohibido a sus hijos mirar al cielo durante estas trombas o se arriesgarían a causar la ira de Ngai y caer fulminados por un rayo. Al que sería el fundador de los kikuyu (llamado Kikuyu en un histórico sobreesfuerzo creativo), Ngai le ofreció un terreno fértil a los pies de su trono y una mujer con la que tuvo nueve hijas. Y también una solución a sus problemas: cuando tropezara con uno, debía hacer un sacrificio a los pies de una higuera en dirección a Kirinyaga, su montaña, y *Él* se encargaría de resolverlos (así, por ejemplo, habría solventado la minucia de la descendencia, tratándose de una pareja con nueve niñas los únicos habitantes del lugar). De modo que a sus pies estaban los kikuyu, que vivían de lo que proveía esa tierra que *les había adjudicado* Ngai. Allí cultivaban y hacían pastar a algunas ovejas, algunas cabras, algunas vacas. Los pastos y las huertas se hallaban en la parte más baja de la montaña sagrada. Era como si, millones de años antes, Ngai hubiera lanzado un cargamento de vegetación desde su trono y esta hubiera bajado rodando, desparramándose, hasta encontrar un lugar cómodo en el que echar raíces, y pastos y huertos hubieran resbalado hasta allí. La geografía, sin embargo, permite menos licencias poéticas: la altitud y el consecuente descenso de oxígeno y temperaturas son las encargadas de limitar la vida según se asciende. Primero saluda un bosque de montaña con árboles de hasta treinta metros donde es fácil topar con otros mamíferos más allá del *Homo ludens*. Un cinturón de bambú marca el fin de ese bosque en torno a los 2500 metros y lo separa del lugar de las hagenias y las coníferas, árboles más bajos, que lograron sobrevivir la caída desde el pico y formar bosques que el musgo y la bruma transforman en escenarios de fábula al atardecer. Para cuando se alcanzan los 3000 metros de altitud, el brezal se ha adueñado de un paisaje cada vez más apagado en el que casi los únicos reductos de color los aportan las tritomas (*Kniphofia*). Las lobelias gigantes, con forma de cohete vegetal, y varios tipos de senecio eligieron quedarse en la parte alta de la montaña a disfrutar de las vistas. Cada vez menos pájaros viven en la zona y se encargan de la polinización de esas flores, mientras que otras aves (de presa) solo piensan en cómo dar caza a los roedores que se esconden bajo unas rocas que poco a poco van apoderándose del panorama. De los 4500 metros en adelante, el entorno es meramente marciano: la roca volcánica del monte Kenia se alterna con barro, nieve y algún glaciar. Ngai debe de gastar un buen abrigo.

¡Un momento! ¿Nieve en esas latitudes? La mofa fue generalizada en la Real Sociedad Geográfica de Londres cuando los misioneros-exploradores Johann Ludwig Krapf y Johannes Rebmann aseguraron haber posado los ojos en una montaña nevada junto al ecuador. ¡Aquello era imposible! ¡Debía de ser fruto de las alucinaciones provocadas por alguna enfermedad tropical! Pero los idiomas locales no daban lugar a equívoco: la montaña blanca, la montaña brillante, la montaña de la blancura. Kirinyaga, en kikuyu; Donyo Ebor, en maa; Kirenyaa, en embu; Kima ja Kegnia, en kamba; tribus que podían ver la cima nevada desde sus territorios.

El lector avispado ya habrá concluido que el país se llama así por la montaña, y se cree que la montaña se llama así por una corrupción lingüística de alguno de los nombres locales que se le daban a esta. Sin embargo, existe una leyenda mucho más colorida, para quien le apetezca creérsela: en diciembre de 1849, Rebmann y Krapf avistaron la montaña y quizá se detuvieron a observar con calma el penacho de piedra que la corona. Acto seguido, preguntaron a su guía, de la tribu kamba, que cómo carajo se llamaba aquella maravilla de la naturaleza. El buen hombre, que igual había aprovechado el receso para darle un trago a su cantimplora —hecha a partir de una calabaza alargada—, pensó que se referían a la hortaliza y les contestó: *kii-nyaa.* Y así habría sido cómo la segunda cima más alta de África y el país que la hospedaba habrían pasado a engrosar la extensa familia de las curcubitáceas.

Además de establecer cómo se llamaría el país, hasta dónde abarcaría, quién podía y quién no hacer uso de sus recursos, o qué derechos tenía cada uno dependiendo de su color de piel, la administración colonial también decidió que era demasiado arriesgado permitir que sus ciudadanos tuvieran algún tipo de sentido de nación y durante años prohibió la existencia de asociaciones de africanos a nivel nacional: había que mantener a los locales divididos a todos los niveles posibles.[3] La tendencia continuó tras la independencia, con un Jomo Kenyatta más interesado en beneficiarse de los injustos términos imperantes que en cambiarlos, y sus sucesores iban a tomar buena nota de ello. Mientras tanto, en la vecina Tanzania, con casi el triple de tribus que Kenia, el socialista Julius Nyerere se había propuesto alcanzar la igualdad, lo que pa-

[3] En sus memorias (*Unbowed*), Wangari Maathai describe cómo la finca del señor Neylan, en la que estaba empleado su padre, tenía divididas las funciones para cada tribu: los kikuyu trabajaban el campo, los lúo eran los empleados domésticos y los kipsigi se hacían cargo de pastorear y ordeñar el ganado.

saba por abolir cualquier tipo de estructura ligada al poder tribal. La elección del suajili como único idioma, un sistema educativo que no privilegiaba a los alumnos de una determinada tribu, ni un funcionariado que ascendía en función de su tribu, así como los espontáneos matrimonios mixtos han contribuido a cimentar esa visión y han arrojado unos resultados que para sí quisieran las tribalmente polarizadas Ruanda, Burundi o Kenia. Al mismo tiempo que Nyerere apostaba por lo que unía a todas esas tribus englobadas en un ente llamado Tanzania cuyas fronteras no habían decidido, Kenyatta garantizaba la continuidad colonial y seguir dividiendo para que venciera su bolsillo. Por eso, esa fragmentación y los tópicos asociados a las distintas tribus se han perpetuado hasta la fecha: los masái siguen siendo considerados temperamentales y guerreros invencibles; los kikuyu, hábiles en los negocios y capaces de vender a su madre por unas monedas; los kalenjin son todos grandes corredores y se asocian rápidamente a la industria láctea. Y estas divisiones que perduran —a veces como quien cuenta un chiste de Lepe, a veces con comentarios cargados de resentimiento— sirven de munición a los politicuchos locales, que saben cómo jugar la carta tribal antes de las elecciones.

«¡Lograr una Kenia sin tribus es imposible!», advierte el activista Boniface Mwangi, consciente de que son precisamente sus tribus las que hacen única a Kenia, con la riqueza y diversidad que estas aportan. «El problema es el uso político que se hace de la tribu. Si observas con detenimiento en este país, verás que solo hay dos tribus: los ricos y los pobres». De hecho, mirando con atención también se descubre que, muchas veces, la tribu es lo único que tiene en común el electorado con el político al que otorgan su voto. Y aunque la pertenencia a una tribu no suponga descuentos en el mercado, ni acceso a una mejor educación, ni vivir en un entorno más saludable, ni mejor atención sanitaria, la idea de que la victoria de un político de la tribu de turno redundará en beneficios para toda esa comunidad está tan arraigada (y es tan fácil comprar lealtades cuando una mayoría de la población sobrevive casi al día) que son muchos los políticos que siguen explotando la estrategia. Aunque afortunadamente, en la actualidad cada vez más kenianos (sobre todo entre la nueva clase media urbana) se reclaman como lo que son: kenianos a secas, sin dar importancia a su apellido, del que rápidamente se infieren procedencia y tribu.

Tribu es una palabra que las cabezas occidentales tienden a cargar de exotismo, como si los madrileños, los pekineses, los estambulíes o los umbros no cupiesen en la definición. Tal vez el cine, la tele, la cultura popular hayan contribuido demasiado a moldear ese estereotipo de *tribu* según el cual se trataría de un grupo de gente primitiva con las tetas al aire, ingenuos e ignorantes, capaces de atravesarte con su lanza si fuera necesario. Por eso, cuando a finales de marzo de 2012 unos militares norirlandeses destacados en la base que el Ejército británico mantiene en la ciudad keniana de Nanyuki se liaron a hostias con unos compañeros escoceses en el bar del hotel The Sportsman's Arms inducidos por exceso de alcohol en vena, y volaron sillas y botellas, saltaron los cristales de las ventanas y la trifulca dejó al menos cinco heridos graves, alguien en el diario local *Daily Nation* decidió titular la noticia con la suficiente guasa como para poner las cosas en su sitio: «Pelea "tribal" en Kenia entre soldados británicos».

LA MASACRE DEL MILLÓN DE CHELINES

Never shall we again re-witness
though many more we'll see
Into
The deep dark grave like a cave.[1]
Witness. Obyero Odhiambo.

El periodista Douglas Namale recuerda nítidamente cómo sucedió todo. Lleva años documentando la vida de la zona chabolista de Kibera, su barrio de Nairobi, y un episodio como aquel no se le olvidará fácilmente. Era la tarde del 30 de diciembre de 2007. Estaba viendo las noticias en la televisión de un bar de Kibera y la KTN, cadena de corte favorable a la oposición, relataba las últimas novedades. Todo el mundo estaba pendiente de la prensa en aquellos momentos: era el tercer día de escrutinio desde el cierre de urnas de las presidenciales y la tensión era tal que se podía untar en pan. «Entonces, interrumpieron la emisión para informar de que estaban invistiendo a Kibaki como presidente», relata Namale. «El dueño del bar, que tenía el mando a distancia, cambió de canal, a la KBC (la televisión pública, evidentemente inclinada del lado gubernamental), y allí estaba Kibaki levantando la Biblia y jurando el cargo».

[1] Nunca debiéramos volver a presenciar / aunque muchos más veremos / hacia / la tumba oscura y profunda cual cueva.

Lo que Douglas vio no podía ser más penoso. ¿En serio eso era una ceremonia de jura de cargo? ¿Dónde estaba la pompa típica de estas celebraciones? ¿Y la multitud que le había jaleado en 2002? ¿Se iba a celebrar en los jardines del Palacio Presidencial en vez de un estadio enorme que albergara a todos los seguidores que allí cupieran? ¿En privado, al atardecer, apresuradamente, sin asistentes de postín ni público que aplaudiera un discurso vacío? Tanta premura y tan poca fanfarria daban demasiado que sospechar, entre otras cosas porque no había transcurrido ni una hora desde que Samuel Kivuitu, el presidente de la Comisión Electoral de Kenia, declarara que Mwai Kibaki —del Partido de Unidad Nacional (PNU)— había vencido los comicios con 4.584.721 sufragios por los 4.352.993 del candidato del Movimiento Democrático Naranja (ODM), Raila Odinga. 231.728 votos de diferencia.

«En ese momento, oímos gritos afuera y salimos del bar», rememora el reportero. «Y entonces vimos el humo». Douglas Namale sostiene que el primer muerto de los al menos 1133 que provocó la oleada de violencia poselectoral se produjo allí, en Kibera. Unos trastornados habían prendido fuego a una chabola con su dueña dentro.

Estaba empezando a oscurecer en Kenia.

Sin embargo, las nubes se habían ido acumulando en los meses anteriores a las elecciones del 27 de diciembre. Un repaso rápido: en 2002, Mwai Kibaki había sucedido al dictador Daniel arap Moi, quien desde la reforma constitucional de 1991 (en la que Kenia abolió el sistema de partido único) solo podía optar a dos mandatos. Y tras ganar en las urnas de manera cuestionable en 1992 y 1997, Moi no podía continuar en el poder. Al menos, de manera legal. Cedió el poder en 2002 y la transición fue tranquila. Kibaki —de la tribu kikuyu y un indolente oportunista político que había formado parte de todos los gobiernos desde la independencia— había ganado esos comicios aglutinando a gran parte de la oposición al tirano. Las esperanzas eran tremendas. Para lograr esa alianza opositora se había firmado, antes de las elecciones de 2002, un acuerdo no vinculante con varios partidos para, en caso de victoria, aprobar una Constitución en sus primeros cien días de mandato que reduciría los amplísimos poderes de la presidencia, crearía el cargo de primer ministro (que ocuparía Raila Odinga), dotaría al Parlamento de mejores mecanismos de fiscalización del Ejecutivo, se acometería una reforma del siempre delicado asunto de la propiedad de la tierra y se blindaría la independencia judicial. Poco menos que iba a ser el fin del imperio de la corrupción y cada keniano tendría un unicornio por derecho de nacimiento.

Como es habitual en política, las expectativas no se cumplieron y hubo desilusión generalizada. Como es habitual en Kenia, la tribu al mando se hizo con todos los mecanismos estatales, y los empezó a utilizar para su provecho y en detrimento de los demás. Aquella propuesta de nueva Constitución terminó convirtiéndose en un texto insulso que poco o nada tenía que ver con el acuerdo de 2002 y que un cincuenta y ocho por ciento de votantes rechazó en referéndum en 2005. Así que se había llegado a los comicios de 2007 con un sentimiento muy extendido de desilusión con el Gobierno y —lo que es más peligroso— de hostilidad hacia los kikuyu. Su élite ya había robado a manos llenas con Kenyatta en el poder desde 1963 hasta la muerte del *padre de la patria* en 1978 y, tal y como demostraban los escándalos de corrupción que inundaban la prensa, también con Kibaki desde 2002. En 2007 —entendían los agraviados— les tocaba comer de papá Estado a otras tribus jamás representadas en la cúspide nacional. La polarización era enorme y los odios irracionales volaban libremente. Se habían registrado episodios violentos en algunas partes del país en las que cohabitaban distintas tribus y había un número desorbitado de kenianos, con estudios, sin estudios, ricos, pobres, ni lo uno ni lo otro, en Kenia y en el extranjero haciendo *¡uka! ¡uka!* con sus convicciones tribales a la entrada de sus cavernas.

Y a pesar de todo esto, el día 27 se había votado con normalidad. Madrugones, filas, horas de espera, papeletas a la urna y más horas de espera para conocer el resultado. Al comenzar los recuentos, las esperanzas opositoras se avivaron: el día 28, Kenia se fue a dormir con una ventaja de alrededor de un millón de votos a favor de Raila Odinga, lúo de tribu, eterno opositor, encarcelado y torturado en los ochenta bajo Moi por su supuesta participación en el golpe de 1982 contra el dictador que fue saldado con un puñado de muertos. Empresario rico, comunista de joven, consumista de viejo e hijo de uno de los artífices de la independencia de Kenia y su primer vicepresidente, Jaramogi Oginga Odinga. Parecía que el cambio, significara este lo que significara, estaba al alcance de la mano. El único elemento sospechoso era que el destacado liderato de Odinga en el recuento pudiera deberse a la tardanza en la entrega de las actas electorales por parte de los presidentes de las mesas en algunas zonas de Nairobi y de la entonces llamada Provincia Central, territorio kikuyu y, por tanto, granero de votos para Kibaki. ¿Cómo era posible, si se trataba de las circunscripciones más cercanas y mejor conectadas con el centro de recuento de la Comisión Electoral en Nairobi?

A estas alturas de la película se pueden imaginar lo que pasó el día 29. La noche difuminó la abultada ventaja de Odinga y el país amaneció con la carrera presidencial apretadísima.

Los seguidores de Odinga en Kisumu, a orillas del lago Victoria y bastión lúo, no esperaron explicaciones y empezaron un curioso programa de redistribución de la riqueza en respuesta a lo que percibían como un atraco electoral a mano armada. Barricadas, protestas y enfrentamientos con las fuerzas de seguridad. Las tiendas y demás negocios de propiedad kikuyu fueron arrasadas. Y entre la confusión, algún saqueo hubo en las mansiones de los kenianos indios residentes en el acaudalado barrio de Milimani. «Aquí los agentes mataron a muuucha gente», asegura el vecino de Kisumu Richard Owiti al pasar frente al Instituto de la Cuenca del lago Victoria, que también fue asaltado. Según Owiti, jóvenes lúo empezaron a saquear y quemar tiendas e instituciones un poco como protesta, un poco por frustración y un poco para compensar su alta tasa de desempleo. «Saquearon, pero no mataron», puntualiza medio disculpándoles. Unas horas de pillaje dejaron las tiendas del centro de Kisumu como un campo de maíz tras el paso de una plaga de langostas comandada por Gengis Kan.

Mientras tanto, en Nairobi, el presidente de la Comisión Electoral, Samuel Kivuitu, seguramente estuviera recordando aquella tarde remota en que su padre le llevó a conocer el hielo. Ante la insistencia de la prensa y los observadores por los retrasos en el anuncio de los resultados presidenciales (en los parlamentarios, arrasaba el ODM de Odinga), Kivuitu admitió que no lograban localizar a los presidentes de mesa de algunos colegios electorales de la Provincia Central y que habían pedido ayuda a la policía para dar con ellos. El olor a podrido se iba extendiendo, como las protestas y la tensión en buena parte del país.

El domingo 30 ya sí hubo noticias de los presidentes de las mesas de la Provincia Central, solo que fueron malas. *The New York Times* lo relataba así en su crónica del día:

> Koki Muli, la copresidenta del Foro de Observación Nacional Electoral de Kenia, dijo que estaba en la sala el domingo cuando se le presentaron a la Comisión Electoral docenas de hojas de recuento sospechosas (a algunas les faltaban las firmas; a otras, los sellos) y la mayoría eran del bastión del presidente en el centro de Kenia. En algunas zonas, votó más gente por el presidente que votantes había registrados. «Lo vi con mis propios ojos», dijo.
>
> Muli dijo que 75 de las 210 circunscripciones (que equivalen a más de un tercio de los sufragios) tenían grandes interrogantes y que, en un principio, el presidente de la Comisión Electoral aceptó investigar. Pero según avanzó el domingo, cambió de idea.

...a lo que el británico *The Guardian* añadía:

> ...los observadores internacionales se negaron a declarar que la elección fue libre y justa. El jefe de la Misión de Observación de la Unión Europea, Alexander Graf Lambsdorff, [...] citó el ejemplo de la circunscripción de Molo, donde sus observadores vieron que el recuento oficial para Kibaki en la votación presidencial había sido de 50.145. Pero cuando la Comisión Electoral anunció los resultados en televisión, se le dieron a Kibaki 75.621 votos.

Otras dudas que rondaban las cabezas observantes europeas podían ser sobre el gran número de votantes que, después de hacer horas de fila para votar, solo había introducido la papeleta en el sobre de la elección presidencial, ignorando las parlamentarias, donde los hombres de confianza de Kibaki estaban siendo enviados al paro de manera generalizada y barrían los de Odinga.

The Economist puso la guinda:

> Aunque el daño real se hizo en Nairobi, donde simplemente se tachó el número de votos anunciados en la circunscripción y se garabateó encima otro número mayor. Se expulsó a los observadores electorales mientras continuaban los recuentos. Los observadores de la Unión Europea vieron decenas de miles de votos arañados de ese modo.

Nadie niega que hubiera amaño en el lado de Odinga, pero prevaleció de largo el de Kibaki. Y el lado de Kibaki era el lado del poder, el del aparato estatal y el que, en el fondo, podía presionar al presidente de la Comisión Electoral. Y en el momento de la verdad, Samuel Kivuitu notó cómo se le desatornillaban las rodillas. En una reunión privada con la Misión de Observación de la Unión Europea, Kivuitu les había mostrado las controvertidas actas electorales y había argüido: «Si fuera por mí, no las firmaría. Pero estoy solo en esto y quiero vivir».[2] Y para seguir con vida, Kivuitu declaró vencedor a Kibaki con las citadas 231.728 papeletas de margen, a lo que siguió en cuestión de minutos la investidura a puerta cerrada. Más o menos en aquel momento salió Douglas Namale del bar y vio el humo provocado por el incendio de una chabola en Kibera. En una favela en la que están representadas muchas de las más de cuarenta tribus del país, la noche iba a caer de golpe, como les sucedió a las cadenas locales de televisión por orden gubernamental: no se podía retransmitir la violencia en directo. Uno de los considerados «países estables» de África se iba a quitar la etiqueta durante los dos meses siguientes.

[2] Wrong, 2010 [2009]. (Traducción del autor).

***

Como su nombre tiene siete letras y su apellido tiene siete letras y nació el día siete del mes siete de 1977, Solomon Muyundu se hace llamar Solo7. Y en aquellos días Solo7 se convirtió en activista casi por accidente. Hasta entonces se malganaba la vida dibujando carteles para diferentes tiendas de Kibera y dando rienda suelta a su arte en un par de talleres. Pero empezó a pintar mensajes pacifistas en cuanto escrutó el panorama.

«Estaba en la calle y vi a seguidores de Raila Odinga, de distintas tribus, gritando: "Sin Raila, no habrá paz". Iban armados con palos, bates, cuchillos. Y mi miedo fue que esa gente molestara a quienes no pensaran lo mismo. Así que me uní a ellos y comencé a corear sus consignas. Quería simpatizar con ellos para conocer sus intenciones y saber adónde se dirigían», cuenta. Fueron a un taller mecánico, robaron neumáticos, les prendieron fuego y los lanzaron dentro de un mercado que planeaban asaltar. Al empezar el saqueo, Solo7 tomó un pedazo de carbón vegetal, de ese que se vende en toda Kenia como combustible barato, y recorrió el mercado como loco pintando con el trozo de carbón en todas las tiendas que pudo: «Votante de ODM», el partido de Odinga. «Luego vi que no habían robado esos tenderetes. Me di cuenta de que las pintadas podían gritar más alto que la voz». No se quedó quieto, porque leyó en la prensa que un portavoz del ODM pedía a sus seguidores que se movilizaran de forma masiva contra el fraude electoral de Mwai Kibaki. Solo7 decidió entonces ampliar su estrategia a fin de tratar de salvar las vidas de la gente que podría morir a consecuencia de esas manifestaciones. Y entonces se armó de… un cubo de pintura y una brocha. «Se busca paz. Viva», pintó en los muros de Kibera, en puertas de madera y paredes de chapa, buscando el sentido común entre los machetes. «Vi una camioneta quemada y pensé en que su dueño quizá hubiera vendido su huerta en el pueblo para venir a la ciudad a trabajar con el vehículo y ahora ya no tenía nada con lo que alimentar a su familia. ¿Cómo sobreviviría? Había que hacer algo». «Se busca paz. Viva». Amigos desvalijando a otros amigos. «Se busca paz. Viva». Vecinos violando en grupo a sus vecinas. «*Peace Wanted Alive*». Kibaki y Odinga reclamándose vencedores desde sus torres de marfil mientras miles de personas huían de sus hogares para poder salvar la vida. Tiendas quemadas, casas ardiendo, templos en llamas. «Se busca paz. Viva». Filas de saqueadores esperando su turno para entrar a robar lo que fuera de los comercios asaltados. El VIH transmitiéndose violación mediante. «Se busca paz. Viva». Cabezas abiertas a golpes. Heridos evacuados en volandas. «Se busca paz. Viva». Policía disparando munición real y gas lacrimógeno. Cuerpos en las calles. «Se busca paz. Viva». Pobres enfrentándose a otros pobres por una excusa tribal azuzada convenientemente por políticos adinerados, sin importar que la maicena costara lo mismo para todos los habitantes de la favela, que ninguno tuviera agua corriente en sus chabolas, ni retretes, ni un empleo estable, ni que el suelo de sus casas fuera de barro. Aquel día, incontables kenianos se convirtieron en criminales. «*Peace Wanted Alive*». En las semanas siguientes, antes de que se encontrara algún sucedáneo de paz como la que buscaba Solo7, iba a morir mucha gente y no solo en Kibera, Mathare, Kawangware u otras zonas chabolistas de Nairobi.

El valle del Rift fue el verdadero epicentro del desastre. La tierra más fértil de Kenia volvía a ser motivo de disputa y de violencia. A la altura de localidades como Turbo, grupos de kalenjin —moradores históricos del valle del Rift—, a veces de miles de ellos, montaban controles de carretera salvajes. Troncos de árboles, rocas gigantes, neumáticos en llamas cortaban la calzada. Machete en mano, paraban a los *matatus* que por allí circulaban, bajaban a los ocupantes y les pedían la documentación. Si detectaban un apellido kikuyu en el carné, el viajero de turno podía despedirse de la vida a manos de una turba desbocada.

«Habían entrenado a estos kalenjin», afirma el abogado progresista Paul Muite, quien por su profesión ha estado muy ligado a casos relacionados con la violencia poselectoral. «Y no habían recibido entrenamiento después de las elecciones, sino antes. Porque durante el régimen de Moi, los kalenjin se hicieron con el control de la Policía, las fuerzas especiales, el Ejército... Y muchos de ellos se retiraron en 2002 [cuando el kalenjin Moi dejó de ser presidente y llegó el kikuyu Kibaki]. Así que había muchos ex, entrenados y disciplinados. Esta es la gente que se encargó de adiestrar a la juventud —asevera Muite—. Todo esto pasó antes de las elecciones. Y mientras se llevaban a cabo estas operaciones, podías ver la precisión militar. No habían podido ser entrenados después». La planificación se veía en esos árboles cortados para impedir el paso, o en el traslado de miles de jóvenes de forma masiva desde muchos kilómetros de distancia o en los machetes relucientes que blandían algunos de ellos, y así lo concluyeron los distintos informes de investigación sobre la locura generalizada que siguió a aquellas elecciones.[3]

Pero ¿por qué les habían entrenado? En opinión del abogado, porque el kalenjin William Ruto —político temperamental,

[3] Lo cual no quita para que hubiera también episodios de violencia improvisada durante este periodo.

excelente orador y figura kalenjin al alza— tenía un plan: quería que el valle del Rift volviera a ser exclusivamente para los *kamatusa* (acrónimo para kalenjin, masái, turkana y samburu), sus ocupantes antes de que las administraciones coloniales y la de Kenyatta lo enmarañaran todo repartiéndoselo a placer. Quería echar a los kikuyu de allí: eran *madoadoa* (manchas), *hierbajos* en territorio kalenjin que había que arrancar, y contó con la simpatía de influyentes políticos kalenjin, quienes se prestaron a financiar la barbarie. Muite cree que estos planes se iban a llevar a cabo ganara quien ganara las elecciones. El discurso del odio había llegado a algunos medios en lengua vernácula y, por ejemplo, antes de las elecciones, el periodista Joshua Arap Sang llamaba despectivamente *kamama* a los kikuyu en la popular emisora kalenjin Kass FM, entonces con el modo incendiario desatado.

Ante la imposibilidad de concurrir como candidato presidencial en el partido del que era secretario general, la histórica KANU, William Ruto lo intentó con el opositor ODM. Como la mayoría de los partidos políticos en Kenia están vacíos de toda ideología y son solo vehículos para llegar al poder y acumular riqueza, el transfuguismo es habitual y no comporta sonrojos. En el ODM, William Ruto fue el tercer candidato más votado en unas primarias que ganó Raila Odinga. Pero Ruto se mantuvo junto a Raila y le garantizó el voto kalenjin, «porque Odinga estaba usando la carta tribal contra los kikuyu», según Muite. El enemigo de mi enemigo es mi amigo.

Las consecuencias del exacerbado odio tribal cristalizaron en un punto del valle del Rift marcado con tinta indeleble en el mapa de la conciencia de muchos kenianos: Kiambaa. Era 1995 cuando Steve Mburu llegó a la zona, unos seis kilómetros al sur de Eldoret, donde vivían muchos kikuyu como él y su esposa, ya que el Gobierno había impulsado su ocupación para reducir la presión poblacional en otras áreas. Los Mburu compraron un terrenito y se construyeron una casa, con el típico esqueleto de madera, muro de adobe, tejado de chapa y unos tablones por puerta. Es una parcela rodeada todavía hoy de campos de maíz a la que se accede por un mal camino que las lluvias dejan impracticable. Un murete coronado por una valla baja guarda el recinto, pero no lo guarda mucho porque es fácil de saltar. En ese terreno, el reverendo Steve Mburu construyó también un templo con la misma estructura con la que antes había levantado su vivienda: sería la iglesia de Kiambaa de las Asambleas de Dios de Kenia. El Año Nuevo de 2008 la iglesia iba a saltar a la fama y no por obrar milagros.

Aquella mañana, recién estrenado el año, bandas de kalenjin estaban quemando casas de la zona, casas kikuyu, para expulsarles de los que creían *sus* dominios. Al ver el humo y las llamas en las casas de alrededor, muchas de esas familias kikuyu habían huido y algunas habían buscado la salvación —la literal y la figurada— en la iglesia del reverendo Mburu, que a eso de las once estaba sitiada de atacantes, con sus caras pintadas de blanco, sus cuchillos, palos, arcos, flechas envenenadas y su estado de exaltación más allá de lo racional. Steve Mburu recuerda que había asaltantes de punta a punta de su finca. Pasados diez años, le sigue costando hablar de aquello. Tartamudea, se apoya en recortes de prensa que conserva en una carpeta para apuntalar sus recuerdos y dotarlos de autoridad. Los criminales, también vecinos de la zona, empujaron dentro a cuanta gente pudieron, redujeron a quienes se les opusicron y cerraron las puertas del templo con decenas de niños, ancianos y mujeres dentro. Tapiaron las ventanas con colchones y los rociaron de gasolina. Bastó una cerilla para que todo prendiera. Los ecos del genocidio ruandés retumbaban fuerte en el valle del Rift.

«Había una puerta trasera y traté de salir por allí cuando el ataque comenzó», rememora el reverendo. «Llegué hasta la verja, pero me golpearon varias veces en la cabeza y luego no recuerdo nada más». No recuerda nada más hasta el 4 de enero, cuando despertó en el hospital con una laguna inmensa y varios dientes menos. En el hospital le contaron que había llegado allí con escala previa. «Me dijeron que en la morgue se dieron cuenta de que estaba vivo», relata. Otras treinta y ocho personas no corrieron la misma suerte. En el lugar donde se enterraron inicialmente los cuerpos ahora han plantado árboles, pero media decena de cruces siguen allí clavadas, la mayoría dedicadas a muertos desconocidos: el fuego los dejó irreconocibles. Edith Mumbi Githuku sí fue identificada. Nacida el 1 de enero de 1964, fallecida el mismo día de 2008. «Víctima del fuego en las Asambleas de Dios de Kenia». La tinta de la precaria cruz de madera resume así no su vida sino su muerte.

Para Google Maps la iglesia sigue estando allí, aunque el lugar donde se ubicó sea ahora un pradito en el que la maleza se abre camino.

Esa es la versión de las víctimas, de testigos, de los servicios de emergencia, de organizaciones defensoras de los derechos humanos y de la prensa nacional e internacional. Pero un día, un chico keniano natural de la cercana Eldoret al que llamaremos Roy me explicó su versión: «Un amigo me contó que eso sucedió porque un hombre había matado a unas mujeres (por un motivo desconocido) y varios hombres le persiguieron. El tipo se refugió en la iglesia y los perseguidores lanzaron dentro una bomba de humo para obligarle a salir. Y luego todo se fue de madre». Roy trabaja para una ONG internacional, es titulado universitario, habla idiomas y ha viajado. También es kalenjin y está disculpando lo que hicieron varios miembros de su tribu. El de la tribu, como cualquier fanatismo, debe de ser un chip implantado en lo más profundo del recto. Por eso es tan complicado de extirpar.

Ya por esas fechas, las radios empezaron a poner casi en bucle la patriótica *Daima* («Siempre», en suajili), un tema de melodía un poco pastelosa en la que el popular cantante keniano Eric Wainaina lanza un mensaje de unidad alejado del tribalismo. Multitud de kenianos lo consideran el himno no oficial del país y ojalá pensaran así muchos más. Lo que la gente no sabe es que, si bien la canción bebía de las experiencias tribalistas del 92 y el 97 en Kenia, y del 94 en Ruanda, Eric la había compuesto a raíz de unas eliminatorias de la Copa Africana de Naciones en la que la selección nacional masculina de fútbol, los Harambee Stars, lo estaba haciendo sorprendentemente bien para lo que tiene acostumbrada a su sufrida hinchada. «Pero —señala Wainaina— fue durante la violencia poselectoral cuando Kenia conoció el verdadero propósito de la canción». Había gente persiguiendo y gente huyendo, gente mutilando y gente mutilada, asesinos y asesinados. El país estaba en llamas, ardiendo más fuerte de lo que nadie se hubiera podido imaginar. Era un buen momento para que calara el mensaje.

La oleada criminal dejó más de 350.000 desplazados internos, refugiados en su propio país. Gente que perdió su casa, su tienda, sus pertenencias, sus mecanismos de supervivencia. Gente que se había largado de su hogar con lo poco que había podido rescatar o ni eso. Gente forzada a depender de las organizaciones humanitarias. O peor todavía: de un gobierno ilegítimo e incompetente. Muchos kikuyu creyeron que las ciudades podrían darles refugio y huyeron a Naivasha y Nakuru procedentes de Eldoret o de Kisumu (zonas kalenjin y lúo, respectivamente). Nakuru y Naivasha contaban (cuentan) con una importante población kikuyu y estaban (están) más cerca de las zonas originarias de esa tribu, en torno al monte Kenia. Las aglomeraciones de kikuyu en esas dos ciudades, en unas circunstancias en las que su comunidad estaba siendo asesinada y dependía para su salvación de unas fuerzas de seguridad incapaces, dieron lugar a misiones de contraataque. En enero de 2008 ya había escuadrones kikuyu a la caza de lúo y kalenjin.

De estas milicias formaron parte cientos de miembros de los mungiki, una mafia kikuyu nacida en los ochenta como movimiento cultural y religioso, después dedicada cuasi profesionalmente a la extorsión y que abrazó la senda del mercenariado como una buena oportunidad de ampliar negocio. El abogado Paul Muite explica que varios políticos kikuyu habían pedido primero a los mungiki que hicieran campaña a favor del PNU de Mwai Kibaki antes de las elecciones. Después, se les había contratado para organizar un contraataque contra las tribus *rivales*. Se les uniformó como miembros de las fuerzas de seguridad y se les mandó a hacer rondas por Naivasha y Nakuru, entre otros destinos. Las casas asaltadas, las viviendas en llamas, los cuerpos quemados habían pasado a ser lúo y kalenjin. Aquello no era ni legítima defensa ni venganza contra los seguidores de Raila Odinga: era más gente asesinada, herida, degollada, mutilada, violada, castrada, fugada para salvar la vida.

La campaña contra los lúo y demás simpatizantes del ODM de Odinga incluyó también saqueos, incendios, violaciones, matanzas a golpes, amputaciones y añadió un elemento más: circuncisiones forzosas con la sutileza de un machete o de una botella rota. Para ciertas tribus de Kenia, como los masái o los kikuyu, la circuncisión marca el rito de paso a la edad adulta, un ritual inexistente entre los lúo. No hay una edad establecida para esta ceremonia, pero una vez circuncidado, el niño ya no es niño sino adulto, no puede comportarse como un niño ni jugar con niños. Es decir, con no circuncidados. Está por encima de ellos. En medio de la carnicería poselectoral, algunos kikuyu habían decidido *enseñar* a sus *adversarios* en qué consistía *ser un adulto*.

Por su parte, Kibaki —suponemos que circuncidado muchos años atrás de manera algo más amable— había pasado varios días sin decir una sola palabra en público desde que empezó todo el caos. A pesar de todos los pesares, seguía siendo el presidente del país, el comandante en jefe del Ejército, y el Estado no lograba contener a las masas desbocadas. ¿Qué porción de responsabilidad le atribuía eso? ¿Sirvió de algo prohibir, contraviniendo la legislación vigente, cualquier tipo de manifestación en todo el país, lo que llevó a enfrentamientos entre policía y manifestantes con decenas de muertos y heridos? ¿Por qué no se actuó con antelación para prevenir la violencia, si los informes de inteligencia habían alertado de los altos riesgos? ¿Qué andaban haciendo entonces el Ejército, la Policía, las fuerzas especiales? En un inicio, la Policía Local se vio desbordada, en particular en el valle del Rift. Alguno de sus efectivos murió tratando de contener a las multitudinarias bandas de atacantes y arriesgó su vida por salvar la de otros. Otros agentes se vieron forzados a disparar para defenderse. Otros dispararon sin encontrarse en situación amenazante. Otros permitieron que sucedieran los ataques sin oponer resistencia ni asistir a las víctimas. Otros directamente se unieron a la orgía. De las 1133 muertes en total de las que da cuenta el llamado informe Waki,[4] 405 fueron por herida de bala y se atribuyen a las fuerzas de seguridad del Estado. Fue la principal causa de muerte y provocó además 557 heridos de los 3561 cuantificados. «Mientras que la comisión [investigadora] contempla la posibilidad de que algunos de aquellos asesinados y heridos por disparos puedan haber sido víctimas de otra gente que no fuera la policía, no se recibieron pruebas en este sentido», reza el informe. A diferencia de en otras partes del país, como el valle del Rift, en Kisumu —el bastión lúo de Raila Odinga— la policía sí había sido desplegada con anterioridad a las elecciones.[5] Los datos forenses citados en el informe Waki muestran que hubo cincuenta lúo que perdieron la vida por disparos y cuyos cuerpos fueron trasladados al Hospital General y Provincial de Kisumu: de ellos, más de la mitad habían recibido un tiro por la espalda. Uno podría pensar que les dispararon cuando huían y ya no constituían una amenaza. Tan solo el ejército pareció actuar a grandes rasgos de manera coherente, prestando ayuda a los desplazados y protegiéndoles.[6]

Esas semanas negras de Kenia, que continuaron durante el mes de febrero con más ataques y contraataques, provocaron escenas capaces de mandar al más cuerdo al manicomio. El activista Boniface Mwangi, quien en esos momentos trabajaba

[4] Escrito por la Comisión de Investigación sobre la Violencia Poselectoral, liderada por el juez keniano Philip Waki y financiada por la ONU y el Gobierno de Kenia.

[5] La Comisión Waki estableció que 1600 agentes de policía habían sido instruidos por funcionarios del Gobierno para actuar como agentes del partido gubernamental e intentar amañar las votaciones en esa región. Fueron desplegados el día 24 de diciembre de 2007 de paisano, pero el operativo se desmontó a los pocos días. Los locales intuyeron las intenciones de aquellos forasteros que se movían en manada y varios fueron asesinados y heridos.

[6] Según Human Rights Watch, los militares disuadieron episodios violentos en Nakuru y Naivasha, pero nunca fueron desplegados en los puntos calientes de Kisumu y Eldoret.

como fotógrafo de prensa, todavía tiene pesadillas con todo aquello. Hay una imagen que no logra sacarse de la cabeza: la de una niña asesinada de un tiro en una chabola de Kibera. «Tendría la edad de mi hermana pequeña, trece o catorce años», evoca. «Esa chica ni siquiera había votado. Estaba en su casa. No estaba protestando, ni siendo violenta, pero fue asesinada».

«Después de toda esa violencia, de todos esos muertos, la gente se dio la mano y siguió hacia adelante», reflexiona Mwangi, antes de dirigirse a un político keniano invisible: «¿Cómo lo haces? ¡Esa gente ha matado por ti!».

En efecto, el 28 de febrero de 2008, Kibaki y Odinga, sonrientes, se estrecharon la mano ante las cámaras y abogaron por la unidad, como si se les acabara de ocurrir la idea. Tras semanas de mediación internacional, las matanzas se zanjaron con la firma de un acuerdo para un gobierno de unidad en el que Kibaki mantendría la presidencia (con una Constitución que le otorgaba amplísimos poderes) y Odinga ocuparía el cargo creado *ad hoc* de primer ministro, como estipulaba el acuerdo preelectoral de 2002 del que Kibaki se había retractado una vez llegó al poder. Pero había que repartir la tarta entre muchos peces gordos: de veintiún ministerios se pasó a cuarenta, para contentar a todos. A todos los de arriba, claro.

EL IMPERIO DE LA IMPUNIDAD

Si algún país necesita torturadores extranjeros, Kenia se los puede suministrar.

Martin Shikuku, diputado keniano y preso político (en los setenta), en un discurso al Parlamento en 1980.

Informe de la Comisión de Investigación de la Violencia Poselectoral (Comisión Waki), 2008, página 18.

La Comisión ha valorado cuidadosamente las opciones disponibles y ha decidido no publicar los nombres de los supuestos perpetradores en su informe. En su lugar, estos nombres se introducirán en un sobre sellado, junto con las pruebas que lo respaldan. Se guardarán bajo la custodia del Panel de Personalidades Africanas Eminentes a la espera del establecimiento de un tribunal especial configurado de acuerdo con nuestras recomendaciones. Si se incumpliera el establecimiento del tribunal, el Panel estudiará remitir los nombres de los supuestos perpetradores al fiscal especial de la Corte Penal Internacional (CPI) en La Haya para que lleve a cabo investigaciones en mayor profundidad de acuerdo a los estatutos de la CPI. Esta es una importante recomendación de la Comisión.

* * *

—¡Hola! Ven, aquí hay un asiento libre. ¿De dónde eres? ¿Cómo te llamas? Yo me llamo Quinter. Ahora vengo de Mbita porque tenía unos días libres y me he acercado a visitar a una amiga que vive allí. Pero ya vuelvo a Kisumu en este *matatu*. Estudio Enfermería en Kisumu, ¿sabes? ¿Tú a qué te dedicas? Ah, ¿eres periodista? ¡Rápido! Ponte el cinturón, que ahí hay un control de policía. ¡Ja, ja! ¿Has visto cómo cogía el agente el soborno sin que el *matatu* se detuviera? Así pasan más coches y consiguen más dinero… ¿Y a qué vas a Kisumu? ¿Así que estás investigando sobre la violencia poselectoral? Pues… yo perdí a mi padre en esas semanas… Entonces tenía catorce años. Mi madre entró en depresión, nunca nos quiso dar detalles. No sabemos cómo pasó. Volvía de trabajar en su bicicleta y encontraron el cuerpo, pero nunca hallaron la bicicleta. Era lúo, aunque quizá le confundieron con un kikuyu. Mi madre no quiso seguir preguntando para no meterse en líos…

* * *

Daily Nation, 15 de diciembre de 2010

OCAMPO NOMBRA A LOS SOSPECHOSOS DEL CAOS EN KENIA

Los nombres de los supuestos organizadores de la violencia poselectoral de Kenia se han revelado al fin.

Los seis son políticos veteranos del Partido de Unidad Nacional (PNU) y del Movimiento Democrático Naranja (ODM), los principales partidos que lucharon por la presidencia en las controvertidas elecciones de 2007.

El fiscal de la Corte Penal Internacional (CPI), Luis Moreno Ocampo, dijo este miércoles que los famosos líderes tienen «la mayor de las responsabilidades» por la violencia que dejó 1133 muertos y 650.000 desplazados.

El ministro de Finanzas [y viceprimer ministro], Uhuru Kenyatta; su homólogo de Industrialización, Henry Kosgei; el diputado por Eldoret Norte [y ministro de Agricultura], William Ruto; el jefe del Servicio Civil, Francis Muthaura; el excomisario general de la Policía, Hussein Ali; y el periodista Joshua Arap Sang recibirán ahora las citaciones para comparecer ante el tribunal de La Haya.

Moreno Ocampo lo dijo en una rueda de prensa después de presentar ante los jueces de la CPI dos casos, cada uno con tres personas involucradas.

«El período poselectoral de 2007-2008 fue uno de los más violentos en la historia de la nación», dijo el fiscal. «Estos no fueron solo crímenes contra kenianos inocentes», dijo. «Fueron crímenes contra la humanidad. Al romper el ciclo de impunidad por estos enormes crímenes, las víctimas y sus familias pueden obtener justicia. Y los kenianos pueden pavimentar el camino a unas elecciones pacíficas en 2012».

Moreno Ocampo dijo que consideraba a Ruto, Kosgey y Arap Sang como «principales organizadores de crímenes contra los seguidores del PNU» [liderado por Mwai Kibaki].

Dijo que Muthaura usó su posición como presidente del Comité Consultivo de Seguridad Nacional para «autorizar a la policía a usar fuerza desproporcionada contra los seguidores del ODM y facilitar los ataques contra seguidores del

ODM» [de Raila Odinga]. El comandante general Ali también se enfrenta a los mismos cargos.

Kenyatta está acusado de movilizar a la secta ilegal Mungiki para atacar a los seguidores del ODM.

Sang usó «su programa radiofónico para lograr seguidores y proveer señales a miembros del plan sobre cuándo y dónde atacar», dijo el fiscal.

Dijo que los «perpetradores» reunidos por Ruto, Kosgey y Sang empezaron a ejecutar su plan atacando a los seguidores del PNU inmediatamente después del anuncio de los resultados.

«El 30-31 de diciembre de 2007, empezaron ataques contra objetivos como la localidad de Turbo, la zona metropolitana de Eldoret, Kapsabet y Nandi Hills. Se aproximaban a cada ubicación desde todas las direcciones, quemando casas y tiendas de seguidores del PNU, matando civiles, y echándolos de sus hogares de manera sistemática. El 1 de enero de 2008, la iglesia ubicada en la granja cooperativa de Kiambaa fue atacada y quemada con más de cien personas dentro. Al menos diecisiete personas murieron. La embestida de la violencia continuó durante la primera semana de enero de 2008».

Moreno Ocampo acusó a funcionarios del Gobierno: Kenyatta, Muthaura y Ali de planear y ejecutar ataques vengativos bien coordinados.

«El, o alrededor del, 3 de enero de 2008, Kenyatta, punto de unión entre el PNU y la organización criminal Mungiki, facilitó un encuentro con Muthaura, un alto funcionario del Gobierno de Kenia, y líderes mungiki para organizar ataques de represalia contra los seguidores civiles del ODM. A partir de ahí, Muthaura, en virtud de su cargo como presidente del Comité Consultivo de Seguridad Nacional, llamó a Ali, su subordinado como jefe de la Policía de Kenia, y dio instrucciones a Ali de no interferir con el movimiento de las juventudes pro-PNU, incluidos los mungiki. Además, Kenyatta dio instrucciones a los líderes mungiki de acudir a un segundo encuentro el mismo día para concretar los pormenores logísticos y financieros de los contraataques», dijo.

El fiscal de la CPI dijo que no tenía pruebas que vincularan al presidente Kibaki o a Odinga [primer ministro] con la violencia.

«Seguimos las pruebas allá donde nos llevan. No estamos teniendo en cuenta responsabilidades políticas... Hay debates políticos, pero esa no es mi responsabilidad», dijo Moreno Ocampo.

El martes, Moreno Ocampo emitió nueve duras condiciones que garantizarán la libertad de los seis. Advirtió que pedirá órdenes de arresto de la sala de audiencia previa si las condiciones —que van desde informar regularmente a los jueces de la CPI de sus movimientos hasta la no interferencia con los testigos— se incumplen.

Pero tres de los seis sospechosos manifestaron su inocencia, el primero de ellos, Kenyatta.

«Mi historial está limpio y queda muy claro que jamás he cometido ningún crimen», dijo Kenyatta a los periodistas en una rueda de prensa.

«El fiscal de la CPI ha hecho su trabajo, esperamos el resultado de los jueces», dijo.

Ruto también se opuso a las acusaciones de Moreno Ocampo diciendo que no le sorprendía haber sido nombrado.

«Lo que había planteado ha ocurrido. No me pilla por sorpresa», dijo Ruto en una rueda de prensa en las dependencias del Parlamento.

«Desde siempre supe que había un plan deliberado, urdido y ejecutado por gente que no estaba interesada en la justicia», dijo.

«Estoy preparado, deseoso y disponible para enfrentarme al fiscal con sus testigos en el tribunal cómo y cuándo de mí se requiera. Mi conciencia está limpia. Ni participé, organicé o tuve nada que ver con la violencia. Es cuestión de tiempo que se descubra la verdad y avergüence al diablo», dijo, al tiempo que declinó responder a ninguna pregunta de la prensa.

* * *

«¿Solo seis personas destruyeron el país? Los poderosos no sufren con estas situaciones, solo el pueblo». Si tuviera fuerzas para hacerlo, Agnes lo habría gritado, pero la señora está agotada. Cansada de no obtener justicia alguna, y eso que es febrero de 2011 y han pasado tres años desde la firma del acuerdo que puso fin a la violencia poselectoral. Pero la realidad de Kenia ha vuelto a poner a la esperanza en su lugar habitual: bajo tierra.

Agnes tiene más de sesenta años y menos dientes de los que un dentista desearía. La piel le clarea, las palabras le cuestan. Está sentada en un tosco banco de madera en un barracón oscuro que hace de sede de la junta del distrito de la barriada chabolista de Kibera, en Nairobi. Ha acudido a la llamada del presidente del Consejo de Paz y Reconciliación del arrabal, Peter Mbugwa, que le ha dicho que un periodista quiere hacer unas entrevistas con motivo del tercer aniversario del fin de la violencia.

Agnes no habla inglés y como yo no hablo ni suajili ni kikuyu, Peter hace de traductor. Agnes no quiere dar su apellido. Agnes tampoco tiene intención de recrearse en cómo la violaron sus vecinos, así que Peter lo menciona de pasada. Peter cree que la situación ha empeorado para las víctimas. Están acostumbrados a que no se haga justicia, pero las reparaciones anunciadas no se dejan notar lo más mínimo y el desamparo les desborda.

Con el anuncio, tres meses antes, de la lista de *los Seis de Ocampo*, el país ha vuelto a las trincheras. Para los imputados y sus mariachis, la CPI es un instrumento neocolonialista en manos de Occidente. El discurso anticolonialista siempre funciona. Es una lástima que no cale tanto el de la defensa de los derechos humanos.

En el centro de Nairobi se estampan camisetas de la selección keniana de fútbol con el nombre *OCAMPO* a la espalda y el número *6*. ¿Complicidad o mofa?

* * *

La historia de la Kenia independiente está trufada de piruetas electorales imposibles y transfuguismos desternillantes, pero este doble mortal de espaldas que cuenta el *Daily Nation* el 20 de octubre de 2012 nos pilla a unos cuantos con el paso cambiado. «Un referéndum sobre el proceso de La Haya», lo llaman. ¿Dos enemigos, de bandos opuestos durante la violencia poselectoral e imputados por crímenes contra la humanidad, concurriendo de la mano a las primeras elecciones tras aquel trauma? Hum…

UHURU Y RUTO IRÁN EN CANDIDATURA CONJUNTA

El viceprimer ministro Uhuru Kenyatta será el candidato presidencial conjunto de los partidos TNA y el URP con el diputado de Eldoret Norte, William Ruto, como compañero de candidatura en una nueva fórmula de reparto de poder forjada esta semana.

Todos los detalles del acuerdo, que está en su fase primigenia, emergieron al tiempo que los dos líderes dijeron que concurrirían en una candidatura conjunta en lo que consideran será «un referéndum sobre el proceso de La Haya».

Ambos se enfrentan a casos de crímenes contra la humanidad en la Corte Penal Internacional relacionados con la violencia poselectoral de 2007/08.

Está previsto que los casos empiecen el 11 de abril de 2013. En caso de una segunda ronda de desempate en la carrera presidencial, se prevé que complique las cosas para el dúo, si estuvieran por entonces en la carrera.

No hizo falta una segunda ronda. En las semanas anteriores a los comicios se populariza una teoría, *la Tiranía de los Números*, que detalla cómo la aritmética tribal es clara: si todos los kikuyu y sus aliados meru y embu censados votan por el kikuyu Uhuru, y todos los kalenjin de Ruto lo apoyan, a nada que se seduzca a algunas tribus simpatizantes, la victoria está hecha. Una vez más, no se trataba de unas elecciones sino de un mero censo.

En los comicios, celebrados el 4 de marzo de 2013, Uhuru Kenyatta fue elegido presidente de Kenia con un 50,51 % de los votos. ¿Cómo no iba a ganar, si se llama *Libertad* y se apellida *Luz de Kenia*? El 9 de abril se inviste a Uhuru Kenyatta como presidente, con William Ruto, su antiguo rival, como vice. ¿Puede La Haya procesar jefes de Estado en activo? ¿Se materializarán todas las torpes amenazas de los países occidentales contra una victoria de Uhuru y Ruto?

* * *

—¿Y los perpetradores de las matanzas en Naivasha sufren hoy día algún estigma?

—No... La gente piensa que aquello pasó, pero que hay que seguir adelante. El nivel de impunidad es tal que no pierden el tiempo intentando que se haga justicia.

* * *

Solo hizo falta esperar a diciembre de 2014 para que la Fiscalía de la Corte Penal Internacional retirara los cargos contra Uhuru Kenyatta «por falta de pruebas».

La puntilla llegó en los primeros días de abril de 2016, cuando la Sala de Primera Instancia de la Fiscalía desestimó las acusaciones contra William Ruto y Joshua Arap Sang. Fatou Bensouda, sustituta de Luis Moreno Ocampo al frente de la Fiscalía desde 2012, publicó una declaración al respecto, desesperada ante la situación:

> Ayer, la mayoría de los jueces de la Sala V (A) de la Corte Penal Internacional retiraron los cargos contra los señores William Ruto y Joshua Arap Sang.
>
> La Sala rechazó absolver a los acusados debido a las circunstancias especiales de este caso. Al hacerlo, la Sala apoyó la posición de la Fiscalía de que este caso ha sido minado gravemente por interferencia con los testigos y la politización del proceso judicial. La decisión añadió que la Fiscalía podría haber obtenido otras pruebas «si hubiera sido posible procesar el caso en un clima diferente, menos

hostil hacia la Fiscalía, sus testigos y la Corte en general».

Lamentamos que, debido a los esfuerzos deliberados y coordinados para hacer descarrilar este caso a través de la interferencia con los testigos, se haya impedido a los jueces determinar la culpabilidad o inocencia de los acusados. Lo que también es preocupante es que el asedio contra el caso ha denegado, hasta el momento, la justicia que legítimamente merecen las víctimas de la violencia poselectoral de 2007-2008 en Kenia.

Los procesos ante la CPI pueden sostenerse o caer dependiendo de la voluntad de los testigos de dar un paso al frente y contar su historia en la sala. En este caso, diecisiete testigos que acordaron testificar contra los acusados retiraron más tarde su cooperación con el tribunal.

Los testigos de la Fiscalía en este caso han sido objeto de intimidación, aislamiento social y amenazas para impedir que testificaran.

Como consecuencia, testigos potenciales nos dijeron que tenían demasiado miedo como para testificar contra los acusados. Otros, que de primeras nos proporcionaron un relato de lo que vieron durante el periodo posterior a las elecciones, se retractaron después de sus pruebas y rechazaron continuar cooperando con el tribunal.

* * *

El abogado Paul Muite sabe de primera mano cómo funciona el *negocio* de la intimidación de testigos y la eliminación de pruebas:

—Yo me he sentado con al menos dieciséis viudas cuyos maridos han desaparecido.

El letrado se hizo cargo de los expedientes de otras víctimas de la violencia poselectoral: los de esposas de mercenarios mungiki contratados para un contraataque kikuyu en Naivasha, Nakuru y Laikipia durante la oleada violenta y que luego se evaporarían en misteriosas circunstancias. Víctimas del sistema contratadas como verdugos y victimizadas a voluntad cuando ya no eran necesarias y podían resultar engorrosas.

—Una me contó cómo, de repente, su marido tenía dinero. Los mungiki son muy pobres, viven en chabolas. Y de repente, apareció con 20.000 chelines. Y ella tuvo curiosidad, porque él llevaba pistolas, uniforme de policía, incluidos los zapatos… Y cuando ella le preguntó, él le dijo: «¡Cállate! Hemos sido muy pobres y ahora te estoy trayendo dinero. Y cuando terminen estas operaciones en Naivasha, te voy a poner una tienda y ya no seremos pobres». Y cuando terminaron las operaciones, ella no pensó que estuviera fuera de lo normal que viniera un coche a buscar a su marido, porque eso sucedía durante las *operaciones*. Así que llegó el mismo coche… y [su marido] desapareció por completo. No sabe cuándo ni cómo. A otro grupo [de mungiki] se le dijo que fuera a Nakuru a recoger el dinero que les faltaba por cobrar. Los que fueron, nunca volvieron. No sé cómo ni dónde fueron asesinados. Pero lo que es seguro es que desaparecieron.

—¿Y cómo cree que los *hicieron desaparecer?*

—Creo que para un gran número de ellos, el ácido sería lógico, porque no se han encontrado los cuerpos.[1] Pero es muy común que la policía despedace a la gente. Cuando los estaban matando [a los mungiki como parte de operaciones policiales] en 2005 y 2006, era muy normal que los despedazaran y los echaran a los cocodrilos o a las bestias. Pero en grandes números… porque ¿cómo es que no se ha encontrado ninguno? Ni uno, ni dos…

Según Paul Muite, los antecedentes han sido suficientemente disuasorios también para las viudas, que han preferido tratar de salir adelante con sus hijos a seguir indagando y enfrentarse a un posible asesinato. El abogado afirma que las desapariciones tuvieron lugar después de que Mwai Kibaki y Raila Odinga firmaran el acuerdo de reconciliación que puso fin a la violencia y que, en una primera fase, estas *desapariciones forzosas* no guardaban relación con la CPI, puesto que ni se habían revelado los nombres de *los Seis de Ocampo*. «Fue más bien un "han hecho esto, eliminemos las pruebas". No creo que en ese momento la CPI les rondara la cabeza», indica Muite, quien sostiene que, cuando llegó la CPI, hubo una nueva ronda de *desapariciones* que incluyó también a los atacantes del bando kalenjin.

Y, con ese truco de magia, desapareció la responsabilidad de varios crímenes contra la humanidad. ¿Cómo se iba a esperar que el sistema judicial del país procesara a responsables menores si sus propios líderes habían usado todas las triquiñuelas a su alcance para evitar ser procesados?

—Desde el principio, Ocampo fue absolutamente estúpido —lamenta Muite. Jamás de los jamases debería haber

[1] Una fuente diplomática europea también señala a la disolución en ácido de los cuerpos como método de eliminación de testigos de los casos de la CPI.

expedido citaciones abiertas. Si esta gente hubiera sido aprehendida, encerrada y procesada mientras estaban encerrados, habría sido un éxito. Pero desde el principio se hicieron citaciones abiertas y se les permitió estar libres. ¡A los presidentes también se les encierra! No puedes llevar a cabo una acusación exitosa a una persona en África cuando está libre. El resultado es que se destruyeron pruebas, se obstruyó el acceso a pruebas, usaron la judicatura para que la policía no pudiera aportar pruebas relevantes… Fue un error garrafal de Ocampo, una ingenuidad extrema. Esperar que un gobierno coopere en contra de sus intereses es de un grado de ingenuidad…

El absurdo de toda la situación lo resumió el caricaturista Gado en una viñeta de abril de 2016, una vez que tanto el presidente como el vicepresidente habían hecho fracasar las causas en su contra: Uhuru Kenyatta y William Ruto desaparecen de la escena sonrientes y chocando los cinco, pala en mano, después de haber enterrado los casos de la violencia poselectoral que les habían abierto en La Haya. La lápida les desea a los procesos que descansen en paz, mientras que el fiscal general, Githu Muigai, lee un testamento vacío y sentencia con un juego de palabras junto a la tumba: «Me temo que el difunto no dejó ninguna voluntad política…». Se lo dice a seis personas representadas como víctimas de la violencia poselectoral en forma de dos niños, un bebé y su madre y dos ancianos. Pero bien podría haber dibujado al recolector de té kisii al que sus vecinos kipsigi amputaron las manos en Kericho el 1 de febrero de 2008; o al niño lúo de cinco años que se volvió loco al ver cómo unos kikuyu castraban, mutilaban y mataban a su padre en Naivasha el 28 de enero de 2008 y solo repite «papá, te están cortando tu cosa»; o a la mujer kikuyu residente en Eldama Ravine a la que, el

1 de enero de 2008, un grupo de kalenjin rajó la vagina con un machete para poder violarla más fácilmente mientras su marido yacía mutilado, viendo la escena antes de morir, y su tienda era saqueada, y luego supo que por aquello había contraído el sida, lo que provocó que ella y sus cuatro hijos fueran repudiados por el resto de la familia.

Una bacanal de violencia sádica sacada de un manual de genocidio por la que solo pagarán las víctimas.[2]

* * *

Se cuenta que el príncipe Felipe de Edimburgo, desplazado a Kenia en representación del Reino Unido para la ceremonia de independencia del país africano, le gastó una bromita a Jomo Kenyatta llegado el momento crítico. Cuando la *Union Jack* estaba a punto de arriarse, se giró hacia Kenyatta y le dijo: «¿Seguro que quieres seguir adelante con esto?». Vaya si quería. Pero Kenyatta estaba heredando el timón de un país creado a punta de rifle. La imposición colonial había hecho de la violencia un modo de gobierno. Los kenianos colaboracionistas de Londres, quienes habían sido humillados y menospreciados por sus superiores británicos, estaban a punto de ponerse al frente, resarcirse, replicar las actitudes coloniales con el personal bajo su mando —sus propios compatriotas— y perpetuar la injusticia colonial.

[2] En los diez años que siguieron a la violencia poselectoral, el Gobierno trató de reubicar a los cientos de miles de desplazados por la violencia. Una vez más, el tribalismo y el delicado asunto de la tierra hizo que no se les reubicara en los lugares de los que habían sido expulsados, donde muchos de ellos eran propietarios desde décadas atrás, sino en otros distintos. Varios desplazados entrevistados aseguraron que el Gobierno les dio 10.000 chelines por familia (menos de 100 euros), con lo que han tratado de rehacer sus vidas, pero sin alcanzar el nivel al que estaban antes de huir. El acceso a la educación de sus hijos o empezar un negocio desde cero fueron algunos de los desafíos esgrimidos. No obtuvieron ayuda médica ni psicológica.

Kenia había adoptado su forma primigenia a finales del siglo XIX con la Compañía Imperial del África Oriental Británica, que contaba con un Decreto Real que eximía a sus miembros del cumplimiento de la legislación vigente en el Reino Unido y les daba carta blanca para hacer básicamente lo que les pareciera oportuno, circunstancias que no cambiaron demasiado al convertirse primero en protectorado y, luego, en colonia propiamente dicha. La libertad de la que gozaban los europeos era tal que Karen Blixen habría podido iniciar sus *Memorias* con un: «Yo tuve una granja en África, al pie de una montaña de impunidad…».

Y con aquellas bases no resultaba extraño que, para los años setenta del siglo XX, la desigualdad se hubiera vuelto tan insultante que J. M. Kariuki —Mau Mau detenido durante siete años, después secretario personal de Kenyatta, después diputado y crítico de este, más tarde asesinado en misteriosas circunstancias— dijera aquello de que Kenia se había transformado en un país de diez millonarios y diez millones de mendigos.

Ni Kenyatta primero, ni Daniel arap Moi tras la muerte de aquel se esforzaron lo más mínimo en corregir un sistema que les convertía en los reyes del mambo y, cuando en 1992 llegó la hora de convocar elecciones en las que participaban varios partidos por primera vez en décadas, el primero en afilar la navaja con tal de continuar al mando fue Moi. Los agitadores, los organizadores y los financiadores eran en muchos casos políticos que buscaban obtener el poder o mantenerlo. Pasó en 1992. Pasó en 1997. En un país agrícola y con injusticias históricas jamás corregidas, la tierra era un reclamo suficientemente potente; la tribu, una forma de encontrar una identidad y una legión de defensores acérrimos.

La violencia había arañado la democracia keniana antes casi de su nacimiento, y continuó creciendo: como el poder buscaba legitimarse en las urnas y los instigadores pertenecían al Gobierno, jamás se condenó a nadie por aquellos episodios. En palabras de la llamada Comisión Waki, «esto condujo a una cultura de impunidad en la que no se llevaba nunca ante la justicia a aquellos que mutilaban y mataban con fines políticos».

Con un crecimiento poblacional muy acelerado[3] y una capacidad de creación de empleo muy limitada (entre otras cosas, por la corrupción), había que explotar la carta tribal para desactivar cualquier tipo de protesta contra los ladrones en el poder. Se trató de dirigir la rabia de los jóvenes —cuyo origen estaba en las monstruosas desigualdades— hacia los supuestos enemigos de la tribu de enfrente. El reclutamiento esporádico de jóvenes desempleados y desesperados para bandas criminales a las que recurrir en periodos electorales comenzó a proliferar. El Gobierno estaba perdiendo el monopolio de la violencia por voluntad propia y, con él, la poca legitimidad de que gozaba. El Ejecutivo gobernaba para sí mismo, demostraba ser capaz de matar por mantenerse usando medios propios y externos, y con su recurso constante al tribalismo estaba minando una sensación de nacionalidad históricamente muy débil.

La situación ha perdurado hasta el momento de teclear estas letras y nada hace pensar que variará en un futuro próximo. A pesar de la nueva Constitución de 2010, el Poder Ejecutivo continúa manteniendo una gran influencia sobre prácticamente todo, con lo que no se percibe al Estado como

[3] Kenia tenía unos nueve millones de personas en el momento de su independencia (1963), por los más de cuarenta y siete millones de 2019.

neutral. En vez de usar su poder para proteger a los ciudadanos, se ha usado para perpetuar el saqueo nacional, con unos diputados en nómina que figuran entre los mejores pagados del mundo, tanto en términos absolutos como relativos. La pérdida de la fe en las instituciones era cuestión de tiempo y de lógica, lo mismo que el estar dispuesto a pagar cualquier precio con tal de colocar a un aliado en el trono.

Cualquier informe que hurgue un poquito en las injusticias históricas de Kenia y ponga en evidencia la inabarcable mala fe gubernamental —informes como el Akiwumi, el Ndugu, el Waki, la memoria sobre violencia poselectoral de la Comisión Nacional de Kenia para los Derechos Humanos, el extenso informe de la Comisión de la Verdad, la Justicia y la Reconciliación— jamás ha encontrado luz verde en el Parlamento para poner en marcha las recomendaciones sugeridas, ni ha resultado en condenas ejemplares o mínimamente disuasorias. La Comisión Waki lo planteó así en 2008:

> Kenia tiene que decidir si desea dejar que prevalezcan la violencia, la corrupción y las instituciones impotentes o introducir cambios fundamentales. Por decirlo de manera sencilla: los individuos y las instituciones que se han beneficiado a corto plazo del caos y la violencia tienen que abandonar los métodos utilizados o Kenia podría convertirse en un estado fallido.

Quizá para cuando los guepardos vuelen.

* * *

Pocos días antes un helicóptero sobrevolaba la zona de Olympic, en el barrio chabolista nairobita de Kibera. Los disparos de la policía se oían a kilómetros de distancia varias horas después de la puesta del sol. Los agentes se enfrentaban a manifestantes lúo que protestaban a petición del líder opositor, Raila Odinga, por un supuesto fraude electoral en los comicios del 8 de agosto de 2017 a favor del kikuyu Uhuru Kenyatta. Las protestas dejaron al menos una veintena de muertos en las favelas de Nairobi y ni uno solo en los barrios ricos.

Los más curtidos, conocedores del resultado de esas protestas, optaron por continuar con el día a día. Llevaban la manifestación por dentro, porque sabían que lanzar piedras a la policía no llena el estómago. Era muy consciente de esto una señora ballenácea que desafiaba a las leyes de la física sobre un taburete minúsculo en plena calle. Se presentó como Mama Chichi, un ama de casa en busca de un ingreso extra ayudando a una amiga en el puesto de verduras que regentaba su comadre.

—Ahora vendemos estas espinacas casi al doble de lo que costaban antes, porque la gente hizo acopio de comida para las elecciones, y en estos momentos, con el país paralizado por las protestas, casi no se distribuye alimento y se está acabando. Odinga no nos da de comer. Uhuru no nos da de comer. Nuestras esperanzas están en Dios, pero no podemos rezar con el estómago vacío. ¿Por qué hacen elecciones si cada vez que las hay nos matamos? Que hagan que el que gane permanezca en el poder hasta que se muera y así al menos no hay problemas…

El sueño húmedo de cualquier gobernante.

En realidad, no mucho cambiaría para los pobres moradores de estos morideros.

CHABOLISTÁN

City in the sun
without any warmth
except for the privileged
and the tourists escaping
from civilized boredom.[1]
Their City. Lennard Okola.

Lunes, 12 de septiembre de 2011. 11:53 horas.

URGENTE – Kenia: más de cien muertos en una explosión de un oleoducto

* * *

Ha llovido y el tráfico de Nairobi es todavía más lento de lo habitual. Las prisas nos obligan a cambiar el taxi por dos *boda-bodas* que regatean el atasco interminable y pronto estamos a la entrada de Sinaí. El fango en el que la lluvia ha convertido el terreno y el gentío allí apiñado no ayudan a avanzar por sus callejuelas y para cuando, más de una hora después de la alerta de AFP, Edu y yo llegamos al lugar de la explosión, las llamas ya están apagadas, aunque aún humean la tierra y los restos de lo que hasta un rato antes eran

[1] Ciudad al sol / sin ningún calor / excepto para los privilegiados / y los turistas que huyen / del hastío civilizado.

chabolas. Los trabajadores de la Cruz Roja se ocupan de ir metiendo cuerpos en bolsas blancas, mientras que miles de desempleados deciden ocupar su día en el deporte nacional. ¿El atletismo? No, el *mironeo*. Se asoman a la zona de la catástrofe: una explanada baja con un arroyo de aguas fétidas al fondo que bomberos y servicios de emergencia mantienen acordonada para evitar que la presencia de curiosos en tropel entorpezca sus labores.

La tierra ha quedado completamente carbonizada y las chabolas, chamuscadas. El panorama es negro en sentido literal. El olfato reconoce basura, reconoce combustible, reconoce carne quemada, y la sensación es de náusea permanente. Tratamos de pisar con tiento y, cuando al posar el pie provocamos un crujido, deseamos con fuerza que solo sean ramas secas. Hay sirenas, sollozos, jaleo cada vez que irrumpe un político en escena, agentes de seguridad invitando a los mirones a que se mantengan a raya, y gritos entre los servicios de emergencia, que operan en medio de un vendaval de nervios. Una bombera dice que jamás ha visto algo así. Ya somos tres.

De repente, dos cuerpos boca arriba.

Un fotógrafo local que ha presenciado nuestra reacción desdramatiza de manera condescendiente y afirma que, bueno, estas cosas pasan. A lo que añade de seguido: «¡Mira! ¡Ahí hay un hombre llorando! ¡Esa es una buena foto!». Y para cuando nos queremos dar cuenta, le está sobrevolando en círculos con su cámara. El hombre que llora —sabremos después— se llama Joseph Mwangi y se ha quedado petrificado porque acaba de descubrir los restos de dos de sus hijos entre lo que fue su vivienda.

Contamos cuarenta y seis cadáveres, pero los equipos de emergencia seguirán recuperando cuerpos del riachuelo (más una cloaca descubierta que un arroyo bucólico) a lo largo de varios días. Serán los de aquellos —se cree— que trataron de apagarse las llamas que envolvían sus cuerpos con el agua turbia.

La explosión ha arrasado con todo. Ha arrancado árboles, tumbado viviendas y carbonizado gente en cuestión de segundos. El arroyo inmundo no dista más de veinte metros de la zona cero y hay personas que ni siquiera llegaron a él para aliviarse. Sus cuerpos calcinados yacen en la orilla. A algunos cadáveres, el fuego les ha dejado a la vista el esqueleto y la escena es una lección de anatomía que preferiríamos habernos ahorrado. Los hay con las tripas fuera, quemados hasta los huesos, con gesto aún reconocible, con músculos en tensión, con ropa en jirones. Hay perros y gorrinos víctimas de la misma suerte. Una moderna, macabra y misérrima versión de Pompeya.

Sinaí es otro más de los barrios de aluvión de Nairobi, una de esas villamiserias poblada por inmigrantes rurales que acuden a malvivir a la gran ciudad. Los alquileres más asequibles se encuentran en estas favelas, donde por diez euros al mes uno puede disponer de un cubículo de chapa con el suelo de barro. Si tienes suerte, no quedará demasiado alejado de los postes del tendido eléctrico, por lo que podrás *pinchar* tu chabola a la red sin gastar muchos chelines en cable; o de los puntos de agua limpia, para que puedas llenar tus bidones sin invertir mucho tiempo en caminatas; o de los retretes públicos que muy poco a poco empiezan a sustituir a pozos de mierda que hacen de letrinas. Son las zonas urbanas en las que las ONG llevan a cabo proyectos de éxito dudoso, en las que el ingenio se afila hasta el infinito para adelantarse al hambre y en las que la desesperación lleva a tomar decisiones muchas veces equivocadas.

Sinaí es una zona chabolista algo más peligrosa de lo habitual y no porque sus 100.000 habitantes protagonicen vidas miserables, ni porque la ausencia de alumbrado facilite los robos o las violaciones, o porque abunden más armas, más bandas, más drogas o más alcohol casero que en otras barriadas de la capital keniana (que no es el caso), o porque la insalubridad sea mayor que en otros asentamientos. Tampoco la atraviesan las vías del tren, como en Kibera, donde se usan de vertedero, de retrete y de camino, y donde el ferrocarril ha hecho descarrilar decenas de vidas a su paso. Sinaí es más peligroso porque este asentamiento informal descansa sobre un oleoducto estatal que transporta combustible desde el este hasta el oeste del país, desde Mombasa hasta Eldoret.

Cuando en 2008 el Gobierno y la compañía petrolera trataron de desalojar a los residentes, o de establecer un mínimo perímetro de seguridad respecto a la tubería, los moradores de las chabolas se negaron. La poca vida que tenían estaba allí, ¿adónde podrían mudarse?

* * *

En torno a las nueve de la mañana, la vida en Sinaí y en los arrabales de todo Nairobi lleva un par de horas en la calle. Grandes grupos de limpiadoras, de jardineros, de vigilantes de seguridad, de cocineras, de conductores, de mucamas, de reponedores de supermercado, de cajeras salen en masa hacia las zonas nobles de Nairobi para su jornada laboral. Transitan entre los dos polos de la sociedad feudal de Kenia, en la que los pobres se pudren en las chabolas y los ricos disfrutan de apartamentos y amplias villas ajardinadas prácticamente amuralladas. En 2012, el sesenta por ciento de la población de Nairobi vivía en esos asentamientos inmundos, aunque estos ocupaban tan solo un seis por ciento del terreno municipal, lo cual da una idea aproximada del hacinamiento.[2] En el caso de Sinaí, los residentes más afortunados también se dirigen a las fábricas de la cercana zona industrial de la ciudad. Otros tienen sus trabajos en las propias favelas como zapateros, pintores, carpinteros, fruteras, vendedoras de ropa, repartidores de agua con un carro tirado a mano. Otros más, muchos, desempleados, o con empleos esporádicos e informales que les permiten sobrevivir al día, merodean por las calles, alfombradas de barro, basura, plásticos, aguas fecales, podredumbre. El paro es la principal empresa en las barriadas de Nairobi. Quizá alguno de estos desocupados descubriera el origen de la catástrofe en Sinaí: un arañazo en el oleoducto por el que se filtraba el combustible al exterior.

Pasó en 2009 en Molo, en el centro de Kenia, cuando un camión de transporte de carburante volcó y se detectó una fuga. Y como en Molo, en vez de huir del lugar para salvar sus vidas, en Sinaí muchos corren hacia el oleoducto para tratar de mejorarlas. Llenan jarras, ollas, cuencos de una gasolina que aspiran a vender y procurarse unos chelines extra. Decenas de personas se arremolinan. Para muchos, la única oportunidad del día de engordar el bolsillo.

Luego, el mundo salta por los aires y, para cuando cae, tiene cien habitantes menos. Dicen que pudo ser una colilla arrojada de manera imprudente o que el viento cambió de rumbo y arrastró volando basura en llamas de un vertedero vecino, pero en realidad la causa había sido la cerilla de la miseria.

[2] Según la agencia de noticias especializada en asuntos humanitarios IRIN. ONU-Hábitat cita la cifra como válida en varios de sus informes.

***

Daily Nation, 16 de octubre de 2010

Un tratamiento cinco estrellas aguarda a los sospechosos kenianos en La Haya

Los sospechosos de la violencia poselectoral serán encerrados en centros de detención en La Haya distintos a cualquier cosa conocida en Kenia.

Los sospechosos estarán cómodos y tendrán acceso habitual a diplomáticos, pueden tener visitas conyugales de sus esposas o parejas y cocinar su propia comida.

Anna Osure, una keniana que es la número dos de la oficina de asistencia legal y detención en el Tribunal Penal Internacional para la antigua Yugoslavia en La Haya dijo que los detenidos eran mantenidos en circunstancias decentes porque se les supone inocentes hasta que se demuestre su culpabilidad.

«La celda en la que están alojados es pequeña, inmaculada, con una cama individual. Pero no son prisioneros ordinarios. Los centros de detención son modernos, dispensan un trato humano y civilizado. Los detenidos tienen autorizada visitas de amigos, miembros de la embajada, del clero y familiares».

«Pueden mantenerse en forma mediante ejercicio frecuente en el gimnasio de la cárcel, practicar deportes como tenis o caminar durante una hora en las instalaciones al aire libre de la cárcel. Reciben tratamiento médico excelente por parte del Estado anfitrión y comidas muy bien equilibradas».

«Se les permite caminar en sus plantas (del centro de detención) y pueden participar en actividades comunes como, por ejemplo, pintar, clases de idiomas, servicios religiosos o consultas con abogados».

«Es interesante añadir que se ajustan a su nuevo modo de vida, y se ve a antiguos enemigos compartir comidas y tolerar la compañía del otro», dijo la abogada, que ha estado involucrada en casos de derechos humanos en todo el mundo.

La Haya ha adquirido un estatus casi mítico en Kenia desde que quedó claro que el fiscal jefe de la CPI Luis Moreno Ocampo y su equipo estaban decididos a llevar a juicio a los sospechosos por incitar y financiar la violencia.

Pero la situación en La Haya no es la pesadilla que algunos imaginan. Un vistazo a los documentos y las fotos disponibles en la página web oficial de la CPI muestra unas instalaciones que permiten que los sospechosos tengan una vida digna.

«El programa diario del centro de detención permite a los detenidos el acceso a aire fresco, tiempo de recreo y actividades deportivas. Tienen acceso a libros de la biblioteca, noticias y televisión. Los detenidos tienen acceso a instalaciones con ordenadores para trabajar en sus propios casos. Si hiciera falta, se les da la oportunidad de recibir instrucción informática».

«Esto no es un hotel de cinco estrellas —dijo Osure—. Las instalaciones son básicas. Desde luego, es mejor que las cárceles kenianas, pero están muy lejos del mundo del lujo».

«¿Puedo solicitar ser sospechoso? —comenta en la noticia un tal John Ndungu—. Soy de Kibera. No tenemos retretes».

LA HISTORIA DEL COLIBRÍ QUE VOLÓ CONTRA EL TORNADO Y VENCIÓ

El medioambiente no es un problema del mañana: ¡es un asunto del hoy! Es el aire que respiramos, el agua que bebemos y los alimentos que comemos. Y no podemos vivir sin ellos.

Wangari Maathai.

Dicen que una vez fue «la Ciudad Verde bajo el Sol». Que el aire era agradable, que se podía sentir el frescor en sus numerosos barrios arbolados. Que en los días claros se podía contemplar el Kilimanjaro en la distancia. Nairobi era a mediados de los sesenta una urbe vibrante: Kenia acababa de alcanzar la independencia y el éxtasis era nacional. Por entonces la ciudad tenía solo una fracción de los más de cuatro millones de habitantes de la segunda década del siglo XXI. Lo mismo sucedía con los vehículos, y las pocas infraestructuras existentes se bastaban más o menos para darles salida. Muchos de los titulados universitarios formados en el extranjero vieron en ese momento una buena ocasión de ser útiles a su país, de volver para levantar la sociedad que habían deseado durante las décadas de yugo colonial. Aunque los puestos inmediatamente necesarios habían sido tomados por los kenianos colaboracionistas, nuevas oportunidades aparecían a cada paso para aquellos con iniciativa y estudios, ya que todo estaba por construir. La vida era prometedora en la capital de la nueva república.

Pero aquello fue antes de lo que la mayoría de los kenianos recuerdan.[1] Recordarán mejor que, cual marabúes coronando una acacia y escudriñando el panorama en busca de carne muerta, se posaron sobre la ciudad decenas de excavadoras, orgulloso símbolo del *progreso*. Y removieron sus tierras hasta convertirla en una mermelada de rascacielos horripilantes, de chabolas y de tráfico desviado del infierno por alguna circunvalación oculta. Hoy en Nairobi se oyen más grúas que pájaros, la construcción ha podrido la ciudad como la peste y de las «aguas frescas» del topónimo masái para el lugar en el que se asentó aquel almacén ferroviario quedan solo las aguas fecales que riegan cualquier favela. El aire se lo reparten la tierra levantada por las obras y el humo de los coches. De «Ciudad Verde bajo el Sol» ha pasado a «Ciudad Gris a la Sombra de sus Rascacielos Delirantes». En una zona en la que nuestros ancestros empezaron a caminar sobre dos patas —y los pies han sido el principal medio de transporte hasta hace unas pocas décadas— ya no queda respeto para los peatones como David Iraya.

Iraya pasea la mirada más allá de la ventana de su oficina en la organización ecologista Green Belt Movement (GBM), en uno de los barrios que más o menos conservan verdor a pesar de la burbuja inmobiliaria de la capital keniana. Tras los cristales de la casa, una de esas antiguas *mansionettes* que antes monopolizaban la arquitectura capitalina, hay un amplio jardín con unos bancos. Las plantas están cuidadas; el césped, a raya, y los pájaros se refugian en frondosos árboles. Es casi un oasis. «Cuando nos hartamos de estar aquí en el escritorio —cuenta David— sacamos el portátil al jardín y trabajamos

[1] Más del cincuenta por ciento de la población de Kenia tiene menos de veinte años, según datos publicados en 2020 por el Instituto Nacional de Estadística de Kenia, *Kenya Population and Housing Census*, 2019, volume III, p. 14.

desde allí». Lo único malo es que las vistas han empeorado en los últimos años y un espantoso edificio de oficinas llega prácticamente a hacer sombra al cuartel general del GBM desde el otro lado de la calle. El jefe de prensa asiente y lanza un suspiro: «Si Wangari hubiera estado viva, habría peleado para que no construyeran ese edificio». No habría sido la primera vez.

***

26 de octubre de 1989

Sir John Johnson
Embajador
Embajada británica
Apdo. de Correos 30465
NAIROBI

Su Excelencia,

Uhuru Park
contra
Times Complex

Esta carta busca apelar al embajador británico para que intervenga ante el señor Robert Maxwell, uno de los dueños mayoritarios de la organización Kenya Times, que se propone construir un inmenso complejo en Uhuru Park, en Nairobi (ref. Weekly Review del 20 de octubre dc 1989).

Permítanos adjuntar correspondencia y artículos que muestran la preocupación pública sobre la construcción del complejo en Uhuru Park.

Escribimos esta carta en vista de que el señor Maxwell es británico (cuyo paradero desconocemos). Por supuesto, está en su derecho de invertir en un mercado libre como el de Kenia, donde inversores privados y extranjeros son bienvenidos. Sin embargo, en nombre de muchos kenianos y en particular de aquellos en la ciudad de Nairobi, y muchos de los cuales son desconocedores de los acontecimientos que están teniendo lugar en Uhuru Park, o no tienen forma de expresar su preocupación por ellos, o son apáticos (un síndrome que caracteriza la actitud de muchos en África respecto al medioambiente), apelamos a su buen hacer para llamar la atención al señor Maxwell sobre el hecho de que si construye el complejo Times en Uhuru Park, estará ignorando la voz de una mayoría silenciosa de kenianos que lucha por conservar su medioambiente y sus monumentos nacionales. Sería partícipe activo en el desarrollo a través de la destrucción. Este acontecimiento sería una burla a lo que defienden y predican organizaciones como el PNUMA (para el medioambiente), la Unesco (para patrimonio cultural), la OMS (para la salud), la Commonwealth (en su recién aprobada resolución sobre medioambiente) y órganos como las autoridades de la ciudad.

Algunos de nosotros invertimos mucha energía y tiempo en salvar el medioambiente africano (incluidos elefantes y rinocerontes). Podemos entender ignorancia, apatía o incluso miedo entre algunos africanos, porque somos conscientes de que puede que muchos de ellos no estén informados sobre los procesos de degradación medioambiental, que puedan mostrarse apáticos y a veces tengan miedo de alzar sus voces para disentir. Sin embargo, los ciudadanos de lugares como Europa occidental, Japón y Estados Unidos no pueden declararse atemorizados o ignorantes.

¿Por qué harían aquí en Nairobi lo que jamás intentarían hacer en Hyde Park en Londres o en Central Park en Nueva York? Por favor, hágale esa pregunta al señor Maxwell de nuestra parte. Le agradecemos por adelantado su ayuda y cooperación. Con nuestros mayores respetos.

Atentamente,
Prof. Wangari Maathai.
Coordinadora.
THE GREEN BELT MOVEMENT

C. C.: Consejero delegado
Kenya Times.

* * *

Wangari Maathai había sido una de aquellas que había regresado a Nairobi al poco de la independencia con una mochila cargada de conocimientos y con expectativas más altas de las que la realidad podía ofrecerle. La primera toma de contacto con la nueva Kenia fue dura: el puesto en el Departamento de Zoología en la Universidad de Nairobi que le habían ofrecido y por el que había vuelto de Estados Unidos había terminado por adjudicársele a un miembro de la misma tribu que el jefe de turno. «Era la primera vez que topaba con ese tipo de discriminación. ¿Era también por ser mujer? [...] Me di cuenta entonces de que el cielo no sería mi límite. ¡Más bien, mi sexo y mi etnia lo serían!».[2] Wangari llevaba años de entrenamiento en afrontar discriminaciones y estaba lejos de hundirse a la primera: había sido indígena en un país colonizado, mujer en una sociedad machista, y negra en los EE. UU. de los años sesenta. Y lo que quedaba por venir. Más tarde, el nuevo Departamento de Anatomía Veterinaria de la misma universidad apostaría por la joven, primero como asistente y después como investigadora, docente y doctoranda. Y se supo hacer valer. Fue el lugar en el que conoció a la que se convertiría en una amiga inseparable, Vertistine Mbaya.

«Nuestras oficinas estaban muy cerca. Y nos conocimos en el pasillo... Estaba sorprendida de verme la primera vez, de ver a otra mujer, una nueva miembro de la facultad. ¡Éramos las únicas dos mujeres!», relata la menuda y enérgica Vert Mbaya, a quien las décadas de vida en Kenia no han limado un fuerte acento estadounidense. «Y me hizo una pregunta muy sencilla: "¿Quién eres?"», ríe. «Así empezó todo: me vio salir por la puerta de la oficina, totalmente nueva. La miré y,

[2] Maathai, 2008 [2006]. (Traducción del autor).

bueno…, yo no le pensaba decir nada. Era nueva… Así que ella vino y me preguntó que quién era. Porque sabía que debía de ser alguien si salía de una oficina. Y yo le expliqué que había llegado para dar clase. ¡Y después le pregunté que quién era ella! Y dijimos algunas cosas que nos hicieron reír. Creo que compartir las risas nos hizo sentir que teníamos mucho en común. Nos fuimos a tomar un té. Así que nos hicimos buenas amigas después de eso. Nos unía la pasión por la risa. Compartimos la diversión incluso en los peores momentos… y eso minimizó el miedo». Sería una cómplice clave en las luchas que Wangari Maathai emprendería a raíz de su trabajo en la universidad: como Kenia era el mayor productor de ganado en África oriental, su departamento se embarcó en una investigación sobre la enfermedad parasitaria de la theileriosis para mantener sanas las reses. Esto llevó a Wangari a distintas zonas rurales, recolectando garrapatas de vaca en vaca para su estudio. Pero vio algo más que portadoras de parásitos. Vio que podía contar las costillas de las vacas pues cada vez había menos pastos de los que alimentarse, vio ríos teñidos de marrón por la erosión de la tierra que contrastaban con las aguas cristalinas de su infancia, vio que quedaban menos árboles de los que recordaba en su niñez. «Y oía a muchas mujeres rurales quejarse de que no tenían suficiente leña ni agua. Habían destinado demasiado terreno a plantaciones comerciales, como el café y el té —lamentaba Wangari—, y la gente no tenía suficiente leña para cocinar los alimentos tradicionales, que requieren de mucho fuego… Pero ahora, sin leña, estaban cambiando su tipo de alimentación hacia alimentos altamente refinados. Y los niños empezaron a sufrir enfermedades relacionadas con la malnutrición. Cuando las mujeres comenzaron a decir que no tenían suficiente leña… ¡eso me dio una idea! "¿Por qué no plantamos árboles?", les pregunté.

"¡Plantemos árboles!". Y las mujeres me dijeron: "Si nosotras plantaríamos árboles, solo que no sabemos cómo". Y así empezó todo el asunto de…, vale…, aprendamos a plantar árboles».[3]

* * *

En realidad, *todo el asunto* había empezado varias décadas atrás.

Wangari Muta Maathai llegó al mundo en 1940 en Ihithe, una aldea cercana a Nyeri, en las faldas de la cordillera de Nyandarua, a la que el explorador Joseph Thomson había rebautizado en 1884 como Aberdare en honor a Henry Bruce, primer barón de Aberdare, presidente de la Real Sociedad Geográfica de Londres de la época y paganini de la expedición. Desde aquel *bautizo cordillérico*, la presencia de blancos como Thomson y Bruce había aumentado significativamente en la zona, y ese incremento de forasteros se había traducido en la ya tradicional expulsión de nativos de los terrenos fértiles, que no eran pocos. «Los colonos —apuntaba Maathai— encontraron las tierras altas muy atractivas por las mismas razones que los locales: la tierra era fértil, no había enfermedades debilitantes como la malaria y no hacía ni mucho frío ni mucho calor. Un clima perfecto».[4]

Con los blancos asentados en el lugar, pronto los bosques en torno a Nyandarua comenzaron a caer: había que dejar espacio para plantaciones de cultivos comerciales y para construir nuevos edificios, modernos, más grandes y resistentes. La caza como diversión se generalizó entre los nuevos

[3] MERTON, Lisa y DATER, Alan. *Taking Root*, 2008. (Traducción del autor).
[4] Maathai, 2008 [2006]. (Traducción del autor).

amos. «Había algo en nuestro pueblo que les había ayudado a conservar los bosques», reclamaba la ecologista. «Miraban a los árboles y no veían madera; miraban a los elefantes y no veían marfil o miraban a los guepardos y no veían una bonita piel para vender. No veían el valor económico de los animales, así que los dejaban estar. Estaba en su cultura».[5]

Nyandarua contaba además con un par de peculiaridades históricas que la diferenciaban de las Tierras Altas Blancas más al sur, en la zona de Limuru, donde para entonces ya trasteaba Ngũgĩ wa Thiong'o. En febrero de 1952, ocho meses antes de declararse el estado de emergencia en Kenia, una joven británica llamada Isabel había sabido, durante sus vacaciones en la colonia, del fallecimiento de su padre. Fue allí, a la sombra de aquellas mismas montañas por las que correteaba Wangari Maathai, que la huérfana se convirtió en Isabel II. En los años subsiguientes, sus frondosos bosques servirían de escondite al líder militar del Ejército de la Tierra y la Libertad, Dedan Kimathi, y la aviación británica los bombardearía con saña para aniquilar a aquellos guerrilleros Mau Mau. Esa misma madera serviría para levantar los poblados de concentración, los *centros de detención* del estado de emergencia, los cuarteles, los postes de comunicaciones de la autoridad colonial. El daño a la población autóctona estaba a la par con el infligido a sus tierras.

Wangari, que amortiguó el período de la emergencia en un internado de monjas, ataría cabos muchos años después. De niña, cuando su madre le mandaba a recolectar leña, le prohibía tomarla de una inmensa higuera —junto a la que discurría un riachuelo en el que Wangari jugaba con los renacuajos

[5] MERTON, Lisa y DATER, Alan. *Taking Root*, 2008. (Traducción del autor).

que allí se criaban— «porque era un árbol de Dios».[6] «Yo no sabía de qué estaba hablando. Pero cuando volví en los años sesenta al lugar en el que crecí, descubrí que el lugar de Dios estaba en una iglesia. Habían levantado un edificio de piedra: ahí estaba Dios. Ese árbol ya no infundía respeto, ni era inspirador para todos, ni estaba protegido. ¡Lo habían talado! Y, por supuesto, el riachuelo había desaparecido también. Y con él los huevos de rana, los renacuajos, las ranas y todo lo demás que vivía en esas aguas. Ya no se podía ir allí a recoger agua. Tuve que ir a la universidad para descubrir la conexión entre la higuera y el riachuelo».[7]

Los variados árboles autóctonos, inmensos, generosos, habían sido sacrificados, sustituidos por plantaciones o por otros de crecimiento más veloz que satisficieran las necesidades de los colonos. Pero estos no podían suplir la labor medioambiental que desempeñaban los bosques primarios locales, con sus fuertes raíces para apelmazar la tierra sobre la que se asentaban, ni su capacidad de retención del agua.

* * *

Para cuando, en 1977, Wangari Maathai fundó el Movimiento del Cinturón Verde (Green Belt Movement), ya era la primera mujer de toda África oriental en haber obtenido un doctorado y la primera mujer en dirigir un departamento en la Universidad de Nairobi.

En aquel momento estaban tomando impulso los movimientos feminista y ecologista, pero esto no facilitó lo más mínimo el despegue en la conservadora Kenia de una iniciativa

[6] La higuera —*mugumo*, en kikuyu— es el árbol sagrado de esta tribu.
[7] Palabras de Wangari Maathai en MERTON, Lisa y DATER, Alan. *Taking Root*, 2008. (Traducción del autor).

por la que no muchos daban un chelín: un grupo de mujeres rurales creando viveros para plantar árboles. Gracias a donaciones (muchas de ellas extranjeras), el GBM creció superando las previsiones de más de uno. Wangari y sus compañeras establecieron un sistema de fiscalización del proceso de plantación de árboles y empezaron a incentivarlo con unas pocas monedas, lo cual ayudó a ganar apoyos entre las comunidades rurales, en las que las mujeres trabajaban todo el día cultivando, yendo a recoger leña y agua, cuidando de la descendencia, cocinando y lavando, sin traducirse en ingreso alguno.

Sin embargo, el tiempo del optimismo estalló con la primera encarcelación de Wangari a causa de su traumático divorcio.[8] Sería la primera visita a la cárcel de muchas más. «Recuerdo ir a la prisión femenina de Langata a persuadirla», se arranca Paul Muite, reputado abogado keniano muy activo en la lucha en favor de los derechos humanos en el país africano. «Pasó allí un par de días por desacato antes de hacerme caso. El juez había sido claramente sobornado. Y ella dijo que o era un incompetente o había sido sobornado. Se la juzgó a toda prisa. Uno de los dos jueces que la mandó a prisión, que después sería jefe del Supremo, me llamó, y noté que se sentía culpable. Me dijo que fuera [a la cárcel] y le dijera [a Wangari Maathai] que escribiera una disculpa. Que ni siquiera tenía que disculparse, sino hacer algo... Y eso hice», rememora el letrado.

Las cosas no iban a ser sencillas en la nueva Kenia de Daniel arap Moi, poco dado a tolerar la disensión, nada inclinado a la rendición de cuentas, muy amigo de mandar a las

[8] Fue acusada falsamente por su marido de adulterio, uno de los pocos motivos para garantizar un divorcio bajo la legislación de la época.

fuerzas de seguridad allá donde considerara necesario y de colocar en prisión a cualquiera que le buscara las cosquillas. Wangari se especializó en esto último. Había contemplado cómo una vez más un nuevo gobierno se adueñaba de los recursos naturales del país como si fueran propios y así, cuando en 1989 Moi y sus vedetes decidieron que era buena idea plantar no un árbol sino un rascacielos de sesenta y dos pisos amputando terrenos a Uhuru Park («el Parque de la Libertad», lo más parecido a un pulmón en el centro de Nairobi), Wangari Maathai apretó el entrecejo.

El llamado Times Tower Complex estaba pensado para albergar un centro de conferencias, oficinas, espacio comercial, la redacción central del *Kenya Times* (el periódico del partido único) y también de otro canal estatal propiedad del Kenya Times Media Trust, en el que el magnate británico de la prensa Robert Maxwell tenía puesto algún dinero. «Lo más prestigioso de todo el África negra», lo llamaron. La guinda del proyecto iba a ser una estatua de Moi de cuatro pisos de altura.

«Maxwell quería tener un centro de comunicaciones y estaba invirtiendo en el edificio. Además, había un aporte japonés a ese edificio, y el Gobierno iba a tomar prestado un buen pellizco del dinero, no recuerdo si del Fondo Monetario Internacional o del Banco Mundial», explica Vert Mbaya en el jardín de la sede del GBM. «Fue por el interés del magnate de los medios británicos [en el edificio] que Wangari decidió escribir una carta a la embajada británica en Nairobi en la que decía que los ciudadanos de Kenia se oponían a esa inversión del señor Maxwell. Y ellos pensaron que era interesante, por supuesto. Los medios británicos se interesaron y eso enfadó a los diputados kenianos, que empezaron a odiarla», se desternilla.

¿Qué era eso de que una mujer les intentara cuadrar? ¿Había necesidad de llevar un asunto local más allá de las fronteras de un Estado soberano? ¿Acaso tenían que soportar los todopoderosos señores de Kenia a «una tropa de divorciadas criticonas», como las calificó un pez gordo del Gobierno? En una determinada sesión, el Parlamento se paralizó para hablar de Wangari Maathai, y ella les respondió por escrito: «En otro momento y en otro formato, retomaré el debate sobre mi estado civil con los honorables miembros. En esta ocasión, el debate se centra en el propuesto Times Tower Complex en Uhuru Park. Y este debate requiere de la anatomía de lo que queda por encima del cuello». Moi daría la contrarréplica en un mitin: «Y llega una mujer… Según las tradiciones africanas, las mujeres deben respetar a sus hombres. Os pido a las mujeres: ¿no podéis meter en cintura a una de las vuestras, que se ha pasado de la raya?».

«La prensa se interesó, claro, porque veían que había una mujer a la que los diputados estaban reprendiendo», prosigue Vert Mbaya. «Esto animó a mucha gente en el extranjero a apoyar a Wangari, siempre y cuando eso no la pusiera en peligro y pudiéramos continuar con nuestras actividades. Y logró ponerse a salvo. Bueno, se tuvo que esconder un poco de las fuerzas de seguridad —que la querían cazar para *hablar* del tema—, de las que tanto ella como yo teníamos miedo porque no sabíamos cómo podría ir esa *conversación*, y había que evitarla. Y mientras eso sucedía, la cobertura del tema creció y creció…».

De repente, un día, el cercado del espacio para el Times Tower Complex desapareció. A la vista de la situación, los inversores extranjeros optaron por retirar los fondos y desestimar el proyecto. «Y hubo gente —recuerda Vert Mbaya— que vio que si una mujer podía parar la construcción del edificio, seguro que se podía cambiar el gobierno». Había un grupo de personas valientes dispuestas a jugarse el tipo por una democracia.

* * *

«¡Mis sermones fueron los primeros en pedir que se desmantelara el Estado autocrático de partido único!». El reverendo Timothy Njoya, uno de los referentes del activismo por los derechos humanos en Kenia y compañero de batallas de Wangari Maathai, quiere colgarse una medalla. En un país de personajes inclasificables, quizá la palma se la lleve Timothy Njoya. En el jardín de su casa, a las afueras de Nairobi, ha creado Karinyo Rock Garden, un lugar dedicado al amor, al *karinyo*. Hay una gruta artificial que ha inventado amontonando rocas, un profundo estanque y un edificio levantado a base de descartes de chatarrero. El viento menea un gigantesco móvil ensamblado con los materiales y herramientas que empleó en la obra. El lugar es tan particular como su creador. Fueron Timothy Njoya, Wangari Maathai y otros tantos héroes anónimos los que plantaron cara al régimen opresivo y represor de Moi durante los crudos años ochenta y el inicio de los noventa, cuando se estaba apretando por una democracia.

«No creo que entonces entendiéramos lo que pasaba», cuenta la mayor de los tres hijos de Wangari, Wanjira Mathai, que ha continuado la labor de su madre en el GBM. «Solo después nos empezamos a dar cuenta. Cuando me fui a estudiar a Estados Unidos en 1990, aprecié mucho mejor el impacto de lo que mi madre estaba haciendo. También el peligro. Era un momento dictatorial y se estaba politizando todo. Mi madre chocó contra un entorno político muy duro que puso su vida en riesgo». Y Uhuru Park sería nuevamente el escenario de una pugna con el Gobierno en 1992. El motivo: una protesta para lograr la liberación de presos políticos en un momento en el que Moi había accedido a desgana a unas elecciones democráticas al final de ese año. Parecía un buen momento y después de lo logrado con el Times Tower Complex, la ecologista keniana sabía que su lucha había trascendido el plano medioambiental para adentrarse en el terreno político. Así, las madres de algunos activistas presos y Wangari Maathai fueron a la oficina del fiscal general caminando desde Uhuru Park para entregarle una petición formal. Esperarían su liberación durante tres días de vigilia y huelga de hambre, advirtieron, y acamparon en la esquina del parque más cercana a Nyayo House, un edificio gubernamental conocido por albergar en sus sótanos cámaras de tortura. Al segundo día de espera, todavía sin noticias de sus hijos, erigieron un panel junto a su zona de acampada que bautizaría hasta hoy ese punto como el Rincón de la Libertad. *Freedom Corner*.

Llegó un cuarto día y las madres continuaron sin tener respuesta, aunque a cada jornada recibían más muestras de solidaridad, más gente se les unía en la protesta y compartía sus experiencias de tortura por cortesía gubernamental. Pero ese día fue distinto. Las fuerzas de seguridad se presentaron en el lugar y trataron de expulsar a las presentes por las malas, con gas lacrimógeno, tiros al aire y porrazos. Wangari fue noqueada y tuvo que ser trasladada inconsciente al hospital.

Hizo falta casi un año de lucha hasta conseguir la liberación de cincuenta y un presos políticos. Durante ese tiempo, la situación se movía rápidamente en Kenia, con unas elecciones en las que por primera vez en veintiséis años concurría más de un partido. Los comicios fueron fraudulentos y el Estado patrocinó la intimidación y la violencia como medio de asegurarse la victoria en las urnas, cosa que terminó sucediendo. El tribalismo, con decenas de muertos en todo el país como resultado, era la baza que Moi había decidido poner sobre el tapete para ganar la partida. «Fue ahí cuando empecé a entender el vínculo entre conflicto y recursos [naturales]», aseguraba Wangari. «Cuando una persona de una tribu llega a presidente, casi que tiene la llave a los recursos nacionales. Y la gente de su tribu piensa que pueden echar a otras tribus de sus tierras. Y las otras tribus creen que se las marginará. Empezó a ser muy sencillo para los políticos movilizar a su tribu contra la tribu enemiga».[9]

En un país con solo un treinta por ciento de superficie arable, con una población en rápido crecimiento y con problemas crónicos de abastecimiento de agua que aumentan con la destrucción de los bosques indígenas, los enfrentamientos de este tipo no habían hecho más que empezar. «Mientras los recursos no se gestionen de manera adecuada, mientras no se distribuyan de manera más equitativa —alertaba Wangari—, estaremos bajo amenaza».

* * *

«Alguien había comprendido el vínculo indisociable entre democracia, paz y medioambiente», explica Wanjira Mathai con orgullo de hija. Y eso mismo hizo que Wangari emprendiera otra batalla más en 1998, en esta ocasión para salvar el bosque de Karura, en el norte de Nairobi, donde se estaban talando árboles para dejar hueco a parcelas adjudicadas ilegalmente a amiguetes del poder. «Es una pena que tengamos

[9] MERTON, Lisa y DATER, Alan. *Taking Root*, 2008. (Traducción del autor).

un Gobierno que supervise la destrucción de nuestros bosques y el robo de terrenos públicos», clamaba Wangari Maathai ante las cámaras presentes en el bosque de Karura. Los años de lucha y sus contactos en el extranjero la habían convertido en una figura internacional; su paciencia, su compromiso y su persistencia le habían hecho ganarse una buena reputación entre los kenianos opuestos al Gobierno, quienes habían visto que se podía desafiar e incluso derrotar al régimen. Por lo que no sorprendió que más gente se uniera en esta batalla, de la que también salieron victoriosos tras un año de tensiones, represión y protestas.

Esa nueva victoria no pasó desapercibida en el extranjero. Así que de repente, un día, todas las noches en vela, todo el miedo, todas las semanas de cárcel, todo el tiempo escondida, todos los encontronazos con la policía, los golpes y el tiempo de convalecencia, todas las detenciones, los insultos, vejaciones y abusos quedaron sepultados cuando, el 8 de octubre de 2004, sonó el teléfono y una voz desde Oslo le informó de que había sido galardonada con el Premio Nobel de la Paz por «su contribución al desarrollo sostenible, la democracia y la paz». También ahí Wangari fue pionera: la primera mujer africana en ganarlo.

* * *

El vacío dejado por Wangari arruga la voz de su amiga Vert Mbaya. Suspira, habla de la intimidad entre ambas, de una complicidad que jamás podrá encontrar en nadie en el tiempo que le reste por vivir. Después se recompone y habla de esperanza, de lo avanzado gracias a Wangari Maathai, de semillas de educación cívica plantadas en los difíciles años noventa que germinan y crecen más libres en la actualidad.

«Su pasión permeó a través de las capas de la sociedad, cuando la gente empezó a unir los puntos de por qué tenían los problemas que tenían». Wangari Maathai les convenció de lo conveniente de alzar la mano y preguntar, y de lo necesario de la presencia benigna de los árboles. Gracias a estos grupos de mujeres rurales y de muchos voluntarios, el GBM ha plantado más de cincuenta y un millones de árboles en Kenia en los primeros cuarenta años desde su creación. Aunque están lejos de ser suficientes: el país africano se ha zampado su superficie forestal hasta reducirla a un ridículo dos por ciento, cuando la ONU recomienda un mínimo de un diez por ciento para garantizar la sostenibilidad. «El Servicio de Bosques de Kenia dice que tenemos un seis por ciento, pero no es de bosque, sino de árboles», alerta Wanjira Mathai, en un cálculo que —afirman en el GBM— engloba hasta los arbustos de las rotondas. «Para llegar al diez por ciento, ¡tenemos un déficit de cinco mil millones de árboles! Y esa cantidad necesita del compromiso de todo el mundo...».

Desde el Instituto Wangari Maathai de Paz y Estudios Medioambientales, Wanjira, el GBM y la Universidad de Nairobi están intentando ampliar aún más la implicación ecologista alentada por su madre. «Hoy tienes una Kenia muy concienciada a nivel medioambiental. Si vas a Uhuru Park y dices que vas a construir un edificio de sesenta pisos, no creo que haga falta Wangari Maathai para ir allí y decir: "¡No!, no lo vas a hacer". Hay suficiente gente ahora que no lo ve aceptable. En el caso del bosque de Karura, si alguien intentara hacer lo que intentaron hace veinte años, sería imposible, ¡y no porque Wangari fuera a ir corriendo allí!, sino porque las comunidades que viven allí han forjado fuertes vínculos con el medioambiente», razona Wanjira. «Los países en desarrollo suelen destruir el medioambiente, y la tendencia es destruir,

destruir, destruir, pero Kenia la está cambiando. Ahora la tala masiva de árboles es noticia; antes, no».

«Quizá —aventura el abogado Paul Muite— Wangari Maathai no cuente con todo el crédito que debería en materia de igualdad entre sexos. Cuando ves a más mujeres en el Parlamento… O las niñas… Claramente, la nueva cultura en Kenia es que no se discrimina a las niñas. Y lo que ves ahora es una manifestación de su trabajo. No hay una sola comunidad en Kenia en la que no puedas encontrar varias mujeres con una buena educación».

«Wangari era parte de un movimiento multipartito —apunta el reverendo Njoya—, pero le dio una dimensión que solo ella podía otorgarle, con lo del bosque de Karura y demás. Fue quien introdujo el nicho del medioambiente en la política keniana. Fue muy innovadora y creativa, y pudo usar sus habilidades para el movimiento por el cambio en Kenia». Sin embargo, el religioso considera que su lucha «necesita continuidad».

De alguna forma, el relevo lo ha tomado, entre otros, el activista Boniface Mwangi, inspirado por Njoya, por Maathai y «por la gente anónima del Rincón de la Libertad». Las protestas organizadas por Mwangi y los suyos seguramente se recuerden durante décadas: ¿que los cerdos codiciosos de los diputados quieren subirse el sueldo? ¡Hagámosles sentir como lo que son y soltemos una piara de cerdos delante del Parlamento al grito de «cerdiputados»! ¿Que votan a favor de una ley que les garantice beneficios vitalicios a pesar de pasar unos pocos años por la Cámara y que les asegurará un funeral de Estado? Fabriquemos ataúdes de cartón y… ¡prendámosles fuego frente a la sede parlamentaria![10]

[10] La protesta de los ataúdes se produjo en enero de 2013, mientras que la de los gorrinos fue unos meses más tarde, en mayo de ese año.

La batalla, no obstante, va mucho más allá y Wangari Maathai lo intuyó en el momento en el que Dios dejó de estar en los árboles para transformarse en papel moneda: «La trampa del dinero nubla el valor real de los servicios medioambientales esenciales y del sustento de comunidades locales mientras se las sacrifica por ganancias económicas cortoplacistas».[11]

* * *

La fábula del colibrí habla de un bosque inmenso que un incendio está consumiendo. A Wangari le gustaba contarla, porque se sabía diminuta en una lucha mayúscula. Todos los animales del bosque huyen del fuego y lo observan desde lejos, inmóviles, hipnotizados. Se sienten abrumados, impotentes. Todos menos un pequeño colibrí, que decide plantarle cara al fuego. Así que vuela a toda velocidad hasta el río más cercano, toma una gota de agua en el pico y la vierte sobre las llamas. Va y viene a toda velocidad, repitiendo la operación incontables veces.

Mientras tanto, todos los otros animales siguen contemplando la escena totalmente pasmados. Incluido el elefante, que con su trompa podría acarrear litros de agua para mitigar el fuego. No solo eso, sino que se mofan del colibrí, de sus intenciones y sus capacidades.

«¿Qué crees que puedes hacer? ¡Eres enano! ¡Este fuego es demasiado grande y tus alas son demasiado pequeñas! Y tu pico ¡es minúsculo! Solo puedes traer una gota de agua en cada viaje…».

[11] Wangari Maathai en *The Guardian*, 25 de noviembre de 2011. <https://www.theguardian.com/commentisfree/2011/nov/25/silent-forests-famine-east-africa>.

En una de estas, el colibrí, harto, les espeta que está haciendo lo que buenamente le permiten sus capacidades para combatir las llamas, mientras ellos no tratan de evitar que el bosque se convierta en ceniza.

Y esa era, en suma, la lucha de Wangari: «Yo seré un colibrí —defendía— y haré siempre todo lo que pueda».[12]

[12] BENENSON, Bill y ROSOW, Gene. *I Will Be a Hummingbird',* narrado por Wangari Maathai. <https://www.youtube.com/watch?v=IGMW6YWjMxw>. (Traducción del autor).

BIG MAN

Otros países tienen mafia. En Kenia, la mafia tiene un país.

Boniface Mwangi.

En Rusinga dicen que el mausoleo tiene la forma de la bala que lo mató.

La visita ha concluido y es el turno de preguntas, así que un niño se pone en pie, alza la mano y el guía, Paul Ndiege, le concede el deseo:

—¿Dónde le dispararon? —se interesa el crío.

Sus compañeros de clase, allí de excursión durante la mañana, se descojonan con la curiosidad morbosa del chaval, que no se quiere llevar la duda a casa.

—¿Fue en la cabeza? —dice, tocándose la sien con el índice. ¿En el pecho? ¿Fue en el estómago?

* * *

Había en Tom Mboya algo de JFK y no era la piel de color naranja solárium. Tenía cara de niño pillo: mofletes rechonchos, sonrisa jovial, mirada viva. Apuesto, inteligente, prometedor, joven peligrosamente brillante, con mucho don de gentes y uno de los políticos que podría haber moldeado una Kenia menos tiránica, si no le hubieran apartado.

Mboya nació en 1930 cerca de la actual Thika, unos kilómetros al norte de Nairobi. Su padre trabajaba allí en una plantación de sisal y Tom era el hijo de una de las cinco esposas de este. La modesta familia procedía de la isla de Rusinga, en el lago Victoria, ahora anclada a tierra firme por un puente.

Tom pudo estudiar y lo hizo en los pocos centros disponibles de la época: los regidos por misioneros. Fue uno de esos chavales a los que la educación le transformó la vida por completo, sobre todo porque entonces no se daba por descontada. Así, a finales de los cincuenta, cuando tuvo capacidad de hacerlo, se volcó en la creación de un programa de becas para que estudiantes kenianos recibieran educación superior en Norteamérica. Mboya facilitó la formación de los líderes kenianos del futuro y sin esta iniciativa probablemente el mundo no habría conocido a la Wangari Maathai que conoció o a Barack Obama, cuyo padre también se benefició.

Pero antes de llegar ahí, Tom Mboya había destacado como sindicalista desde su ingreso como inspector de sanidad en el Ayuntamiento de Nairobi, en un lugar y un tiempo en el que a los trabajadores de su color se les trataba (aún más) a patadas. Con veintitrés años ya era el secretario general de la Federación del Trabajo de Kenia, puesto que mantuvo una década. Aprovechó el cargo para denunciar en el extranjero la situación colonial en Kenia, sobre todo durante el periodo del estado de emergencia, y se convirtió en uno de los mayores y mejores portavoces de la causa nacionalista africana en el mundo. La posición también le serviría para participar en la vida pública en suelo nacional, en un momento en el que esa agrupación era casi el único reducto desde el que los kenianos podían hacer algo parecido a política. En 1957, llegó al Consejo Legislativo como miembro electo en representación de los trabajadores. Allí, Mboya se opuso a un parlamento multirracial y abogó por el mandato de la mayoría, abrumadoramente negra. «Nadie nos va a servir nuestra libertad en una bandeja de plata. Tenemos que estar preparados para usar nuestro poder, aunque no con pistolas y machetes», aseveró en una ocasión, dejando clara su oposición a la táctica de los Mau Mau.

Panafricanista como el primer presidente ghanés, Kwame Nkrumah, organizó (y fue elegido para presidir) la Conferencia de todos los Pueblos de África de 1958, celebrada en Accra, desde donde pidió una vez más la liberación de Jomo Kenyatta, quien no terminaría su cautiverio hasta tres años después. El líder encarcelado fue el pegamento que hizo que rivales políticos como Oginga Odinga (procomunista y tendente a la izquierda) y Mboya (proestadounidense liberal) aunaran fuerzas y formaran en 1960 el partido que iba a gobernar Kenia ininterrumpidamente durante treinta y nueve años a partir de su independencia: la Unión Nacional Africana de Kenia (KANU), de la que Mboya fue el primer secretario general y más o menos responsable de la sala de máquinas.[1] Además, su conocimiento de varias lenguas vernáculas y su visión nacional le hicieron ganarse el apoyo de kenianos no solo entre los lúo de su región ancestral, sino de distintas tribus, algo de lo que no muchos políticos kenianos podían (pueden) presumir. El músculo de Mboya y su capacidad de seducción en el exterior pudieron apreciarse en la aparición de su rostro ilustrando la portada de la revista *Time* en marzo de ese año.

[1] A la liberación de Kenyatta, Odinga y Mboya bajarían un peldaño y dejarían el timón a Kenyatta. Odinga lideraría el ala izquierdista de la KANU y Mboya se mantendría del lado del conservador Kenyatta, presionando para marginar a Oginga Odinga y hacerle perder influencia en el Gobierno y el partido. Una vez logrado, Mboya sería víctima de sus propias tácticas por parte de los acérrimos de Kenyatta y Moi, que le veían como un peligroso aspirante a sucesor.

Poco sorprendió que en el gobierno transitorio hasta la independencia Tom ejerciera de ministro de Trabajo; después, Kenyatta le nombraría responsable de Justicia y Asuntos Constitucionales y, desde 1964, se haría cargo de la cartera de Planificación Económica y Desarrollo. Hasta el 5 de julio de 1969.

* * *

El mediodía del sábado ha pasado ya cuando dos amigos se encuentran en el centro de Nairobi. Uno es el carismático Tom Mboya. El otro, Barack Obama padre. Se saludan efusivamente, charlan durante unos minutos, bromean. Obama vacila a su mentor: «Has aparcado en línea amarilla. Te van a multar…». Ríen. Se despiden.

Mboya entra a la farmacia Chhani's, en la calle del Gobierno, la actual avenida Moi. Allí, según versiones, compra loción para afeitar. Siempre luce un afeitado envidiable. Paga, se despide, abre la puerta para salir, camina un par de pasos y en ese preciso instante le descerrajan los dos tiros sobre los que un estudiante preguntaría muchas décadas después al visitar su mausoleo. Mboya estaba a punto de cumplir treinta y nueve años.

«Cuando llegué al lugar, me encontré al señor Tom Mboya tumbado boca arriba», declararía el primer médico que le atendió en plena calle. «Estaba inconsciente. No le encontraba el pulso y casi ni respiración. Estaba sangrando. Le habían disparado en el pecho. Y empecé inmediatamente la reanimación y la respiración boca a boca. Mientras lo hacía, llegó la ambulancia, nos subimos y seguimos haciendo la reanimación».[2] Las imágenes del suceso muestran a un hombre inerte, con el

[2] «Interview with Doctor who attended Mboya after assassination», Associated Press, 1969. <https://www.youtube.com/watch?v=82mAhIm6ZuY&list=PLKF3SO2QQtNBfqn1UxNr5R3_3tRgyU-8x&index=3>.

pecho ensangrentado, sobre una camilla del Hospital de Nairobi y con varios médicos tratando de reanimarlo sin éxito.

La muerte de Mboya incendió el país y el funeral en Nairobi fue un anticipo de lo que podía llegar a pasar. La crónica de la revista *Time* da una idea:

> La misa de réquiem por Mboya en la catedral del Espíritu Santo acabó en desastre. Una multitud de 20.000 personas, sobre todo lúo, se apelotonaron en la plaza de la catedral. Cuando el venerable presidente, Jomo Kenyatta, kikuyu, llegó en su Mercedes blindado negro, el coche fue bombardeado con cualquier cosa que estuviera a mano, incluidos zapatos. La policía reaccionó a porrazos y con gas lacrimógeno. El gas entró en la catedral y el escozor provocó el llanto de varios niños. Parte de la congregación, preocupada, usó el agua bendita para lavarse los ojos, y un funcionario jubilado falleció al día siguiente por los efectos del gas. Las palabras del arzobispo J.J. McCarthy se perdieron entre el aullido de las sirenas, los sollozos de las mujeres y el estallido de las vidrieras.

Kenyatta no disfrutó de un recibimiento mejor cuando, tres meses después, se acercó a territorio lúo con la excusa de inaugurar el Nuevo Hospital General de Nyanza en Kisumu, construido con fondos soviéticos logrados gracias al procomunista Jaramogi Oginga Odinga. El presidente optó por un discurso deliberadamente provocador y la inauguración del centro hospitalario terminó en un enfrentamiento entre varios manifestantes y el personal de seguridad de Kenyatta, que abrió fuego contra la multitud y dejó al menos una decena de muertos. A los pocos días, el jefe de Estado prohibió la Unión Popular de Kenia, el partido que Oginga Odinga había formado tras renunciar a la vicepresidencia por diferencias por el rumbo que tomaba Kenia, y el país africano se convirtió *de facto* en un régimen de partido único. Mboya estaba muerto. Odinga, entre rejas. Y la enemistad lúo-kikuyu estaba servida.[3]

El mes siguiente sería ejecutado el kikuyu Nahashon Isaac Njenga Njoroge. Se le habría hallado en posesión del arma que mató a Tom Mboya, se le juzgó con celeridad por el asesinato y se le condenó por ello. A pesar de los miles de interrogantes, se cerró el caso.

Algunas versiones dicen que lo comentó en el momento de su arresto; otras, que fue durante el juicio; otras más, en el patíbulo. Njenga habría dicho algo así como que él era un mandado y que qué iba a pasar con la persona que manejaba los hilos, con quien le había encargado todo aquello, con el *Big Man*.

***

Tom no había sido el primero en ser eliminado, ni sería el último. La lista la inauguró en febrero de 1965 Pio Gama Pinto, keniano de ascendencia india, socialista convencido y contrario a la creciente influencia occidental que estaba experimentando la joven Kenia. Había sido detenido durante cinco años por su apoyo al Ejército de la Tierra y la Libertad (uno de los pocos kenianos-indios en conocer la cárcel por su relación con el Mau Mau) y su salida de prisión no hizo sino aumentar sus ganas de expulsar al invasor. Aunque, una vez lograda la independencia, quedó patente que cada político tenía su propia idea sobre cómo debía ser la nueva Kenia,

[3] Según el historiador keniano Bethwell Ogot, Mboya habría servido de mártir unificador de la lucha política de los lúo, ya que las simpatías de la tribu habían estado divididas entre Odinga y Mboya.

y la concepción de un país igualitario por la que abogaba Pio Gama Pinto no fue la triunfadora. Estrecho colaborador de Oginga Odinga, Pinto tuvo al menos un fuerte encontronazo verbal con Kenyatta y se especula con que esas diferencias, sumadas a sus denuncias contra el robo de recursos del Estado por parte del Gobierno, fueran las que terminaran con él. Como en el caso de Tom Mboya, cuatro años después, se apresuraron a apresar a alguien que probablemente fuera solo un cabeza de turco para zanjar el caso.[4]

En el caso de Josiah Mwangi (J. M.) Kariuki, mandado al otro barrio en marzo de 1975, ni siquiera se arrestó culpable alguno aunque fuera por disimular. J. M., kikuyu como Kenyatta, era otro de los desilusionados con el corrupto estado poscolonial y, como si se tratara de un personaje salido de la cabeza de Ngũgĩ wa Thiong'o, un buen día soltó: «Luchamos por la libertad con sudor, sangre y nuestras vidas. Muchos de nosotros sufrimos durante demasiados días, directa e indirectamente. Muchos somos huérfanos y viudas como consecuencia de la lucha. Debemos preguntar: ¿para qué sufrimos?».

En varias ocasiones había recibido amenazas por cantar más alto de lo que exigía la verbena de la época. Cuando estas se materializaron y desapareció, el Gobierno le dijo a la familia que Kariuki estaba en Zambia. Sus familiares se echaron a temblar: el pasaporte de J. M. estaba en casa y un amigo, ministro zambiano, confirmó que desde luego no estaba en su país. El cuerpo lo encontraron unos pastores masái en las colinas de Ngong días después. Su tercera esposa,

[4] Kisilu Mutua pasó treinta y cinco años en prisión acusado del asesinato de Pio Gama Pinto, pero a su salida de la cárcel en 2001 siguió negando haber sido él y pidió reabrir el caso. La Comisión de la Verdad, la Justicia y la Reconciliación de Kenia detalla que Mutua fue condenado para no dar la sensación de ser un caso sin resolver.

Terry Wanjiru Kariuki, se coló en la morgue municipal para identificar el cuerpo, al que se le había asignado una etiqueta con la leyenda *desconocido*. Décadas después, la viuda declararía a la BBC: «Su cara estaba de un color muy oscuro, como si le hubieran vertido algo encima». ¿Les suena?

La rabia se apoderó de los Kariuki, que irrumpieron en el Parlamento en cuanto conocieron la noticia. «Éramos un convoy de gente furiosa —recordaba la viuda—. Cuando llegamos, vimos a un veterano ministro tomándose un café. Se lo eché por la cabeza porque estaba muy cabreada. Todos estaban gritando: "¡Habéis matado a J. M.! ¡J. M. está muerto!"».

Los manifestantes se lanzaron a las calles y, para calmar los ánimos, Kenyatta optó por una maniobra infalible: el establecimiento de una comisión de investigación que encontró todas las trabas del mundo por parte del Gobierno y la Policía, muy desvelada por ahuyentar testigos. El propio Kenyatta eliminó del informe varios nombres cercanos a su persona.[5] Pero a la viuda no le hacían falta comisiones ni investigaciones para identificar a los asesinos de Kariuki con los ojos vendados: «Cuando sumas dos y dos, sabes quién le mató».

Al funeral de Kariuki acudió un hermano de Tom Mboya, Alphonce Okuku, quien habría pronunciado durante el sepelio un alegato al estilo del religioso alemán Martin Niemöller: «Cuando mataron a Pinto, dijisteis que fue porque era indio. Cuando mataron a Tom Mboya, dijisteis que fue porque era lúo. ¿Qué vais a decir ahora de J. M.?». Muchos años

[5] La Comisión de la Verdad, la Justicia y la Reconciliación de Kenia afirma que las balas halladas en el cuerpo de J. M. Kariuki pertenecen al arma de un miembro de la guardia presidencial. El nombre de Mbiyu Koinange, cuñado de Kenyatta para más señas, fue eliminado del informe de la comisión parlamentaria de investigación a órdenes del presidente, así como el del guardaespaldas de este.

después, el informe de la Comisión Waki trataría de responder a esta pregunta:

> Se cree que el gobierno [de Jomo Kenyatta] ha sido el responsable del asesinato de tres figuras políticas: Pio Gama Pinto, Tom Mboya y J.M. Kariuki, los dos últimos vistos como amenazas para el régimen y posibles competidores por el poder político.

* * *

En 1990, Robert Ouko, otro político percibido como potencial contendiente en la sucesión al presidente —en esta ocasión, de Moi—, fue hallado muerto, en un momento en el que ocupaba el cargo de ministro de Asuntos Exteriores. Su cuerpo lo descubrió un adolescente que pastoreaba las cabras por una zona rural cercana a la residencia del lúo Ouko, en torno a Kisumu. Tenía una pierna rota, estaba parcialmente chamuscado y había recibido un tiro en la cabeza. Las autoridades optaron por decir que se había suicidado. De no haber existido una investigación de La Haya sobre la violencia que siguió a las elecciones de 2007 y el consecuente torneo de eliminación de testigos, el caso de Ouko probablemente fuera el culmen de la ocultación de pruebas y la obstrucción a la justicia. Dos comisiones de investigación, una investigación de Scotland Yard y dos investigaciones de la policía concluyeron lo que está usted temiendo que concluyeran: que lo que había que concluir no iba a aparecer apuntalado por el testimonio de ningún testigo.[6]

[6] En los informes de investigación aparece como sospechoso el nombre de Nicholas Biwott, una de las figuras más poderosas y siniestras de la Kenia independiente, que es mucho decir. Biwott encargó su propia investigación privada para limpiar su nombre

Varios activistas locales que luchaban por los derechos humanos han sufrido el mismo sino que Ouko, que Kariuki, que Mboya y que Pinto a lo largo de la corta historia del país, y los nombres de estos aparecen fácilmente en conversación con los kenianos que apuestan por una Kenia libre de corrupción, una Kenia sin tribalismo y una Kenia operativa. Quizá el que más, el de Tom Mboya.

Junto a su mausoleo en la isla de Rusinga, un hermanastro de Tom, Nick Odhiambo, ha montado un museo alternativo en el que proporciona información de dudosa veracidad sobre la vida de este. Además de forzar la propina, Nick ofrece alojamiento en «una casa como la primera que se construyó Tom Mboya de soltero», que es poco más que una choza cuadrada, y asegura que si uno paga por hospedarse allí, las mujeres del padre de Tom se arremolinan en torno a una hoguera nocturna y cuentan cotilleos sobre la juventud desconocida del brillante político. Para Nick Odhiambo, Tom Mboya es también un negocio.

Poco gusta esta aproximación a la vida de Tom Mboya a unos pasos de allí, en su mausoleo. Finiquitada la visita del primer colegio de la mañana, el guía del lugar y también hermanastro de Mboya, Paul Ndiege, se disculpa por tener que salir a recibir al siguiente grupo de alumnos. Es una excursión típica entre los viajes de estudios de la zona y Ndiege no da abasto. De hecho, ya se le están amontonando los nuevos visitantes sobre el cemento de la sepultura, turnándose para hacerse fotos con el epitafio:

---

y desacreditar las acusaciones que pesaban sobre él, y el equipo investigador tuvo más acceso a documentos y testigos que las pesquisas oficiales. *Informe de la Comisión de la Verdad, la Justicia y la Reconciliación*, 2013, volumen II, p. 467.

Ve y pelea como este hombre
Luchó por la humanidad
Y murió por combatir
Batallas aún por ganar

SED

El cambio climático está aquí entre nosotros.

No podemos pararlo: la única solución es ver cómo adaptarnos.

Peter Ekai Lokoel, vicegobernador de Turkana (2013-2017).

Años antes, la avioneta en la que viajaba entre Kenia y Etiopía se había desviado de la ruta prevista para esquivar una tormenta. Habían terminado sobrevolando la orilla oriental del lago Turkana. Esa zona estaba despejada de nubes y truenos y, a miles de metros por debajo del aparato, se alcanzaban a contemplar las aguas psicodélicas del lago. Mientras el resto de los mortales nos habríamos dado por satisfechos con el paisaje marciano con el que nos obsequiaba la casualidad e igual tomado alguna fotografía para el recuerdo, los ojos del paleoantropólogo keniano Richard Leakey, que entonces se encontraba inmerso en una excavación en el valle etíope del río Omo, escrutaron el terreno con mucho más interés: allí, en ese árido rincón del norte de Kenia, tenía que haber más fósiles de homínidos como los que estaban desenterrando en el sur de Etiopía.

Tiempo después, estableció un campamento en Koobi Fora, en la orilla este del lago Turkana, y su equipo halló varios restos de homínidos que estimularon el interés del grupo en la zona. Así, en 1980, Leakey envió a su equipo de paleontólogos a la orilla opuesta, la oeste, a ver qué se encontraban, más allá de arena y sol, los ingredientes principales del lugar.

A la cabeza de esa expedición estaba el keniano Kamoya Kimeu, la estrella de la Banda del Homínido, lo que podría haberse convertido en un gran nombre para un grupo de rock, pero que en realidad era como se autodenominaba la tropa de buscafósiles de Leakey. La perseverancia y la pericia de Kimeu le premiaron con un nuevo y espectacular descubrimiento más:

> Tras montar el campamento en agosto de 1984 en un bosquecillo de acacias a orillas de una torrentera llamada Nariokotome, a cinco kilómetros del lago Turkana, el equipo de Kimeu pasó dos semanas explorando la zona, encontrando multitud de huesos de animales, pero ningún fósil homínido. Frustrado por la falta de resultados, Kimeu decidió trasladarse a otra zona después de un día de asueto. Mientras otros miembros del equipo pasaron el día descansando, Kimeu salió una vez más, y escogió echar un vistazo a una pequeña colina en la orilla opuesta de la torrentera seca, a unos 300 metros del campamento.
>
> Para el ojo inexperto, parecía un lugar cualquiera: piedras de lava negras desperdigadas por la falda de la colina, un rastro de cabra serpenteando junto a un árbol muerto, un árbol de *Salvadora* donde los niños turkana se reunían a comer sus ásperas bayas agridulces. Pero entre los cantos, las hojas secas y los palos del suelo, Kimeu vio un fragmento de hueso. No era mayor que un par de sellos, de dos por cinco centímetros. Al cogerlo, reconoció que pertenecía a la cámara craneal de un homínido: la cobertura ósea del cerebro.[1]

[1] Meredith, 2011. (Traducción del autor).

El campamento nunca se desmontó y se siguió rastreando el terreno hasta que se encontraron más huesos, suficientes como para juntar un esqueleto completo. El más antiguo y completo *Homo erectus* en ver la luz. Fue en Turkana que se halló el famoso niño homónimo y homínido.

No sería la única excavación exitosa en una zona en la que el subsuelo proporciona más alegrías que la superficie.

* * *

Daily Nation, 26 de marzo de 2012

EMOCIÓN TRAS HALLAR TULLOW PETRÓLEO EN EL PRIMER POZO DE TURKANA

Kenia ha descubierto petróleo en Turkana en lo que se percibe como un avance significativo en sus esfuerzos de exploración.

El crudo lo encontró Tullow Oil PLC, una empresa británica, que también está perforando en Uganda y calificó el hallazgo como más allá de sus expectativas.

El presidente Kibaki dijo que el descubrimiento era un gran paso para convertir Kenia en productor de petróleo.

«Sin embargo, este es un gran comienzo de un largo viaje para convertir Kenia en productor de petróleo, que normalmente lleva más de tres años», dijo el presidente durante el anuncio de los resultados de evaluación de la actuación de las agencias públicas en el año financiero 2010/2011 este lunes.

No obstante, en una rueda de prensa por la tarde, el ministro de Energía, Kiraitu Murungi, dijo que la empresa continuará con la exploración en los próximos tres años para encontrar las cantidades adecuadas que conviertan el hallazgo en una producción comercial viable.

«El petróleo es un negocio muy caro y por eso necesitamos cientos de millones de barriles para hacerlo viable comercialmente», dijo Tim O'Hanlon, vicepresidente de Negocio en África de Tullow Oil.

La noticia llega en un momento en el que Kenia ha aumentado sus actividades de exploración después de que se hallara gas natural en Tanzania y Mozambique.

«Inmediatamente después de que se encontrara petróleo en Uganda, sabíamos que no estábamos lejos. Con este hallazgo, permitiremos que se intensifiquen las actividades en los bloques que tenemos para que nos permita unirnos a la liga de países productores de petróleo, como Libia, Abu Dabi e Irán», dijo Murungi.

El petróleo es la mayor importación de Kenia. Es el principal factor al que se culpa de la depreciación del chelín y de la creciente factura que aprieta a las actuales cuentas.

La comercialización será un alivio enorme para el Banco Central de Kenia, que ha estado bajo presión para mantener el chelín estable a pesar de una deficitaria balanza comercial.

Murungi también reveló que su Ministerio estaba revisando la ley de exploración de petróleo para asegurarse de que el reparto de los beneficios estaba acorde a la Constitución. Dijo que el Ministerio había enviado personal a recibir formación en los países con hallazgos similares para prepararles para la producción a gran escala.

«Somos conscientes de la maldición que llega con los descubrimientos de petróleo. Para nosotros, en Kenia, queremos que sea una gran bendición. Esto solo pasará si nos aseguramos de que se tienen en cuenta los intereses de la comunidad en la que se ha realizado el hallazgo, del Gobierno nacional y de la empresa descubridora», dijo Murungi.

* * *

Ngimuriae tiene algo de fin del mundo. O de principio de los tiempos. Es fácil imaginar cómo tuvo que ser la vida aquí antes de que llegaran los paneles de chapa y las camisetas de Messi.

No hay muchos coches que vayan en esa dirección. De hecho, casi lo único que se ve rumbo a Ngimuriae son todoterrenos y ni siquiera pasan tantos. También se aventura alguna moto, pero se accidenta fácilmente: la arena del camino les hace bailar las ruedas y de poco sirve usar neumáticos especiales para domar el terreno. Cuando esto sucede y la moto queda dañada, el motorista solo puede esperar a que vayan a por él, si es que hay cobertura en ese punto y ha podido avisar a algún familiar o a algún amigo para contar lo sucedido. Si no, los todoterrenos pararán y sus ocupantes se interesarán por el siniestrado, a ver si hay algo que pueda hacerse. De lo contrario, el motorista esperará. Quizá hasta haya una acacia cercana en la que aguardar a la sombra.

El sol sobra y todo el paisaje se empeña en mostrar el agua que no hay. Los lechos de los ríos estacionales están secos; la tierra, agrietada; el entorno aparece coloreado de tonos ocres, y los animales enseñan sin querer las costillas. Excepto los carroñeros: para ellos la sequía son las rebajas. Nick Thuo jamás había visto buitres tan grandes como en Kibish, en la frontera entre Kenia y Etiopía. Allí es fácil toparse con los cadáveres del ganado que no resistió el persistente retraso de la lluvia. «En algunos pueblos casi ni podías entrar por la peste a animal muerto», dice Thuo, coordinador de la Cruz Roja de Kenia en la árida región de Turkana.

Chozas salteadas indican que allí, en medio de aquel lugar imposible camino a Ngimuriae, alguien vive. ¿Aquellos chavales que lideran un grupito de cabras esqueléticas entre arbustos esquemáticos? ¿Los dueños de esos pocos camellos que rebuscan algo que pastar? El sudor nunca falta y combina mal con la arena que rápidamente se adhiere al cuerpo y crea costra. El maquillaje del desierto.

Los ríos no son merecedores del nombre. Solo en alguno corre el agua, que rodará curso abajo hasta el lago Turkana, regará algún huerto improbable o, simplemente, se evaporará. Las acacias empiezan a escasear. Los arbustos empiezan a escasear. Toda la vegetación empieza a escasear más allá del lecho resquebrajado de una torrentera anónima. La temporada corta de lluvias en Kenia, entre octubre y diciembre, no fue tal en 2016. Entonces se estimó que 2,6 millones de personas necesitaban ayuda humanitaria. La temporada larga de lluvias de 2017, entre marzo y junio, no aportó gran cosa y elevó a 3,4 millones el número de kenianos en situación de emergencia. Las lluvias empezaron tarde y procuraron menos agua que la media histórica, en concreto en zonas desérticas del sur del país, en algunos puntos del centro y el este, pero sobre todo en el árido norte. En febrero de 2017, Nairobi declaró una situación de desastre nacional (una vez más, en vista de la poca voluntad política por atajar las causas) y una de las zonas más desastradas del país fue la esquina noroeste de Turkana. Turkana se llama Turkana porque allí habitan los turkana, una tribu de pastores trashumantes que habla un idioma llamado turkana y cuya zona la delimita en su frontera oriental un lago bautizado como... Turkana. Los turkana están habituados a una existencia difícil porque en sus dominios la sequía no es un fenómeno recurrente, sino más bien un modo de vida. Pero en 2017 las cosas se pusieron más feas que de costumbre. En un año, la distancia media hasta el agua pasó de ser de seis kilómetros entre la ida y la vuelta a más de diez.[2]

En esas condiciones, las ovejas suelen ser las primeras en caer, junto con las vacas. Las cabras son más resistentes. Pero cuando estas empiezan a morir, los burros y los camellos deberían echarse a temblar porque la cosa es seria. Un camello yace junto al camino que conecta Lodwar, la capital de Turkana, con Ngimuriae. Y en el macabro orden de animales domésticos víctimas de la sed y el hambre, el turno del humano sigue al del camello.

Hace dos semanas llovió. Dos días de tromba imprevista e incontrolable. Aniquiló a cientos de miles de animales, los pocos que habían logrado sobrevivir a los otros cientos de miles que sucumbieron en los meses anteriores. «La sequía les había dejado muy débiles, y de repente llegó una tormenta, con rayos y todo, con viento, y sus cuerpos quedaron conmocionados», explica Nick Thuo. El agua asesina con su ausencia y con su presencia, porque en esta región de pastores su domesticación aún no está muy extendida.

A Ikal Ang'elei, al frente de la asociación Amigos del lago Turkana, el tema le enciende. Ang'elei —rastas cortas, sonrisa larga— debe de ser la única persona en todo Turkana a la que el sol no inflige un letargo letal y uno no sabría si atribuirlo a su dieta: ha pedido un batido de vainilla gigantesco y un plato de patatas fritas descomunal en el restaurante en el que quedamos en Lodwar. «Mis amigos me han dicho que he convertido mi pasión en mi trabajo», celebra la ganadora en 2012 del Premio Medioambiental Goldman, que en 1991 recayó en Wangari Maathai.

[2] Autoridad Nacional de Gestión de las Sequías de Kenia, boletín de octubre de 2017.

No obstante, la ecologista lamenta que en Turkana no se haya creado un plan a largo plazo para la gestión del agua, porque la lluvia se usa principalmente para el regadío, no se almacena de ninguna forma y termina por perderse debido a la altísima tasa de evaporación de la zona. Encontrar formas de almacenaje es difícil en una región árida, pobre, poco poblada y que no le reporta demasiados votos al Gobierno. No ayudó la construcción de la presa del Turkwel, en una zona incomparablemente menos árida al sur de Turkana, contra la que luchó el padre de Ikal. Se le cerraba el grifo a Turkana.

La presa del Turkwel embalsa las aguas del río Turkwel, que en teoría debería transportar hasta el lago Turkana en cantidades mayores. A vista de pájaro, la función del río Turkwel para la región de Turkana resulta muy evidente: es su salvavidas, su cordón umbilical. Parte desde las colinas de Cherangany, uno de los cinco depósitos naturales de agua del país, situadas en el oeste, en una zona considerada el granero de Kenia, cubierta de maizales y con una paleta de verdes que excede lo imaginable. Pero en apenas 300 kilómetros, el paisaje cambia del verde más exuberante a un parduzco que alerta del terreno yermo. Solo el río Turkwel, con sus aguas chocolatosas, desafía un poco lo monocromo del cuadro. Sus riberas son una avenida de verdor que repta lentamente hacia el norte y se retuerce en incontables meandros hasta que, pasados más de cien kilómetros en paralelo desde la punta sur del lago Turkana, el río Turkwel gira bruscamente, como si se hubiera pasado el desvío para llegar al lago a vomitar sus aguas. Por el camino, solo varices salteadas de arbustos surcan la tierra en torrenteras estacionales. Pero antes de morir en el lago, el Turkwel aunará fuerzas con el Kawalasee. En la confluencia de ambos se creó Lodwar, la capital de Turkana. Algunos edificios de hormigón, unos cuantos de chapa e incontables chozas de paja componen esta ciudad de unos 50.000 habitantes en la que solo faltan el *sheriff* y el *saloon* para empezar a rodar un *spaghetti western* con *cowboys* nilóticos que cabalgan sobre motocicletas *made in India* al asalto de diligencias cuatro por cuatro de color blanco en las que ondean logos de ONG internacionales.

A Lodwar llega un segundo cordón umbilical: la carretera que la une con Kitale, una ciudad a los pies de las colinas de Cherangany. La vía discurre en paralelo al río Turkwel, al que corta a la altura de Lodwar. Por el asfalto (es una forma de hablar, porque asfalto, lo que entendemos por asfalto, solo había hasta un centenar de kilómetros antes de alcanzar Lodwar en el momento de escribir estas líneas) viajan cada noche decenas de camiones con la dosis de productos perecederos que no se pueden producir en Turkana y que, con el transporte desde Kitale, ven aumentar su precio en destino. Así que una avería en la ruta puede mantener desabastecidos los puestecillos del mercado de la ciudad, donde el sol se encarga de que la mercancía huela más a podrido que a fresco. ¿Las zanahorias? Vienen de Kitale. ¿Los aguacates? De Kitale. ¿Tomates?, ¿patatas?, ¿cebollas? Kitale. Mismo lugar de procedencia de las naranjas, las sandías, las piñas o las coles. «¡Excepto esto! Esto es de Lodwar», apunta una vendedora del mercado mostrando una papaya mustia. Si el agua no fluye por el Turkwel y los camiones no hacen lo propio por la carretera paralela, en Turkana terminarán comiendo arena, espinas de acacia, carne de cabra vieja y papayas pachuchas. E, igual, algo de pescado del lago, si Ikal Ang'elei gana la batalla.

Su lucha es tirando a quijotesca, puesto que el Gobierno de Kenia no destaca por su preocupación medioambiental, una paradoja absoluta en un país falto de agua en el que la agricultura, la ganadería y el turismo de naturaleza suman alrededor de la mitad del producto interno bruto. Los molinos contra los que la ecologista keniana se ha lanzado se llaman Gibe III y tienen forma de presa gigantesca en el río Omo, que corre desde Etiopía hacia el lago Turkana aportando el noventa por ciento del agua de este. Si ese agua se embalsa en Etiopía (y están previstas las Gibe IV y V), el lago se irá secando. Esa agua lleva unos pocos años embalsándose y el mayor lago desértico del mundo ya se está encogiendo. Esta versión etíope de la presa de las Tres Gargantas chinas está diseñada para generar unos 6500 gigavatios al año y solucionar las necesidades energéticas de la zona, pero está secando el modo de vida de miles de personas de la región.

La organización defensora de los derechos humanos Human Rights Watch ha denunciado que, en algunos puntos del golfo de Ferguson —zona de cría de pescado y de abundante captura en el lago Turkana—, la orilla se amplió más de kilómetro y medio entre noviembre de 2014 y de 2016. Entre 2015 y 2017, los datos de la ONG hablan de una caída del nivel del agua de metro y medio. Kalokol está prácticamente en la boca del golfo y la caída del nivel del agua se hace evidente en la cercana playa de Impreza. Los locales cuentan que, en 2012, la orilla estaba en la hilera de palmeras que ahora queda a medio kilómetro del agua, y da fe un minúsculo astillero en el que varios hombres rematan una canoa que pronto flotará en las aguas del lago Turkana. Años antes no habría que transportar la canoa hasta el lago, puesto que las olas romperían casi al pie, pero ahora la estampa es la de unos tarados que pulen un arca de Noé en miniatura en un recóndito Ararat africano.

De la vegetación cercana al río las mujeres consiguen la leña para cocinar, de las verduzcas aguas del lago los niños llenan los bidones de agua que llevarán rodando hacia casa, y en las orillas los pescadores descargan sus capturas. ¿Se puede beber el agua del lago? Al no tener más desagüe que la evaporación, el Turkana es un lago salado, salvo en las desembocaduras de los ríos, como el Omo, el Turkwel o el Kerio, que cien metros después de su entrada empiezan a mezclarse y experimentar la salinidad. ¿Se pueden talar alegremente las palmeras y los arbustos de la orilla? Sin alternativas energéticas asequibles, no queda mucha más opción. ¿Es comestible el pescado del lago? La lucrativa exportación de toneladas y toneladas de pescado del Turkana a la República Democrática del Congo hace pensar que sí, aunque no hay muchos restaurantes de Lodwar que lo oferten, ni su consumo es habitual entre los locales. Sin barcos frigoríficos, camiones frigoríficos, ni cámaras frigoríficas, se opta por el método de conservación tradicional: el secado al sol. No hay más que dejarse guiar por el olfato para dar con las montañas de pescado seco que se apiñan en la orilla y en Kalokol.

Si se quiere llevar pescado fresco a Lodwar, hay que apresurarse. Y lo más rápido es colocar unos cuantos peces en la parrilla de una moto que llegará a la capital regional en al menos dos horas, después de sortear los socavones de lo que muchos años ha fue una carretera de asfalto y soportar un sol capaz de evaporar hasta al motorista. Fresco, lo que se dice fresco, el pescado no llega.

Aunque el volumen de las capturas cada vez es menor y los culpables no son solo los pescadores que faenan con redes de arrastre en torno a Kalokol, inducidos por la presión del negocio que suponen la exportación y el mercado de Lodwar. «En algunas partes, el pescado ya no tiene zonas de cría. Cuando el agua pierde terreno, deja al descubierto las zonas de cría y por tanto afecta a las huevas del pescado —explica Casianes Olilo, del Instituto de Investigación Marina y Pesquera de Kenia—. Esto significa que los huevos y las crías morirán. E implica que la cantidad de pescado que se coge es menor. Así que la sequía está compitiendo con los pescadores». La sequía, la presa en el río Omo, la presa en el río Turkwel, las malas prácticas de pesca. La lista de factores sigue aumentando.

Dice el investigador que más del quince por ciento de la población de Turkana vive del pescado del lago. También los pastores de alrededor se benefician de los pastos en torno a la masa acuática. Entonces, ¿si el Turkana se secara…? Según la Organización Internacional para la Migración (OIM), la desertificación afecta a mil millones de personas en cien países distintos. Kenia es uno de ellos y en Turkana están familiarizados con la historia. «Hay pescadores afectados por la caída del nivel del agua que se mudan a otras zonas del lago que no han resultado afectadas de manera tan drástica. Son estrategias de resistencia —afirma Olilo—. Se convierten en inmigrantes en esas playas para resistir la bajada del nivel del agua». En su centro de investigación, sin embargo, son emigrantes digitales, puesto que para conectarse a Internet tienen que irse a Lodwar, a dos horas de caminacho en coche. ¿Llegaremos en algún momento a medir la pobreza en una zona por los kilómetros de desplazamiento hasta una conexión a Internet, como hacemos ahora con el agua?

En Turkana saben también que una piscifactoría jamás funcionaría. Lo comprobaron los noruegos en los ochenta y se tuvieron que volver a Europa sin grandes gestas que recitar. «Sería beneficioso, pero con el nivel de evaporación del agua, la acuicultura se convierte en una empresa costosa. Y los pescadores disfrutan más salir a pescar y no tener que invertir ni mantener ninguna instalación», admite el científico. Una planta desalinizadora para transformar en potable el agua del lago tampoco sería viable si se enfrenta el coste a la inversión que se destina a la zona. Ikal Ang'elei anticipa que el Gobierno jamás invertiría en un proyecto así, y opina que una forma de lograrlo sería desarrollar un modelo en el que se gravara más a las empresas que a los ciudadanos y con esas cuotas apuntalar la viabilidad económica de una desalinizadora.

De repente, en septiembre de 2013, los ánimos se levantaron momentáneamente en Turkana con el descubrimiento de dos reservas de agua subterránea que «podrían abastecer de agua al país durante setenta años», según los números que echó entonces el Gobierno, más amigo de que la casualidad resuelva los problemas que de que lo hagan el buen criterio y la buena voluntad. Pero como la alegría dura poco en la casa del pobre, a los quince meses se descubrió que los niveles de salinidad de los pozos eran siete veces superiores a los límites establecidos por la Organización Mundial de la Salud. Ni ganado ni huertas pueden beber tampoco de ese grifo.

Pero nosotros, si recuerdan, estábamos camino a Ngimuriae y nos hemos desviado un buen rato en las aguas del lago. Habrá sido cosa del viento del sudeste, que cuando sopla retiene a los pescadores durante horas en sus botes y les chafa la captura del día. Que nos hayamos entretenido por el camino no importa demasiado en Ngimuriae. Al mediodía casi todos los lugareños sestean bajo un sombrajo de uralita en lo que se supone que es el centro del pueblo, que tiene las chozas más bien desperdigadas. David Lokuk también estaba durmiendo en su cabaña, rodeada de un vallado circular de palos hincados en la tierra. Estos cercados suelen servir a la vez de redil, pero no se ven animales en los alrededores. Solo en la aldea de Ngimuriae, el número de cabezas de ganado que se ha cobrado la sequía es de varios centenares.

El teléfono ha despertado a David Lokuk hace unos minutos. Le llamaban los de Cruz Roja, que han ido a echar un vistazo a la situación en esa zona, donde llevan a cabo un programa junto con la FAO para renunciar al ganado a cambio de dinero. Los líderes locales, como David Lokuk, identifican a los pastores vecinos que más dificultades han encontrado por culpa de la ausencia de lluvia, a aquellos con mujeres embarazadas y sin nada que comer, o con niños escolarizados y que no pueden seguir pagando el colegio, o con ancianos enfermos a su cargo. Al mismo tiempo, esas familias tienen que estar dispuestas a deshacerse del ganado, algo complicado entre las comunidades trashumantes de la zona, donde más valen unas cuantas vacas que unos cuantos billetes. Pero la situación es límite y han perdido ya demasiadas reses. Cruz Roja y FAO compran algunos animales del vendedor interesado a un precio superior al del mercado y el ganadero se embolsa un dinero que usará para alimentar a su familia y comprar crías de ganado cuando la situación mejore. Por su parte, las organizaciones humanitarias sacrificarán el animal y lo donarán, por ejemplo, a una escuela, para que varíe su dieta de maíz y alubias.

Pero hay quien piensa que este esquema termina por crear dependencia. «Las lluvias se retrasan la mayoría de las veces —advierte Ikal Ang'elei—. Las comunidades te dicen que la situación es dura y esto viene tras años de ayuda humanitaria. La gente intenta obtener más haciendo como que no tiene. O mostrando una posición de necesidad. No siempre refleja la realidad». Ang'elei cree que la definición de pobreza como aquel que cuenta con menos de un dólar al día no es aplicable a Turkana, donde la población no tiene una cuenta corriente al uso, pero tiene una cuenta corriente rumiante. «¿Cuál es la medida de los niveles de pobres? Hay gente que te dice que el nivel de pobreza en Turkana es del noventa y seis por ciento. Y luego vas a otro estudio y te dicen que Turkana es la zona con más ganado del país. Entonces, me planteo: ¿quién posee este ganado? Porque sé que no es el Gobierno y no es la gente que trabaja en las oficinas en Lodwar. ¿Son los mismos que hemos clasificado como noventa y seis por ciento de pobres? Todavía estoy intentando entender esas dos cifras…».

Un trabajador humanitario local empleado en la región y al que dejaremos en el anonimato se suma a la crítica. «El ochenta por ciento de su supervivencia depende de la ayuda. Si no hay ayuda, no tienen nada. Si propones desarrollar sus capacidades, como con proyectos de regadío, lo rechazan. Solo quieren pastorear y prefieren *no trabajar*. Prefieren la sequía a las lluvias, porque así hay ayudas», protesta. Cuanto más se prolongue la situación en esos términos, sostiene, más tiempo continuará Kenia recibiendo ayuda internacional: «Y los políticos kenianos podrán seguir dándose la gran vida con ella».

David Lokuk dirige al vehículo de Cruz Roja a una zona particular de la aldea. Quiere mostrar las últimas víctimas de la sequía en Ngimuriae. Son dos macabros corros de vacas y ovejas descompuestas por el sol y los carroñeros. Algunas están totalmente en el esqueleto, pese a que dicen que hace pocas semanas que han fallecido. A ese cuadrante los lugareños han decidido arrastrar los animales muertos. Una fosa común sin fosa. Samson Lomare era el propietario de algunos de esos animales: ha pasado de tener setenta cabras y ovejas a solo tres. Su vecina Agnes Loichonga esboza una mueca de preocupación. Dice que poseía ochenta cabezas de ganado y ahora le quedan seis. No sabe qué hacer, porque además uno de sus hijos está en la escuela y hay que pagar los gastos. ¿Ha pensado en vender el ganado que le queda y dedicarse a otra cosa? No sabe a qué se dedicaría. ¿Ha pensado en recoger el campamento y marchar a un lugar más fértil? No conoce otro entorno que no sea este.

Loichonga pide una foto junto a las ovejas y cabras muertas que la sequía se le cobró tres semanas antes. Ella está de pie en el lado derecho de la imagen. Viste unas chanclas de plástico verde y un *kanga* a modo de falda que le asoma por debajo de una *shuka* de cuadros negros y granates que le cubre de las rodillas a los hombros. En la muñeca izquierda, cuatro pulseras de madera, y el pelo rapado salvo una cresta corta, de pelo negro y rizado, como un brochazo sobre el cráneo. La tierra es de color marrón seco y ahí descansa lo que fue su ganado. Y al fondo se contempla la ironía con hojas de color verde brillante que adorna el desierto: árboles de *Prosopis*, una de las peores especies invasoras que existen. En los años setenta, plantar esta especie tan resistente a los climas áridos parecía una buena idea para combatir la desertificación y atraer las lluvias. Pero, pasadas unas décadas, la *Prosopis* ha dejado de considerarse una solución. Como se regenera a partir de sus raíces y estas pueden ser muy profundas, resulta difícil de extirpar. Y los animales se encargan de diseminar la especie, que aniquila la diversidad y altera los ecosistemas. Además, sus espinas invitan a mantenerse alejado. La sombra que proyectan parece el único beneficio.

De camino al río Kerio, estacional en su curso bajo y que ahora presenta un buen caudal de agua marrón rumbo al lago Turkana, David Lokuk cuenta que ahora cojea porque se pinchó con una espina de *Prosopis*, que asegura que son venenosas.

Lokuk se detiene ante el río y advierte de que solo ofrece esa imagen unas pocas semanas al año. «Antes del mes que viene, estará seco».

—¿La gente usa esta agua?

—Sí, vienen a recoger agua aquí.

—¿Y la consumen, con ese color tan oscuro que tiene?

—Cuando no tienes alternativa…

Hay pastores en Turkana que sí la tienen. Los que viven al oeste, en la frontera con Uganda, donde el agua y los pastos abundan más. Aunque no cruzan solo con un par de animales y se vuelven. Cuando atraviesan esa frontera invisible que lleva ahí poco más de un siglo y no está dibujada sobre la tierra, cuando cambian de país en una ruta nómada que existía mucho antes de que se cartografiara África oriental, lo hacen con miles de cabezas de ganado. Esta ruta histórica les conduce a un enfrentamiento igualmente histórico por el ganado y los pastos con los habitantes de esa zona. Desde que existen las fronteras, eso se llama *conflicto transfronterizo*. Y desde que existen las armas de fuego, el *conflicto transfronterizo* pinta peor.

La mala gestión del agua, la explotación descontrolada de los escasos recursos hídricos y el impacto del cambio climático en una zona extrema está teniendo consecuencias tremendas sobre la población local. «La imposibilidad de seguir sus modos de vida tradicionales como resultado del cambio climático también lleva a cambios culturales, sociales, económicos y políticos para muchas de estas comunidades, que en consecuencia se ven en situaciones de "desplazamiento forzoso" —alerta la OIM—. Esta situación es paradójica porque para los nómadas se manifiesta con inmovilidad: el fin de la movilidad tradicional y la marginación económica y social, a veces seguida de éxodos hacia las zonas urbanas». Y una vez en zonas urbanas, cómo sobrevivir, qué comer y beber, cómo tener acceso al médico o a una educación se convierten en nuevos problemas.

Es el caso de sociedades trashumantes de Kenia, pero también de otras comunidades de los países fronterizos, a los que el conflicto o la persecución política ha sumado un motivo más para huir, en este caso hacia Kenia. A final de octubre de 2017, el campamento de refugiados de Kakuma, en la esquina noroccidental de Turkana, contaba con más de 185.000 residentes registrados, muchos de ellos sursudaneses y etíopes. Kakuma es también una zona de buenos pastos que los locales han visto vetada por la llegada de sus vecinos. La pelota es cada vez más gorda y uno se pregunta cuándo terminará por aplastar la zona.

¿Tiene cabida una sociedad nómada en el mundo actual? ¿Es sostenible el pastoreo en un lugar tan árido? Ikal Ang'elei formula la pregunta de una manera mucho más lógica: ¿tienen cabida las ciudades en lugares tan áridos? «Yo creo que este modo de vida [el del pastoreo] es muy sostenible, porque ¿qué haces si transformas los pastizales en zonas urbanas? Entonces sí sería insostenible. En esta zona, el regadío se ha basado al ochenta por ciento en tierras vírgenes. Al cabo de un tiempo, esos suelos dejarían de ser productivos. Y el ciclo continuaría. No podemos pensar que nuestros suelos son comparables a los de otras partes». Sí concede que el pastoreo necesitaría una reforma y aboga por sentarse a hablar con los propios protagonistas más que seguir funcionando por imposición desde Nairobi. La activista cree que se les debería hacer entender que, con el aumento poblacional, la porción de tierra se reduce, y que el pastoreo no se debería basar exclusivamente en la acumulación de reses sino que habría que dar herramientas para que los pastores aprendieran a vender a tiempo sus ganados, a la vista de las consecuencias de una sequía que ha secado hasta los pozos más socorridos.

A la vuelta de Ngimuriae, una vaca jorobada no falta a su cita diaria con el contenido de una papelera de Lodwar. Le dan igual las fotos, las risas a su alrededor, el ajetreo de los transportistas que instan a la gente que pasa por allí a que se suba a sus vehículos para viajar a Kakuma, a Kalokol, a Eliye, y que se suban rápido porque el coche sale ya de ya; le dan igual el sol de un mediodía perenne, el polvo que levantan las motos en las calles de tierra y el sudor que te recuerda que como no bebas algo pronto, te terminarán doliendo los riñones. Los riñones, no sé, pero va a ser cuestión de horas que la cabeza les empiece a martillear a unos cuantos en una calle trasera de la ciudad, la única con licorerías de un lugar tomado cada domingo por ejércitos del señor que se desgañitan con cánticos cristianos. Aunque es difícil saber si se construyeron primero las licorerías o la catedral de San Agustín, ambas están separadas por unos pocos pasos, como si el transfuguismo entre una vida y la otra fuera frecuente.

Las misiones encontraron un filón en Turkana: un lugar pobre a rabiar, con gente olvidada por sus propios gobernantes y que todavía no conocía la fábula del niño salvador. Los curas saben venderse bien, porque los jardines de la catedral de San Agustín son lo único que se asemeja a un parque en todo Lodwar y, desde luego, lo más parecido al cielo. Puede que llamar jardines a ese arenal sea una exageración, pero la docena de acacias y tamarindos que resguardan del sol son una bendición, como seguramente comparta el propio San Agustín, cuya estatua está a la sombra de uno de estos árboles y alejado del jaleo que inunda la ciudad.

El templo es poco más que una barraca de cemento de planta octogonal coronada por uralita verde. Un cristo negro (los curas saben venderse bien, toma dos) está crucificado sobre el altar hacia el que miran varias decenas de bancos de madera. Pero por allí no hay rastro del obispo y hay que ir a las oficinas centrales a probar suerte. Dominic Kimengich no es un religioso cualquiera, entre otras cosas porque está a la cabeza de una diócesis que: 1) tiene unos 70.000 kilómetros cuadrados, y 2) se debe de dejar un dineral en lejía para que sus hábitos luzcan de un blanco tan refulgente en mitad del desierto. Otros rasgos distintivos del obispo son que habla de cambio climático con convencimiento sin importar que la religión haya afeado a la ciencia desde sus orígenes y que se preocupa por los efectos que tiene en su parroquia el crecimiento poblacional desmedido. Ventajas de estar lejos de Roma y más en contacto con la realidad. En su opinión, ambos factores (el cambio climático y la superpoblación, no lo de vivir a doce horas de avión del Vaticano) agravan lo que parece una de esas plagas bíblicas tan de taquillazo de Hollywood.

Solo que esto es real. El fenómeno climático global La Niña tiene efectos devastadores en el Cuerno de África y alrededores. Casi cada vez que ha comparecido, los habitantes de esta región del planeta han visto cómo el maíz se les evaporaba, las vacas se les evaporaban, la vida se les evaporaba. Pasó en 1983, en 1992, en 1999, en 2006. El obispo de Lodwar dice que hay que comprender el contexto regional, donde la mayoría se dedica al pastoreo y la vida nómada está a punto de morir de sed. «Tradicionalmente, estos pastores conservaban algunas zonas de pasto para momentos de emergencia». Solo que esas emergencias cada vez son más frecuentes. «Antes, igual había una sequía cada diez años», calcula Kimengich, como repasando de memoria los últimos episodios. «Ahora, cada cinco». A la iniciada en 2016 y agravada en 2017 le precedió una todavía más dura en 2011.

* * *

En un momento de julio de 2011, los mapas de algún departamento de la Organización de las Naciones Unidas se tiñeron de granate en las regiones de Bajo Shabelle y Bakool. Ambas en el sur de Somalia y ambas controladas por los terroristas de Al Shabab. El cambio cromático se traducía en que ya había dos muertos al día por cada diez mil habitantes, que un treinta por ciento o más de la población sufría malnutrición aguda o necesitaba alimentación especial y que los habitantes de esas regiones desgraciadas no podían disponer de cuatro míseros litros de agua al día ni comida que proporcionase 2100 kilocalorías. Cuando todos esos astros se alinean, la situación ya no es una «emergencia humanitaria» sino una «hambruna/catástrofe humanitaria». Y con este cambio de etiqueta y unos once millones de afectados por la situación, el mundo ya se podía llevar oficialmente las manos a la cabeza. Bueno, excepto los especuladores de los mercados alimentarios, que estaban demasiado ocupados frotándoselas.

Los mapas de la ONU mostraban las zonas colindantes coloreadas de rojo y de naranja. El norte de Somalia, el este y el sur de Etiopía, el norte y el este de Kenia. Y hacia allí iban a huir decenas de miles de somalíes. El campamento de refugiados de Dadaab, establecido en el este de Kenia en 1992 para acoger a los somalíes que escapaban del inicio de una guerra interminable, estaba a punto de convertirse de nuevo en la capital de las desgracias.

Para llegar a Dadaab en transporte público desde Nairobi hacen falta nueve horas apiñado en un autobús y un buen madrugón. Para llegar a Dadaab desde Somalia por la vía del refugiado, hacen falta varios días a pie bajo el sol y la suerte de que el hambre no te parta las piernas por el camino.

Para alojarse en Dadaab siendo periodista basta pedir con la suficiente antelación un hueco en las habitaciones climatizadas con mosquitera y ducha de la ONU o en algún otro recinto de las decenas de ONG que trabajan allí. Para alojarse en Dadaab siendo refugiado habrás de esperar un tiempo indeterminado hasta que la ONU llegue a tu nombre (a tu número) y te agencie un kit con tienda de campaña para ti y los tuyos que podréis plantar en las zonas aledañas a Ifo, Hagadera o Dagahaley, puesto que esos campamentos originales ya están desbordados. Para pasar el rato, puedes convertir el lugar en un Ikea de la catástrofe humanitaria y construirte tú mismo (por lo general, tú misma) un iglú de palos, pajas, ramas, hojas y, si hay suerte, algún plástico que rece: ALTO COMISIONADO DE LAS NACIONES UNIDAS PARA LOS REFUGIADOS. Pero tampoco es indispensable el plástico, porque la lluvia ni está ni se la espera y es más temible el efecto microondas que este pueda tener bajo el sol. Treinta y tres grados en el desierto a las nueve de la mañana dan para hacerse una idea. Dadaab está sembrado de estas chozas. Casi medio millón de personas se agolpan en este lugar diseñado para 90.000.

Dadaab significa «el lugar pedregoso y duro» y el topónimo es generoso, porque solo hay tierra, arena, un calor insoportable, matojos secos y alguna acacia coronada por un marabú (*Leptoptilos crumeniferus*). Hay muchísimos marabúes: esos vomitivos carroñeros zanquilargos, primos bastardos de la cigüeña, cubiertos de plumas de boa de cabaretera. Hay camellos, en especial en el mercado de Dadaab pueblo. No es difícil ver esqueletos de ovejas y cabras perdidas por la sequía. Mueren en Kenia como mueren en Somalia. Los refugiados cuentan que, en algunos casos, las reses que les quedaban vivas fueron requisadas por Al Shabab.

La mayoría de los refugiados de Dadaab son niños. La mayoría de los refugiados a cargo de ellos son sus madres: mujeres somalíes en la veintena con una media de tres críos. Los padres han sido asesinados por Al Shabab, reclutados por Al Shabab, secuestrados por Al Shabab y los menos, como el marido de una refugiada que responde al nombre de Asha, apenas pueden moverse debido a una minusvalía. Jija, otra curtida madre veinteañera, hace fila para registrarse en Dadaab con su retoño más pequeño colgado del cuerpo. Es el primer paso: tras registrarse, podrá acceder a una primera ración de productos de primera necesidad. Pero para eso también tocará sacarle músculo a la paciencia, porque en julio de 2011 hay unos 1300 somalíes nuevos que llegan a Dadaab cada día (ca-da dí-a) tras una travesía literal en el desierto. Jija caminó durante quince días desde Saacow hasta alcanzar Dadaab, harta de la guerra y la sequía. «En el camino solo encontré hambre», lamenta Shurqiya, otra refugiada somalí, sentada junto a su hijo Abdisalam, al que Médicos Sin Fronteras (MSF) está tratando por una malnutrición grave evidente hasta para los ojos inexpertos.

El hijo menor de Asha también está bajo tratamiento y su madre no se despega de él. Asha no quiere lluvia o que su ganado reviva y se multiplique o un piso en Manhattan o un fin de semana en Disneylandia con todos los gastos pagados o un todoterreno. Lo único que quiere Asha es que su hijo mejore, tener acceso a suficiente comida y una casa que parezca una casa y no un iglú de paja.

La prensa da la imagen de que todos los niños están en los huesos, pero no es así. Parece que si no vemos niños famélicos no nos entran ganas de *ayudar*. Nos lo esperábamos peor. Los periodistas comentamos esto, estómago lleno y bebida en mano, en el bar del recinto de la ONU, después de habernos duchado tras un largo día de trabajo. A veces los plumillas tenemos algo de marabú.

Que nos lo esperáramos peor no quiere decir que no haya problemas. Los problemas lógicos que surgen cuando hay 1300 personas famélicas y desesperadas entrando cada día en un campamento desbordado a nivel de provisión de alimentos, de agua, de asistencia médica, de alojamiento, de retretes, de combustible, de electricidad, de mantas, de una mala esterilla donde tumbarse, de seguridad, de algún tipo de entretenimiento que no sea buscar la sombra. En MSF alertan de que incluso hay niños que ya están en los campamentos que pasan de malnutrición moderada a aguda porque no reciben ayuda a tiempo.

El campamento de refugiados no es refugio seguro. Algunos habitantes locales se quejan de no poder acceder a comida gratis, a un techo gratis, a agua gratis, a pesar de estar hospedando a cientos de miles de refugiados. La ausencia de padres de familia —en muchas culturas, la figura protectora, al menos de puertas afuera— ha hecho que las mujeres sean más vulnerables y se han quintuplicado las denuncias de abusos sexuales.[3] Aunque hay instalaciones nuevas listas para su uso, el Gobierno de Kenia se resiste a dar la luz verde por la posibilidad de que todo este mogollón descontrolado llamado Dadaab derive en la creación de una ciudad informal de exiliados que, por población, sería la tercera del país, tras Nairobi y Mombasa.

Sin recursos a los que agarrarse para sobrevivir, los refugiados asentados en los alrededores talan las acacias del llamado «cinturón verde» del campamento para usar la leña

[3] Según un informe de la ONG Care International: 358 casos denunciados en el primer semestre de 2011, por 75 del mismo período de 2010.

de combustible y la madera, como material de construcción. Los depredadores que merodean por la zona son un factor de riesgo añadido. Pero todavía hay otro más: comienzan los rumores de que Al Shabab utiliza Dadaab como lugar de descanso y granero para reclutar efectivos. El mismo Al Shabab que niega la hambruna en sus territorios y que prohíbe operar allí a agencias humanitarias de la ONU y a varias ONG. ¿Cómo alcanzar a quienes ni siquiera pueden huir de allí? A la señora Comisaria Europea De Turno, que ha hecho una visita exhaustiva a Dadaab de… unas horitas rodeada de una cohorte de reporteros, le tropieza la lengua antes de arrancarse a responder y acaba por decir que «Al Shabab no es un grupo compacto y hay líderes locales que permiten la llegada de ayuda a sus zonas». Un informe de 2013 asegura que varias organizaciones humanitarias pagaron a Al Shabab para comprar el acceso a sus territorios.[4] Dilema gordo.

Muy lejos de allí, en una viñeta del caricaturista keniano Alphonce Omondi, aparece un fundamentalista islámico con el rostro cubierto por un pañuelo, uniforme militar y metralleta al hombro. «¡Muerte a los infieles y a su cultura!», proclama. «Su fútbol y su música son malignos. Nada bueno llega jamás de Occidente». A sus pies, dos calaveras responden: «¡Excepto sus dólares, claro!».

Para la señora Comisaria Europea De Turno la solución es usar dólares, pero para desarrollo sostenible en la zona, aunque Bashir Ahmed Bihi, un antiguo refugiado somalí llegado a Dadaab a principios de los noventa y que ahora se dedica a ayudar a sus compatriotas recién llegados al campamento, cree que zanjar el problema depende más de lograr primero

[4] *Al-Shabaab engagement with Aid Agencies*, HDP y The Heritage Institute, 2013. Disponible en: <https://www.odi.org/sites/odi.org.uk/files/odi-assets/publications-opinion-files/8749.pdf>.

la paz en Somalia. El somalí Yaqub Abdi, que lleva solo tres días en Dadaab buscando a su familia pero que ha pasado setenta y tres años en Somalia, ve cualquier iniciativa que toque a su país abocada al fracaso. «¡Ese país no tiene arreglo!». Y todos los refugiados somalíes que se agolpan a su alrededor concuerdan con una risotada.

La ONU declaró finiquitada la situación de «catástrofe humanitaria/hambruna» a principios de 2012. Un tiempo después, un estudio de la Red de Sistemas de Alerta Temprana de Hambruna y la Unidad para el Análisis de la Nutrición y la Seguridad Alimentaria puso cifras a «la peor sequía en seis décadas en la zona» y su hija, «la peor hambruna en más de veinte años» en esa región: en los diecinueve meses que separaron octubre de 2010 y abril de 2012, «el momento en el que la grave inseguridad alimentaria y las condiciones de hambruna prevalecieron», murieron entre 244.000 y 273.000 personas solo en el sur y en el centro de Somalia. Más de la mitad eran niños menores de cinco años.

En Nairobi, mientras tanto, las consecuencias de la brutal sequía y la hambruna para la numerosa población expatriada fueron incomparablemente menos dramáticas: los cartones de leche, un bien de primera necesidad en Kenia, se borraron de las baldas de los supermercados y su precio se disparó. La leche entera Brookside, la que yo consumía, aumentó su precio en un cuarenta por ciento, muy por encima del euro por litro. El motivo, nos dijeron, es que antes habían desaparecido los pastos y las vacas. Hasta ahí todo tenía lógica, pero esta se esfumó pasados varios meses, cuando volvió a llover, se terminó la sequía, había otra vez vacas que reían y la leche ya no escaseaba. El coste de la leche nunca volvió a bajar. En el momento de la hambruna, la familia Kenyatta contaba con un noventa por ciento de las acciones de Brookside, la mayor empresa láctea de África oriental. Muchas veces los ricos tienen algo de marabú.

* * *

«Ahora llueve y tenemos inundaciones, y el agua va al subsuelo, al océano Índico o al lago Victoria. Y en unos pocos meses quizá tengamos una sequía». Las palabras de Abbas Gullet, secretario general de la Cruz Roja de Kenia, no pretenden sonar a profecía maldita: son meros ecos de la experiencia.

Es mayo de 2013. Como cada año a esas alturas, en plena temporada de aguaceros, las noticias de muertos y desplazados por inundaciones provocadas por las lluvias torrenciales en las zonas del país en las que sí caen trombas de agua de manera estacional empiezan a abrirse paso en la prensa.

Porque cuando cae una tromba en Kenia nada ni nadie avisan y se rompen las nubes al improviso con un estruendo que retumba y reverbera y recorre calles y valles y entonces una manta de agua sepulta el mundo empapando a todo insensato que no haya corrido a ponerse a resguardo ya que ni un paraguas ni dos ni siete sirven para hacer frente a tamaño torrente de litros de agua que cae con saña del cielo y martillea en los tejados de chapa e inunda avenidas y viviendas y embarra el suelo y paraliza el tráfico y la vida pues solo a cubierto se puede esperar a que pase mientras arrastra la tierra y desdibuja el paisaje al tiempo que desborda ríos sabotea caminos crea riadas e improvisa cauces que sesgan a veces vidas porque avanzan sin miramientos y esa agua imparable fluye fluye fluye indómita y salvaje esa agua fundamental tan fuente de vida y de alimento tan vacuna para la sed corre sin retén hacia el mar y los lagos y tan solo se acumula en los cada vez más escasos bosques kenianos o en charcos nacidos en los socavones de las maltrechas carreteras que el sol secará al instante apenas comparezca y toda esa oportunidad cada vez más escasa de beberse la lluvia y generar energía y criar alimentos y ganado pronto se habrá evaporado para siempre una vez más.

Hubo un tiempo en el que no hicieron falta presas ni pantanos para embalsar el agua. Fueron tiempos en los que las personas eran menos y la naturaleza, más. Ella misma se encargaba de hacerlo. Se trataba de un ecosistema capaz de absorber el agua que el cielo le brindaba. La extensa vegetación que cubría la parte centro y oeste del país servía de reclamo para la lluvia, abundante en esa latitud, y los resultados de la combinación de la generosa cantidad de agua y el más que suficiente sol disparaban el crecimiento de grandes árboles de raíces profundas que no solo filtraban el agua o la retenían para irla soltando poco a poco sino que también sujetaban la tierra, evitando la erosión y los fatales deslizamientos.

Pero el ecosistema se empezó a alterar con la llegada de los británicos a finales del siglo XIX. Las chozas locales se les hacían precarias, angostas, oscuras, insalubres. Había que construir casas occidentales, con sus esquinas y sus ventanas, sin usar ese cemento local tan desagradable que eran los desechos de digestión vacuna. Así que se talaron los árboles para construir nuevos edificios en nuevas ciudades que había que unir con nuevas carreteras y nuevos puentes. Entonces se cortaron más árboles para dejar paso a las carreteras y para levantar los puentes y los postes de telégrafo necesarios. Eran árboles enormes, que proporcionaban mucha madera, pero tardaban mucho en crecer y Londres tenía planes más a corto plazo para su colonia. Poco a poco, los árboles autóctonos fueron sustituidos por otras especies foráneas de crecimiento más veloz. Eucaliptus, pinos, árboles muy útiles para la construcción, pero sin la capacidad retentiva de los ya talados. El crecimiento poblacional (más árboles talados), la consecuente expansión de la agricultura (aún más árboles talados) y la corrupción a la hora de adjudicar terrenos boscosos entre sus fieles de las administraciones poscoloniales (todavía más árboles talados si cabe) conspiraron para dar la puntilla a uno de los territorios con mayor diversidad de flora y fauna del mundo. La consecuencia son riadas más frecuentes, más violentas y más mortíferas.

Mortíferas en buena parte porque, salvo algunos segmentos de las poblaciones costeras o afincadas en torno a lagos y ríos, es común que los kenianos desconozcan las técnicas más básicas de la supervivencia en el medio acuático, con funestos resultados: «Más de 170 personas han perdido la vida desde marzo a causa de las lluvias» (mayo de 2018), «Nueve muertos al hundirse un barco en el lago Victoria» (julio de 2016) o «Al menos 91 muertos en Kenia por las inundaciones provocadas por las fuertes lluvias» (mayo de 2013) o, incluso uno más espectacular, «270 muertos al hundirse un transbordador en Mombasa a cuarenta metros del puerto» (abril de 1994). El problema no es exclusivo de Kenia. «Más de 250 muertos al hundirse una embarcación en el lago Alberto» (marzo de 2014), «203 muertos y 1570 desaparecidos en el naufragio de un ferri en Zanzíbar» (septiembre de 2011). Hay ejemplos para aburrir sin necesidad de rebuscar demasiado en la hemeroteca. No es casual que la Organización Mundial de la Salud apunte a África como la región en la que se registra el mayor porcentaje de muertes por ahogamiento, «quince veces mayor que el de Alemania y veinte respecto al del Reino Unido». Tampoco es una cuestión particular del continente africano, como atestigua la fosa común más grande del mundo, el mar Mediterráneo. Allí no yacen solo gambianos o somalíes, eritreos o nigerianos, sino también yemeníes, sirios, afganos o pakistaníes.

La sobrecarga de las embarcaciones, la falta de material de salvamento, la nocturnidad, el pánico, los depredadores acuáticos y el adverso estado del medio agravan a veces estas situaciones de hundimiento, complicadas por no saber mantenerse a flote. «Los desastres marítimos suponen un gran problema», señala Abbas Gullet, jefe de la Cruz Roja en Kenia. «Estuve trabajando en el desastre de Mwanza, en el lago Victoria, en 1996, tras el hundimiento del MV Bukoba, que naufragó a ocho kilómetros del puerto. Mil muertos. Fue muy triste».

Gullet relata cómo durante las inundaciones que dos veces al año provocan las lluvias torrenciales en buena parte de Kenia mucha gente muere porque no sabe nadar. «La gente que vive en el campo no está acostumbrada, no forma parte de su vida. Como comer pescado, que no es habitual en esas zonas… Es una cuestión de educación. Podría ser visto como un tipo de lujo: nadar es algo que hacen las élites, que mandan a sus hijos a colegios con piscina. Hay una enorme falta de instalaciones y de programas». El antirrécord olímpico del ecuatoguineano Eric Moussambani en Sídney 2000 fue una mera constatación de esta realidad africana.[5]

Para difundir el arte de Phelps y Weissmüller, la Cruz Roja de Kenia lleva a cabo programas de toma de contacto con el medio acuático, temido por un amplio sector de la población. Antes de cada temporada de lluvias, la organización adiestra a varios ciudadanos residentes en zonas de riesgo para que sobrevivan a las inundaciones, que anualmente se cobran

[5] En los 100 metros libres, paró el crono en 1:52.72, un tiempo 64 segundos mayor al nadado por Pieter van de Hoogenband para colgarse el oro.

centenares de vidas solo en territorio keniano. El cómputo continental puede ser de miles.

«La seguridad acuática es un asunto muy muy gordo». Abbas Gullet no exagera. En África, la natación (o, más bien, la falta de dominio de sus conceptos más básicos) ha sido también arma de guerra. Durante el genocidio ruandés de 1994, por ejemplo, soldados de la milicia extremista hutu Interahamwe rodearon a un grupo de tutsis a las orillas de un río en las cercanías de Ntamara, lugar de una de las peores masacres de ese funesto episodio histórico. Un superviviente que escapó entre la espesura del bosque relataría después a investigadores de la ONG African Rights cómo los genocidas ofrecían a los tutsis el suicidio como alternativa. «Nos ordenaron que nos suicidáramos tirándonos al río. Por desesperación, y con la esperanza de evitar una muerte peor, a machetazos, mucha gente saltó y se ahogó, incluidos muchos bebés, atados a la espalda [de sus madres]. Conscientes de que les esperaba la muerte, hubo padres que echaron a sus hijos al agua como último gesto de amor».[6]

Lejos de ese traumático supuesto, pero igualmente con el objetivo de evitar tragedias cotidianas, la Embajada de Estados Unidos en Nairobi también imparte, en colaboración con entidades locales, un cursillo de supervivencia marina. «El objetivo del curso —explica la legación estadounidense— es enseñar habilidades básicas de supervivencia acuática a los pescadores que no saben nadar, por si su bote se hunde». En 2012, cuarenta pescadores del distrito costero keniano de Msambweni superaron con éxito el programa.

Otros muchos no tienen la menor gana de intentarlo. «En Nairobi, la mayor parte de la gente ve el agua y sale corriendo»,

[6] Meredith, 2006. (Traducción del autor).

cuenta medio de guasa medio en serio Brian Ochieng Onyoo, profesor de natación en el exclusivo Club Impala de Nairobi. La respuesta del keniano medio al preguntar por sus habilidades acuáticas no dista mucho de lo esbozado por Onyoo. Nacido a orillas del lago Victoria hace veinticinco años, alterna las clases con ejercer de socorrista y encargarse del mantenimiento de la piscina. Varias veces por semana, como parte del programa educativo de algunas escuelas privadas de la ciudad, Onyoo instruye a grupos de alumnos de esos centros. Se trata de hijos de la élite del país, los únicos que pueden permitirse un desembolso para una actividad que se percibe como superflua. «Yo vivo en Kibera —señala el monitor, en referencia al mayor barrio chabolista de Nairobi— y los niños allí no saben nadar. Es complicado conseguir dinero para llevarles a que aprendan». Una clase particular de una hora cuesta 700 chelines y, para grupos de escolares, 200 chelines por persona. «Muy poca gente se lo puede permitir. Honestamente, si vives en Kibera y tienes ese dinero, no te lo gastas en nadar. Compras harina, tomates, combustible para cocinar… Con 400 chelines puedes comprar la comida de una semana».

Además, estas poblaciones con menos recursos habitan en precarias viviendas por lo general situadas en las zonas más propensas a inundarse o sufrir corrimientos de tierras cuando llega la temporada de aguaceros. «En la provincia de Nyanza, de donde vengo, hay muchas inundaciones. A veces, el agua desborda los cauces de los ríos y hay agua por todas partes —subraya Onyoo—. Incluso si no vives a orillas del lago, necesitas saber nadar».

CAMPEONES DEL MUNDO

Una persona, sea quien sea, no puede ganar siempre. En la autopista de la vida no es posible circular siempre por el carril de adelantamiento.

De qué hablo cuando hablo de correr. Haruki Murakami.

«Miré el reloj y vi que era un poco tarde. Tomé el autobús, pero había muchísimo tráfico, así que me apeé y corrí hasta el estadio». Podría perfectamente haberlo dicho Forrest Gump, pero estas palabras las firma el keniano Kipchoge Keino mientras recuerda aquella final de los 1500 metros de los Juegos Olímpicos de México, un ya lejano 20 de octubre de 1968.

La historia había comenzado siete días antes.

Fue durante la final de los 10.000 metros, celebrada también en el Estadio Olímpico Universitario de la Ciudad de México. Keino estaba con el grupo de cabeza cuando, a dos vueltas del final, una fuerte punzada abdominal le hizo abandonar la pista de manera momentánea. Se repuso a medias, volvió al tartán y terminó la carrera, pero fue descalificado por haberse salido del circuito. «Me derrumbé. Me dolía mucho. Me llevaron a un reconocimiento médico y me dijeron que tenía piedras en la vesícula. Y eso era un problema… porque dos días después eran las clasificatorias de los 5000 metros y las semifinales», rememora Kipchoge Keino con una mezcla de orgullo y amargura.

«Me dije: "Vine aquí a correr. Que pase lo que tenga que pasar"». Y lo que pasó fue que el *nacido junto al almacén de trigo* (que es lo que significa *Kipchoge* en su lengua natal, el nandi) logró la plata en esa prueba, por delante de su compatriota Neftali Temu.

«"Tengo que volver a casa con un oro", me dije entonces. Había trabajado muy duro para conseguirlo». No le falta razón: los pioneros del ahora laureado atletismo keniano no contaban con equipamiento, materiales, fisioterapeutas, dietistas, instalaciones o, siquiera, entrenadores más allá de los que proveía la federación antes de las grandes pruebas. Y esos solo «llegaban un mes antes de la competición. Pero antes de eso, eras tú el que se tenía que preparar».

Keino llegó al mundo en el altiplano occidental de Kenia a principios de 1940 y, huérfano desde niño, quedó al cuidado de su tía. Primero, se dedicó a pastorear vacas, y allí aprendió trucos básicos de supervivencia en la Kenia rural de la época: si te persigue un elefante, que sea colina abajo, pues las enormes orejas del paquidermo se vencerán hacia delante, le cubrirán los ojos y será más sencillo salir de su campo visual; si lo hace un rinoceronte, trata de escapar en zig-zag, ya que los quiebros no son su fuerte.

De imponente figura, Kip empezó a correr en la pubertad sin disponer de ningún tipo de apoyo. «Entrenábamos viendo a los demás. No sabías cuántas millas habías corrido o a qué velocidad. Yo aprendí por mi cuenta. Cuando viajé al extranjero, aprendí de cómo entrenaban otros atletas. Me sentaba a observarles y escribía [hace una pausa en el relato y gesticula sobre el escritorio de su despacho de Nairobi como si estuviera tomando notas] el tipo de entrenamiento que hacían. La primera vez que lo hice fue en 1962, en los Juegos de la Commonwealth».

Sin asomo alguno de broma, el expresidente del Comité Olímpico de Kenia[1] compara el entrenamiento de la época con «un castigo autoimpuesto». La recompensa estaba ahora a su alcance, en forma de laureles olímpicos, en aquel octubre mexicano del 68.

«Me había clasificado para la final de 1500 y los dos médicos que tenía, uno keniano y otro alemán, me habían dicho que no podía correr. Yo les dije..., bueno —rectifica—, le dije al entrenador, no a los médicos: "Mira, he venido a correr. Si muero, moriré por mi país. Así que voy a correr esta prueba". Eso lo decidí dos días antes de la carrera, y le pedí al preparador que no se lo comentara a nadie».

Y así llegó el 20 de octubre. Fue entonces cuando a Kip se le hizo algo tarde, se bajó del autobús atrapado en el tráfico imposible del DF y echó a correr por el arcén rumbo al estadio. «Llegué a tiempo porque fui corriendo, lo que también me sirvió de calentamiento», sonríe. «La Villa Olímpica estaba como a unos cinco kilómetros del estadio. Había muchos coches, pero yo lo único en lo que pensaba era en cómo llegar a la hora». Los atletas deben de ser de los pocos kenianos a los que les importa el veredicto de un reloj.

Keino se coló en el estadio justo para la primera llamada a los finalistas de 1500. Fichó ante los organizadores, se fue a descansar un rato, hizo unos calentamientos previos a la salida y dejó a sus doctores ojipláticos al verle vestido de corto para correr.

Al disparo de la pistola, comenzó rezagado. Pero enseguida se integró en el grupo y fue escalando posiciones. Su compatriota Ben Jipcho marcaba un ritmo letal desde el inicio. Los estadounidenses, que cerraban filas en torno al favorito,

[1] Lo fue entre 1999 y septiembre de 2017, cuando fue relevado por Paul Tergat.

su compatriota Jim Ryun (entonces poseedor del récord del mundo en la distancia e invicto en los tres años anteriores), criticaron después la táctica, diseñada, en su opinión, para desgastar a su hombre cuanto antes.

Las imágenes de la prueba son un espectáculo. El ataque de Keino y sus piedras en la vesícula —todos ellos con el dorsal 565— fue imparable. «En la tercera vuelta, despegué y puse tierra de por medio».

Los esfuerzos vanos de Ryun por dar caza a su máximo rival encumbran aún más la victoria del keniano, con los dientes apretados en una mueca de agonía, esprintando hasta el final, y cabeceando como para impulsarse hasta con el cuello y lograr cruzar la meta a pesar de un dolor que le acompañaría más allá de la vuelta de honor y del podio.

En los Juegos Olímpicos de México se introdujo por primera vez el cronómetro con centésimas de segundo y la *photofinish* para decidir las llegadas ajustadas. Keino ni siquiera contaba con cronómetro durante sus entrenamientos. Aunque ninguno de los nuevos ingenios hizo falta: Kip ganó a Ryun por un margen de veinte metros, el mayor en la historia de la prueba, con un tiempo de 3:34.91, que le valió no solo la medalla de oro, sino también el récord olímpico del momento. Ese mismo día, en Kenia, su mujer daba a luz a la tercera hija de la pareja. La gesta deportiva de su padre sirvió para redondear el nombre de la criatura: Milka Olympia.

La celebración se trasladó luego de México al país africano, pero la operación para extraer los cálculos biliares no se demoró demasiado, para lo que Keino tuvo que viajar a Alemania.

Cuatro años después, regresaría para los Juegos Olímpicos de Múnich 72.

Había pasado una olimpiada y Kip seguía con ganas de más. Con una victoria en sus cuatro competiciones anteriores en los 3000 metros obstáculos, una aparente falta de técnica en la prueba, y otros veintitrés atletas participantes en esa distancia con un tiempo personal mejor que el suyo, Keino no se amedrantó, a pesar de que nadie daba medio chelín por su clasificación para la final. No solo se clasificó para esta, ¡sino que repitió metal y plusmarca! Quién sabe si la improvisada yincana entre el tráfico mexicano de cuatro años antes le había proporcionado una experiencia muy valiosa a la hora de sortear los obstáculos alemanes.

* * *

Una anciana decrépita se acerca a pedirle dinero. «Es mi abuela», dice Abel Kirui. Se rasca el bolsillo, le deja en las manos unas cuantas monedas y tanto él como la señora empiezan a escupir sobre los chelines, una muestra de respeto en algunas tribus locales. «Es para darme la bendición. Es mi abuela», repite.

Abel Kirui es bicampeón del mundo de maratón (en 2009 y 2011), y el lugar en el que acontece la expectorante demostración de respeto es Iten, un pueblo colgado del desfiladero occidental del valle del Rift, en el oeste de Kenia.

Iten es un lugar peculiar. Se cuenta que su nombre proviene de los tiempos de la colonia, cuando se bautizó a la décima colina viniendo desde la cercana ciudad de Eldoret tal cual, *Hill Ten* (literalmente: «colina diez»), y la prostitución del topónimo derivó en *Iten*. Iten son unos cuantos edificios de hormigón con bastante movimiento comercial, unas cuantas casas de chapa y cada vez más hoteles e infraestructuras deportivas. Iten conserva aún encanto rural, aire fresco, pastos de color verde brillante, maizales extensos. Los gallos no cesan de anunciar el alba durante todo el día y las vacas, las cabras y las ovejas comparten los caminos con los humanos. Las bicicletas de aquellos que cuentan con un medio de locomoción se alternan con los que caminan hasta el trabajo y compiten con muchos de los habitantes que se pegan el día al galope, como si estuvieran a punto de perder el tren, si lo hubiera. Porque Iten se ha convertido en el centro del atletismo mundial: de esta región salen los mejores fondistas del mundo y muchos atletas internacionales lo usan como base para entrenar en unas condiciones fabulosas. Aunque sobre todo los propios kenianos. Si descubren su talento a tiempo y pueden permitírselo, terminarán por probar suerte en Iten, una especie de Hollywood del atletismo donde cada mañana, a primera hora, cientos de corredores se echan a los caminos de tierra rojiza de la zona a la caza de kilómetros. En ellos se mezclan aspirantes, profesionales y estrellas.

En Iten se vive y se crece en ese ambiente. El atletismo se respira a pulmón abierto desde crío y hace décadas que pasó de ser una cultura a convertirse casi en una religión. Y como tal, hay iconos a los que adorar, abundan espejos en los que mirarse y fieles que se congregan los días de grandes citas a ver por televisión cómo los kenianos conquistan el mundo. El mundo de las carreras de media y larga distancia, al menos.

Además, el deporte y el arreón económico que le ha dado fama a Iten como centro de entrenamiento han transformado el propio pueblo, convirtiéndolo en una insólita isla de desarrollo económico y social en la Kenia rural. El atletismo es la vida diaria de Iten, donde, por ejemplo, una tienducha de souvenirs llamada Olympic Corner linda con dos puestos de fruta. O una peluquería atiende a vecinos, atletas y vecinos atletas junto al reino de la segunda mano para el corredor, Runner's Point, cuyo lema proclama que «la vida es correr».

Al igual que a otros tantos, me pica la curiosidad por saber qué tiene esta región para alumbrar decenas de campeones cada año. ¿Es cosa de la altitud? Iten está a 2400 metros sobre el nivel del mar, pero aquí no hay nieve ni frío polar en ningún momento del año, y el sol casi nunca asfixia demasiado. Además, si el cuerpo está acostumbrado a correr en un entorno con menos oxígeno, como sucede a esa altitud, el rendimiento deportivo será mejor en cotas más bajas. Pero otras partes del planeta están más elevadas que Iten sin lograr un éxito deportivo parangonable. ¿Genética, entonces? Sesenta y seis de los cien mejores corredores de maratón en 2011 eran kenianos, la mayoría de ellos de la tribu kalenjin, procedentes de la zona en la que se ubica Iten.[2] Pero también hay corredores muy destacados entre las tribus kikuyu o masái, por no hablar de los fondistas etíopes o marroquíes ¿Será por su dieta? En la campiña keniana la alimentación suele ser simple, sana, escasa en grasa y rica en carbohidratos. No faltan las verduras, como el *sukumawiki* (acelgas hervidas con cebolla), la col o la zanahoria; el té con bien de leche y azúcar, el arroz, las alubias, el *chapati* (tortitas indias hechas de harina de trigo) y, sobre todo, el *ugali*: una insípida masa de maicena que bien podría servir para juntar ladrillos y que cualquier keniano en el extranjero extrañará (extrañamente). Pero, al fin y al cabo, una dieta se puede imitar con bastante éxito en otras partes del mundo.

Ninguno de estos factores termina de explicar el éxito keniano en las pistas de todo el mundo. Así que lo primero que pregunto a Renato Canova —un prestigioso entrenador italiano que, entre otros, tiene a Abel Kirui a sus órdenes—

[2] Finn, 2012.

es que por qué los lugareños son tan rematadamente buenos en esto de devorar distancias. Estoy siendo poco original, lo sé, y Renato me lo hace notar al momento. Está harto de que le pidan siempre la misma explicación y opta por darle la vuelta: «¿Por qué los atletas europeos y los estadounidenses se han vuelto tan flojos?». La respuesta tiene tintes de tesis doctoral, y como mis conocimientos de atletismo y de astrofísica andan parejos, me limito a escuchar a Canova. El viejo —como le conocen algunos de sus pupilos— se explaya a placer. Renato habla de una condición aeróbica de partida superior a la europea actual, pero descarta que sea por genética sino más bien por hábito: los hijos de los años ochenta o noventa, los atletas que están despuntando en el momento de escribir este libro, nacieron en un país con todavía muchas menos y peores infraestructuras que las actuales. Las escuelas, por ejemplo, eran contadas y estaban desperdigadas, por lo que era necesario recorrer largas distancias cada día, por la mañana y por la tarde, antes y después de comer. Por entonces había menos opciones de transporte, pocas familias podían permitirse un coche (no muchas pueden hoy día), y los *matatus* públicos solo circulaban (circulan) por las vías principales. Tocaba ir a pie.

A pie, sí, pero no de paseo. Al menos, si se querían evitar los varazos del maestro en las manos de quienes llegaran tarde al inicio de las clases. La solución más inmediata era acudir corriendo antes de que empezara la lección. Las cuentas salen solas: si la escuela está, digamos, a cuatro kilómetros de casa y vas allí por la mañana, luego vuelves también corriendo a casa para comer en la pausa y regresas del mismo modo a las clases de la tarde, correrás al menos doce kilómetros cada día a 2400 metros sobre el nivel del mar desde que empieces la educación primaria. Las hermanas Hilda y Silvya Kibet tenían cinco kilómetros en subida hasta el colegio. Hagan números.[3]

A esto se le suma el *cómo* se corre hacia la escuela. Muchos de los niños de Iten no tienen zapatillas en nuestros días, antes ya ni digamos. Esta precariedad, que supone un inconveniente a muchos niveles, sí sirve para algo muy útil: aprender a correr con la técnica adecuada. Si quieres amortiguar el dolor al correr, apoyarás el pie primero con la almohadilla y con el talón después. Mejor impulso y menos lesiones en rodillas y espalda. La técnica se ha generalizado entre los atletas aficionados en Occidente en los últimos años y las empresas de ropa deportiva han dado con una veta en la fabricación de zapatillas *para correr descalzo*.

Y no es que a la llegada a casa desde la escuela se tumbaran en el sofá hasta el día siguiente. Siempre había que ir a recoger leña, a buscar agua, ayudar en la huerta, llevar el ganado a pastar, o salir a cazar conejos, o corretear y jugar por diversión. ¿Sedentarismo? Eso no existe en la Kenia rural. ¿Quién necesitaría ir a un gimnasio cuando sus obligaciones diarias le proporcionan un ejercicio físico más que suficiente? Varios entrenadores que trabajan en la zona coinciden en que a un corredor medio de otro contexto le hacen falta entre cinco y diez años para construir una base aeróbica con la que poder optar a competir en la élite del atletismo. Pero hay quien, como los kenianos del campo, la han ido incorporando desde niños con un entrenamiento invisible llamado

[3] Un día en el que Álvaro Barrantes, Xavi Aldekoa y yo terminamos bailando la *Macarena* en casa de las Kibet, el marido de Hilda, el corredor holandés Hugo van den Broek, aportó un ejemplo incontestable: «Una prueba del profesor de Educación Física puede ser llevarse a los alumnos a veinte kilómetros de la escuela y decirles que vuelvan corriendo. Si hacen eso en Europa…».

la dura vida diaria. Esto también les pondrá a salvo de lesiones comunes. Vuelven a partir con ventaja.

Hay otro factor que aligera en gran medida las piernas de los corredores kenianos, que proporciona un impulso extra en momentos de duda. La mayoría de aquellos con los que hablo han nacido en poco más que chozas o casas que no superarían el calificativo de chabola para los privilegiados e irreales estándares europeos. Es rara la vivienda con electricidad proveniente de la red de manera legal y solo en los hogares más pudientes el agua corriente no es una utopía.[4] No hay apenas dinero para gastos superfluos. Lo poco que se gana se invierte en comer de manera austera, pagar los gastos derivados de la escuela, comprar utensilios de trabajo para labrar la tierra y cuidar el ganado, hacerse con la ropa imprescindible y pagar un techo bajo el que poder resguardarse. Al mismo tiempo, pobreza no significa miseria. Se puede hacer el esfuerzo de apoyar a una de las hijas (de los hijos) para que intente triunfar en el sugerente mundo del atletismo.

—La cosa más simple que existe es correr —afirma Renato Canova—. Como no tienen instalaciones o materiales para hacer otro deporte, se dedican a correr. Y los que ven que son más o menos buenos, lo intentan, porque saben que es un modo de cambiar su vida.

El hambre de éxito, la motivación por salir de la pobreza, es tan enorme, tan poco concebible en las cabezas del mundo acomodado, que igual por eso es tan difícil competir con los kenianos.

—Un policía keniano gana unos 1500 dólares al año —prosigue el entrenador—, mientras que un atleta de tipo medio

[4] El keniano medio de nuestro tiempo, que vive en zonas chabolistas urbanas o en el entorno rural, no tiene ni una ni otra.

puede ganar 20.000, que para *uno de los nuestros* no es nada, pero para *ellos* son quince años de trabajo.

Porque ¿qué opciones hay de ganarse la vida en la Kenia rural? El Ejército y la Policía suelen ser una alternativa recurrente a la vida de campesino o los trabajos de chapuzas ocasionales para todos aquellos sin empleo más o menos fijo. En este entorno, la falta de alternativas presenta al atletismo como la salida más apetecible.

El puzle va encajando. Son una serie de condiciones que ya no existen de manera generalizada en Occidente y, salvo debacle, jamás volverán a existir. Incluso en Kenia estos factores están empezando a desaparecer con la tímida emergencia de una clase media. Abel Kirui lleva a sus hijos a la escuela en coche y ni mucho menos es el único que lo hace. Y aunque en el colegio las competiciones de atletismo sean las más populares y prestigiosas, esos niños estarán cada vez más acomodados y, en términos generales, menos preparados para el atletismo de élite. Occidente destaca en un mayor y mejor acceso a la fisioterapia, por ejemplo, pero en cuanto a la capacidad de descanso de los atletas o a una dedicación absoluta al deporte, los kenianos están varios minutos por delante.

Renato Canova insiste en el apartado económico y habla del reciente auge del maratón, una disciplina en la que tradicionalmente se refugiaban los atletas veteranos, ya privados de la explosividad necesaria para las pruebas más cortas. Sin embargo, ahora cada vez más son los jóvenes quienes aspiran a conquistar la reina de las distancias por el simple motivo de que mueve mucho más dinero que las demás competiciones.

—Esto es un trabajo, no solo una pasión. Y como es un trabajo, lo haces donde hay posibilidad de tener más ganancia— simplifica el italiano.

Así, un día cualquiera, un keniano (una keniana) puede pasar de vivir con lo justo, o de prestado, a llevar una vida de película. Entiéndase: para el estándar local. Tan solo ha de partir la cinta de la meta antes que nadie. Quien lo logra probablemente invierta sus primeros dólares en las mejoras más básicas. Abel Kirui pasó de ganar unos caramelos, unos plátanos, en el colegio por correr más rápido incluso que niños mayores que él a construirse una casa de hormigón inmensa, de dos plantas, con un terreno en el que caben muchos más que sus dos coches. También encargó levantar una vivienda para sus padres. Después, es muy habitual la historia del atleta que dilapidó su fortuna rodeado de una cohorte de gorrones. Renato Canova lo expresa así:

—Cuando vas al pueblo, ellos creen que ganas porque eres bueno. No saben que entrenas dos o tres veces al día, que corres cuarenta kilómetros al día, que eso quiere decir que tienes que recuperarte, reposo, que te toquen menos las pelotas... Todo eso no lo saben. Pocas personas, entre los grandes atletas, consiguen explicarle a su gente qué es lo que hacen. Y explicar también es saber decir que no. No son muchos los que lo hacen. Ten en cuenta que ellos piensan que ganas medio millón de dólares al año, como el futbolista que tiene un contrato. Pero igual al año siguiente no ganas ninguna carrera y las peticiones siguen estando ahí.

Abel Kirui, que tiene la cabeza bastante bien amueblada, ya había prometido a sus vecinos que si vencía en el prestigioso maratón de Londres iba a arreglar un camino para que no se volviera impracticable durante la temporada de lluvias, pero ese año se lesionará y no podrá correr en la capital británica...

Nos estamos desviando del tema. Entonces, ¿hay un solo motivo, un único secreto, una poción mágica que explique la supremacía de los atletas kenianos? Para Samson Katam, un entrenador de la Federación de Atletismo de Kenia, parte de la clave del éxito es el *mursik*, una bebida agria cuyo principal componente es la leche. «¡Todo eso son tonterías!», protesta Renato Canova. Para él, el secreto es «una vida ardua». Paul Maina, un corredor kikuyu que se nacionalizaría del primer país que le garantizara correr en el extranjero y al que lo de la vida dura le viene de serie, dice que lo más importante es entrenar a destajo. Por su parte, el atleta holandés Hugo van den Broek, en Iten desde el cambio de siglo, ha observado que además de todo lo anterior, los kalenjin tienen un físico especialmente dotado para el atletismo y, en particular, caderas estrechas, piernas finas y un tendón de Aquiles más largo de lo normal, lo que proporciona «energía gratuita» ya que el impulso generado por el tendón no requiere de oxígeno en sangre para propulsar y amortiguar. Pero la especulación la zanja un misionero irlandés, bajito, de cara simpática, roja y redonda, quien llegó a Iten a mediados de los setenta, ha entrenado a decenas de campeones (entre ellos al laureado David Rudisha) y responde al nombre de Colm O'Connell: «El secreto —revela— es que no hay secreto».

Tal vez sea cierto y no haya secreto y estemos todos como imbéciles persiguiendo un fantasma, tratando de enlatar el aire. Quizá es una combinación de muchos factores que solo convergen en Iten cual improbable alineación planetaria. Quién sabe. En lo que no hay discusión posible es en que hay una competencia feroz por salir del hoyo y eso es una invitación a la superación. La enorme cantidad de talento reunido entre estas colinas alfombradas de té y maíz es apabullante, y los casos de éxito son mínimos si se los compara con el número de fracasos. O como lo dibuja un entrenador extranjero: «La posibilidad de volver a casa de una carrera con una camiseta como único premio es muy alta».

En la vida, como en el deporte, la perseverancia suele ir acompañada de una nutrida cosecha. Por eso, la mejor anécdota para comprender esta competencia desorbitada entre kenianos le sucede al periodista británico y atleta aficionado Adharanand Finn, quien se sumergió durante varios meses en el día a día de Iten, no solo preguntando sino también entrenando, creando un equipo (los Iten Town Harriers) para competir en el maratón de Lewa y, en definitiva, tratando de cavar hasta las raíces del éxito del atletismo keniano para después publicar el entretenido *Running with the Kenyans*:

> De camino a casa me topo con Paul Tanui, el corredor que ha sustituido a Josphat en los Iten Town Harriers. Ha estado en la pista viendo la carrera.
>
> —Hola —dice, dándome la mano.
>
> ¿Estás listo para Lewa? —pregunto—. Quedan pocas semanas.
>
> —Sí —responde—. Pero, oye, ¿qué vamos a hacer con los visados?
>
> —¿Visados?
>
> —Sí, ¿cuándo los vamos a solicitar?
>
> —Lewa está en Kenia —digo—. No necesitamos visados.
>
> —¿En Kenia?
>
> Siento como si tuviera que disculparme. Obviamente, él pensaba que me lo iba a llevar al extranjero a correr. El problema de correr en Kenia es que la competencia es mucho mayor. Es más difícil ganar.
>
> La escandalosa abundancia de talento que existe en este diminuto rincón del mundo la ilustra una conversación telefónica que tuve esa misma tarde. He estado intentando localizar a Wilson Kipsang, que lidera las salidas matutinas del Final del Camino. Es un buen corredor hasta para este contexto, incluido

en una lista de los diez mejores maratonianos de la historia, con un tiempo de 2:04.[5] Godfrey, que conoce a todo el mundo, me da su número. Solo que por error me pasa el teléfono de otra persona distinta, alguien llamado William Kipsang. Llamo a ese número sin saber eso.

—¿Hola?

—Hola, ¿Kipsang?

—Sí.

—Soy Finn, el escritor *mzungu*.

—¿Eh?

—Nos hemos visto unas cuantas veces. Estuvimos hablando ayer en la pista.

—¿Eh?

—¿Eres Wilson Kipsang?

—No, soy William.

—Ah. Pensaba que te llamabas Wilson. El que tiene un tiempo de 2:04 en maratón, ¿no?

—No, de 2:05.

Aquí, incluso si llamas al número equivocado puedes terminar hablando con una persona que ha corrido en un tiempo tres minutos por debajo del récord británico, establecido hace más de veinticinco años. Normal que Paul tuviera la esperanza de correr en el extranjero.[6]

* * *

Su panza da buena cuenta del éxito de su prima. La transformación física le pone una zancadilla a mi memoria y no logro ubicarle. Me lo lee en la cara al instante.

[5] El 30 de octubre de 2011 hará un tiempo de 2:03:42 en Frankfurt.
[6] Finn, 2012. (Traducción del autor).

—¿No me reconoces? ¡Soy Noah! Sí, bueno, esto antes no estaba aquí —ríe al tiempo que se masajea lo que en algún momento fueron unos abdominales de revista.

Han pasado más de tres años desde la última vez que nos vimos y su barriga no es lo único diferente. Entonces, Noah no usaba las grandes gafas de sol que ahora le esconden los ojos, ni vestía habitualmente de camisa, jersey, pantalón y zapatos, sino que lo más sencillo era topárselo en mallas, deportivas, camiseta y cortavientos de color chillón, si la sesión de entrenamiento era de madrugada. Porque Noah amanecía cada día antes que el sol (si Los Ángeles es la ciudad de los sueños, Iten es la capital de los madrugones) para salir a entrenar con su prima, sin perder la esperanza de llegar a su nivel, de triunfar, de que le colgaran una medalla, de que recibiera un gran cheque a su nombre. Pero al final ha decidido renunciar a todo eso.

El problema radica en que su prima es Florence Kiplagat, quien para cuando nos conocimos tenía en su palmarés una plata en 5000 metros en el Campeonato Mundial Juvenil de Atletismo de 2006, un mundial de campo a través en 2009, otro de media maratón en 2010 y una victoria en el maratón de Berlín (2011), por mencionar solo las citas mayores. Asemejársele era tirando a complicado, y eso que por aquel entonces Flo aún no había repetido victoria en Berlín, batido dos veces el récord del mundo de media maratón en Barcelona, ni había ganado por partida doble el prestigioso maratón de Chicago.

Parecerse a Florence es también difícil a otros niveles: tiene una de las historias más complicadas y telenovelescas en un lugar en el que estas abundan. Su madre falleció siendo ella muy pequeña y siempre cuenta que, en realidad, no la llegó a conocer. A su padre sí, pero no fue hasta los doce años.

Para entonces ya le daba bastante igual quién fuera su padre, que jamás se habría de hacer cargo de ella. Flo llevaba mucho tiempo al cuidado de su tío, el atleta William Kiplagat, y ahí comenzó una disciplina de entrenamientos que sigue manteniendo pasada la treintena.

Florence es menuda, y tímida al principio. Habla muy bajito hasta que va cogiendo confianza e intercala grandes sonrisas con muecas de dolor al recordar episodios tristes. Fue madre por primera vez a los diecisiete años, pero, como ella dice a menudo, más que un obstáculo para su carrera profesional, sus hijas Faith y Asha han sido un chute de energía. Cada una es hija de un padre distinto y de ambos Florence terminó por separarse.

—¿Sabes? Estar casada es como estar encerrada en una casa de la que nunca fueras a salir. Me resulta más fácil estar soltera. De hecho, desde que me divorcié no he tenido ningún problema. Ni uno.

La suya es una historia revolucionaria en un país que, tradicionalmente, sí ha encerrado a las mujeres en casa y les ha encomendado el cuidado de los niños, el lavado de la ropa, el timón de la cocina, la gestión del hogar en general y… un peso insignificante a la hora de tomar las decisiones de calado.

A Florence el atletismo le cambió la vida y ahora ella —un poco sin ser consciente, un poco sin querer— está dándole la vuelta al mundo a través de ese deporte con su ejemplo: las ganancias de sus victorias, de sus medallas, de sus récords, se pueden ver en su gran vivienda, muy por encima de la media seudochabolista del campo keniano e incluso del más elevado estándar de Iten. Pero también se observa en su camioneta, en el internado de sus hijas, en la granja y la huerta que ha creado en los terrenos junto a su casa, en la gasolinera de la que es propietaria en la cercana Eldoret y en otros negocios cuya gestión corre ahora a cargo de su mano derecha, su primo Noah, y que crean empleo también entre el sector femenino, al que cada vez se ve más y más en la calle. No solo pequeños puestos de fruta y verduras o salones de belleza, sino también hoteles y centros de entrenamiento para los atletas.

El dinero que el atletismo ha llevado a Iten ha abierto las puertas de la emancipación, aunque de momento sea solo una rendija mínima. En los años transcurridos entre el Noah aspirante a fondista y el Noah consumado fondón, la peluquera de su prima Florence, la madre soltera Nancy Chepkoge, ha ampliado su negocio, lo ha trasladado a un lugar mejor y se ha convertido en una muchacha con mucha más confianza en sí misma. El éxito de las atletas permea hasta otros niveles de la sociedad.

Pero es este un fenómeno muy reciente. El hermano Colm O'Connell, que en los setenta empezó como profesor en la prestigiosa escuela de Saint Patrick's, en Iten, es un testigo excepcional de toda la evolución. Ahora muchos le consideran el padrino del atletismo en la zona, pero lo cierto es que llegó sin tener ni idea de eso de correr: aprendió sobre la marcha.

Por entonces, las mujeres estaban confinadas al entorno doméstico. Apenas había escuelas para niñas. Apenas había mujeres atletas. Colm se involucró en la escuela femenina local de Singore y trató de promocionar el atletismo allí. Pensó que si hombres y mujeres compartían el mismo contexto y ellos eran capaces de destacar corriendo, ellas no tendrían por qué encontrar trabas para hacerlo. Pero se equivocó. Las familias de las chicas no veían la utilidad de aquello: ¿para qué educar a una niña si se casará y se marchará del hogar para engrosar la familia del marido? ¿Qué pérdida de tiempo es esa de correr si su única meta es la de ser madre y esposa?

«Fue un proceso muy lento. A los padres les llevó tiempo aceptar que sus hijas podían ser atletas de éxito y ganar dinero. Y en un momento dado —celebra Colm—, hasta se dieron cuenta de que sus hijas podían procurarles más ganancias siendo atletas que las que obtendrían con la dote al casarla».

Poco a poco se logró resquebrajar la tradición y los frutos comenzaron a aflorar. Era solo cuestión de tiempo. Sylvia Kibet, plata en 5000 metros en los mundiales de atletismo de 2009 y 2011, y bronce en los Juegos Olímpicos de Pekín 2008, fue un producto del irlandés y la escuela femenina de Singore. Sylvia Kibet, como Abel Kirui, se construyó una bonita casa de cemento con las primeras ganancias y se compró un gran coche. Pero también levantó un alojamiento para atletas, un terrenito con varias casetas pintadas de morado y amarillo. Fue un modo de asegurarse una ganancia, de crear empleo, de atraer más dinero al pueblo.

Aunque quizá la primera en invertir fuertemente en Iten fuera su prima Lornah Kiplagat.[7] Lornah también tiene récords, medallas, victorias. Y decidió hacer negocio con las rentas derivadas de estas. Es consciente de que el atletismo ha sido (y es) una chispa única y diferenciadora en esta región keniana. «Muchos chicos y chicas que corren ahora, y de mi edad, ganamos mucho dinero en muy poco tiempo. Esto jamás lo habríamos logrado con ningún otro trabajo».

Como atleta, tuvo una carrera exitosa, aunque su faceta de empresaria no le va muy a la zaga. Creó el Centro de Entrenamiento a Elevada Altitud de Iten, lo que popularmente se conoce como la *Universidad de los Campeones*, donde es fácil encontrar alojados atletas *rostropálidos*, *wazungu*, blancos. Es lo

[7] No emparentada con Florence Kiplagat, sino con las hermanas Hilda y Sylvia Kibet.

que se llama *turismo deportivo*, que le procura a la zona unos jugosos ingresos e ideas de desarrollo no solo atlético sino también social, aportadas por visitantes de todo el mundo. El centro, que emplea a una veintena de vecinos, cuenta con un buen gimnasio, una piscina, una agradable zona de recreo y habitaciones y comedor para quien pueda costeárselo. El lugar bien podría valer para un fantástico retiro espiritual.

Lornah sufrió el machismo keniano, la falta de oportunidades frente al sexo opuesto, y no quiere que otras mujeres pasen por lo mismo. Para tratar de combatir la tradición, hace unos años que decidió dar una zancada más: una escuela para niñas en las que se combine la excelencia académica con la deportiva. Así, cuando los músculos de las piernas no den más de sí, siempre les quedarán los de la cabeza. «¿Sabes? En Kenia, la economía la llevan las mujeres y serán las futuras madres… Por eso, cuanta más y mejor educación reciban, mejor será para el futuro».

«Si echas un vistazo en Iten —asegura—, verás muchos hombres sentados junto a la calzada sin hacer nada. Solo están por ahí, dando una vuelta. Pero difícilmente verás a una mujer sentada sin hacer nada. Siempre están en casa, cuidando de los niños, cocinando, lavando…». Cualquier paseo por Iten lo confirma. Renato Canova lleva dos décadas entrenando atletas en Iten y conoce bien la estampa a la que se refiere Lornah: «Te encuentras con septuagenarias cargando un saco de cincuenta kilos de leña a la espalda y el marido o el hijo al lado que ni se plantean cargarlo, aunque sean diez veces más fuertes». El paso del tiempo y la modernización han hecho que los papeles de cazador o de guerrero ya no sean indispensables para una familia keniana, pero las mujeres sí han mantenido intactas sus obligaciones. Y, por lo general, los varones no se han volcado en compartirlas.

En los años que ha pasado en Iten, el entrenador italiano ha visto cómo estos roles se iban alterando entre sus corredoras poco a poco. El surgimiento de las atletas les ha permitido viajar al extranjero a competir, ver otras realidades de mayor igualdad entre mujeres y hombres, donde ellos cocinan y ellas llevan el sueldo a casa, donde ellos hacen la compra, se encargan de los niños y del trabajo doméstico. O, al menos, se reparten ese trabajo. Y estas ideas han calado entre fondistas como Florence Kiplagat o Caroline Chepkwony, pertenecientes a esa generación de mujeres cuyo talento les ha permitido tener una vida desahogada, visitar otros países y constatar que existen otros mundos que quizá podrían tener aplicación en Kenia.

Caroline Chepkwony vivió en Alemania durante seis años, que le sirvieron para mejorar su técnica, reducir sus marcas y expandir sus horizontes. «Allí aprendí que las mujeres se pueden mantener por sí mismas. No es como en Kenia, o en África en general, que alguien gana dinero y lo compartimos entre todos. Allí, para algunas mujeres, cuando el dinero es tuyo, es solo tuyo. Porque [en Kenia] a veces trabajas muy duro para conseguir ese dinero y *la otra persona* no, y dice que es de todos. Pero has sido tú quien se lo ha trabajado».

La circunstancia, al parecer, no es demasiado rara entre las atletas emparejadas de Iten. Ella logra el éxito y él lo disfruta, lo cual no sería tan sangrante si se hiciera de mutuo acuerdo. Pero para muchos hombres, la revolución social que se está fraguando en Iten está resultando harto indigesta. «Algunas atletas lo han aceptado al principio —explica Renato Canova—, pero luego han desarrollado su personalidad y, como es lógico, han pedido estar involucradas en la toma de decisiones. Cuando los maridos han seguido insistiendo en su rol, ellas han cogido las cosas de este y se las han puesto fuera de la puerta». El divorcio, un tabú aún más grande en la Kenia rural que en la urbana, va ganando terreno entre mujeres que pueden permitirse estar solas.[8] Agnes Kiprop, compañera de entrenamientos de Caroline Chepkwony, es una de ellas.

Agnes no es una estrella, no reconocerás su rostro por la calle ni la verás anunciando zapatillas deportivas para grandes marcas en paneles publicitarios junto a la autovía. Pero las victorias en varias carreras medianas le han proporcionado todo lo que necesita para subsistir, y bastante más. Una buena casa, por ejemplo. Y una huertita: la ansiada *shamba*, sin la que da la sensación de que un keniano estaría incompleto. También en Iten, tener unas tierras en las que cultivar o poseer alguna vaca es poco menos que imperativo para ser una persona de bien. Agnes las tiene gracias a sus largas piernas.

Viste unas viejas zapatillas sin cordones, un forro polar lila con pinta de haber abrigado muchas noches y, a modo de falda, un *kanga*, una tela estampada típica de la zona. Juzgando exclusivamente por el modesto aspecto, nadie diría que ha ganado carreras en Turín, en Frankfurt, en Praga.

Una verja de chapa oxidada guarda la entrada de su casa. Al superarla, un pequeño huerto queda a la izquierda, un tractor hecho trizas, al frente y, junto a este, una amplia vivienda de cemento, anhelo de gran parte de la población local, residentes en angostas construcciones de madera, chapa y barro. Agnes presenta a sus hijos, y también a la limpiadora. En Kenia (al igual que en otros países africanos) es habitual que cualquier familia mínimamente acomodada cuente

[8] Una encuesta del Ministerio de Desarrollo Social, Género e Infancia de Kenia publicada en 2012 muestra que el cuarenta por ciento de las kenianas entrevistadas creen que deben tolerar la violencia doméstica para mantener a la familia unida. Piensan lo mismo el cincuenta por ciento de los hombres encuestados.

con una, encargada asimismo de hacer la compra, cocinar y, si hace falta, cuidar de los churumbeles. Lo que no es tan común es que Kevin, uno de los dos hijos de Agnes, tenga un ordenador portátil a sus diez años. Los hogares que se lo pueden permitir en este país se cuentan con los dedos de una mano. La respuesta a este lujo reposa sobre el armario del salón, en las múltiples copas y medallas que Agnes ha logrado a lo largo de su carrera. Es precisamente ese poderío económico el que hizo que los conflictos afloraran en su casa.

Después de las bienvenidas de rigor, la muestra de fotos del álbum familiar y bromear un rato con los niños, empezamos la entrevista fuera de la casa, a la luz natural de una fresca tarde. No pasa mucho tiempo de conversación cuando, de manera bastante sorpresiva, comenta: «Era mi dinero, pero él quería decidir cómo gastarlo». Jamás se refiere a su exmarido por el nombre.

«Para empezar, él no quería comprar una *shamba* en Iten. Quería gastarse el dinero en lujos, como un Prado [todoterreno Toyota] y otras cosas. Y yo le dije que no. Que prefería estar sola con los niños y que ya vería después», rememora. «Porque si soy yo la que paga la comida, la escuela, la casa, todo… y quizá *la otra persona* mientras está borracha, eso te provoca mucho estrés cuando estás entrenando. Así que decidí quedarme sola con mis hijos».

Más tarde da algunos detalles más. Dice que de momento son pocas las que han dado el paso de divorciarse, pero que el número va creciendo. En un viaje a una competición estuvo hablando con una amiga que también se había separado y por los mismos motivos. Agnes se ríe tapándose la boca con la mano, como celebrando la coincidencia.

Su expareja no quiso asumir o no supo evolucionar hacia un rol distinto del de cabeza de familia y la realidad emergente de Iten le pasó por encima. El atleta holandés Hugo van den Broek, casado con la keniana Hilda Kibet, lo resume con acierto: «Ahora mismo, si tu mujer quiere correr y tiene talento, eres idiota si le dices que quieres que se quede en casa».

Hay otros que sí lo han aceptado o, al menos, ven la situación con cierta normalidad. Como James Ebenyo, que trabaja como liebre en el grupo de entrenamiento de Agnes Kiprop y Caroline Chepkwony, y que tiene los músculos de los gemelos más alucinantes de todo Iten. También el corredor Charles Koech, marido de la supercampeona Mary Keitany. En esta pareja de corredores, Charles conoció el pico de su carrera antes que Mary y, cuando ella empezó a arrasar en el mundo del atletismo femenino a una edad bastante adulta, él supo priorizar el éxito de su mujer. Lo cual no quita que siga conservando un cierto ego. Cuando comento admirado la cantidad de medallas y trofeos que decoran el salón de la casa, Charles Koech salta enseguida: «Claro, somos una pareja de corredores. Son muchas victorias entre *los dos*».

También cuelgan de la pared fotos de victorias en varias competiciones, las típicas láminas de paisajes alpinos con frases de motivación barata con las que uno se topa en casi cualquier casa del país y un póster del papa Francisco.

Mary, que ha batido varios récords y, entre otras muchas carreras, ha ganado un carro de veces los prestigiosos maratones de Londres y Nueva York, se muestra muy reacia a hablar, responde con monosílabos y ofrece un té con una hospitalidad forzada. En un mundillo en el que la amabilidad es abrumadora, sorprenden su distancia y sus malas formas.

Charles cree que la aceptación de la emancipación de la mujer tiene que ver con la personalidad de cada hombre más que con el peso de la tradición machista. Él cree que su carrera ha tenido menos obstáculos que la de Mary, otorgando más méritos a su mujer, si cabe. «El éxito de uno es bueno para los dos. No hay celos —cuenta—. El éxito se consigue con unidad, estando unidos». Unidos dirigen un hotel en Eldoret, donde emplean a treinta personas, la mayoría mujeres.

«Normalmente se dice "educa a un hombre y educarás a un individuo; educa a una mujer y educarás a una familia"», apunta el hermano Colm O'Connell, a quien no le caben dudas de que todo lo sembrado en el pasado está ahora en plena floración. Las victorias de Sylvia, de Lornah, de Florence, de Mary. Las inversiones de estas en Iten y alrededores y la creación de puestos de trabajo para más y más mujeres que ahora pueden llevar a casa un sustento. La modificación de roles de género que poco a poco se va abriendo paso en esa zona y suponen un faro para la Kenia rural. Ya no hay problemas cuando una mujer viste pantalones, pero todavía quedan muchos kilómetros por recorrer y récords por batir en este maratón a la igualdad. Y el paso adelante de muchas mujeres como la atleta Tegla Loroupe, ahora en una posición de liderazgo, servirá para avanzar en esa dirección.

Tegla fue la primera africana en ganar el maratón de Nueva York (en 1994 y 1995) y logró ocho medallas (cinco de oro) en mundiales de atletismo en los noventa. Plusmarquista en veinte, veinticinco y treinta kilómetros, además de en maratón, y habitual en lo más alto en los podios de lugares como Londres o Róterdam. Su éxito trasciende las pistas: ahora preside una fundación que lleva su nombre y busca promover la paz y la convivencia a través del deporte. Después de los atentados de Bali de 2002, Loroupe fue invitada a una carrera solidaria en la isla indonesia, donde dice que comprendió mejor que nunca el poder unificador del deporte y se tiró de cabeza al asunto. Un año después apoyó y formó parte de una carrera de promoción de los derechos de las mujeres en la ciudad marroquí de Casablanca en la que participaron varios miles de corredoras.

Cuando en 2014 sus programas de unidad y paz, deporte mediante, llegaron a los concurridos campamentos de refugiados de Kenia, Tegla descubrió que entre estas comunidades había una gran pasión por el atletismo. Así que un año después (coincidiendo con la llegada a la prensa occidental de la crisis migratoria y una mayor concienciación de la población primermundista al respecto) pidió al Comité Olímpico Internacional que se permitiera participar a un equipo de refugiados en los Juegos de Río. Al año siguiente, Loroupe sería nombrada jefa del primer equipo olímpico de refugiados de la historia, con cinco de los diez miembros procedentes del campamento de refugiados de Kakuma, en Turkana, el inhóspito norte de Kenia, de donde procede Tegla. «No queremos ver más refugiados —dijo entonces—. Queremos que regresen a sus hogares y se conviertan en embajadores de la paz».

De vuelta en Iten, Florence Kiplagat afila el gesto y mira al futuro con confianza. Se ve abriendo nuevas sendas en una vida ya plagada de lucha y logros impensables. Al igual que con los Maasai Cricket Warriors, el deporte vuelve a asomar como agente de un cambio —incipiente, remoto y débil— del que Florence es uno de sus mejores exponentes. Está trabajando para crear un centro que proporcione alojamiento y educación a jóvenes huérfanos de la región y, cuando se le acabe el gas en la pista, quiere ser entrenadora: una disciplina en la que las mujeres kenianas no se han hecho un hueco.

Todavía.

NCHI YA KITU KIDOGO

> *En Kenia todavía no existe la idea de que todos ganemos. Es un juego de suma cero: si ellos ganan, nosotros perdemos.*
>
> John Githongo, activista y exconsejero presidencial anticorrupción.

[redacted] de [redacted] de 2016

Estimad[redacted] seño[redacted],

Le escribo en nombre de NIKE Inc. en respuesta a su petición del [redacted] para que [redacted] seño[redacted] comparezca ante el [redacted] en Nairobi, Kenia. Por desgracia, [redacted] seño[redacted] no puede viajar a Nairobi para comparecer ante el [redacted] en este momento. La siguiente información da cuenta del proceso y la experiencia de NIKE a la hora de entregar el producto al equipo de Kenia para los Juegos Olímpicos de Río de 2016.

Bajo el Acuerdo de Patrocinio y Derechos (el «Acuerdo») entre NIKE y el Comité

Olímpico Nacional de Kenia (NOCK), se le requiere al NOCK que envíe sus solicitudes de pedido a NIKE con nueve (9) meses de anticipo a la fecha en la que hace falta el producto. Los pedidos del producto deben incluir los modelos exactos, tallas, fechas de entrega y cantidades. NOCK solicitó el producto para los Juegos de Río 2016 por correo electrónico el 13 de octubre de 2015, e hizo un pedido adicional por correo electrónico el 29 de enero de 2016. Se recibió una copia original [por correo postal] poco después de los correos electrónicos.

NIKE realizó varios envíos en mayo y junio de 2016, y la mayoría de los cargamentos tienen la fecha de Prueba De Entrega (PDE) correspondiente de UPS. Los cargamentos fueron los siguientes: (I) 210 pares de zapatillas (PDE a 13 de julio de 2016); (II) 950 unidades de ropa (PDE a 27 de julio de 2016); (III) 3444 unidades de ropa (PDE a 27 de julio de 2016); (IV) 450 bolsas (PDE a 1 de julio de 2016); (V) 225 pares de zapatos (PDE a 25 de julio de 2016); (VI) 59 uniformes de rugby (recepción confirmada por correo electrónico por el NOCK el 19 de mayo de 2016).

[redacted] seño[redacted] directo[redacted] [redacted] de NIKE, viajó a Kenia el 26 de junio y se quedó hasta el 5 de julio de 2016 para las pruebas olímpicas de Kenia y para entregar el producto para los Juegos de Río 2016 de manera directa a los atletas del NOCK. En ese momento, empleados del NOCK informaron [redacted] seño[redacted] de que el producto estaba aún en la aduana. [redacted] seño[redacted] solicitó al NOCK que rescatara el producto de aduanas durante su viaje para permitirle entregar el producto en persona. Amplió la duración de su viaje solo para darle más tiempo al NOCK para que recuperara el producto. Sin embargo, el NOCK no lo hizo y, en última instancia, [redacted] seño[redacted] tuvo que irse de Kenia antes de que el NOCK obtuviera el producto de aduanas. Después de la marcha [redacted] seño[redacted], el NOCK rescató el producto de aduanas como muestran las fechas de las PDE enumeradas en el párrafo precedente.

Durante su viaje a Kenia y después, durante los Juegos de Río 2016, [redacted] seño[redacted] recibió quejas por parte de atletas. En particular, hubo atletas que se quejaron de que no se les entregó una cantidad adecuada de producto y/o que se les entregaron tallas equivocadas. A pesar de haber proporcionado producto más que de sobra de manera inicial, después de recibir las quejas, NIKE tuvo que crear producto adicional y enviarlo de manera urgente a Río para asegurarse de que los atletas kenianos tenían lo que necesitaban para competir. En Río, [redacted] seño[redacted] entregó el producto a los atletas de manera personal. Por ejemplo, NIKE proporcionó uniformes a Ferguson Rotich, Caleb Ndiku y David Rudisha durante los Juegos Olímpicos porque le informaron de que el producto que habían recibido era de la talla errónea.

En respuesta a estas quejas, NIKE envió numerosas peticiones por correo electrónico e intentó ponerse en contacto con el NOCK por vía telefónica para averiguar más detalles sobre las quejas. NIKE solicitó una reunión en persona con F. K. Paul y Stephen Soi [secretario general del NOCK y jefe de misión, respectivamente], que tuvo lugar en la segunda semana de los Juegos (el, o alrededor del, 12 de agosto). Durante ese encuentro, el señor Paul y el señor Soi informaron a NIKE de que gran parte del producto que NIKE había enviado al NOCK estaba almacenado en Nairobi. No ofrecieron explicación alguna sobre por qué el producto no se les entregó a los atletas para los Juegos.

Confiamos en que esta información satisfaga su consulta. Si necesitara información adicional, se puede poner en contacto conmigo a través de la dirección indicada abajo.

Atentamente,

[redacted]

C. C.: [redacted]

* * *

Garganta Profunda no es atleta. Garganta Profunda no quiere dar su dirección de correo electrónico para futuras consultas. «Deja rastro», dice, como si en 2017 no hubiera rastro hasta de las señales de humo. Garganta Profunda tiene un cargo importante. Garganta Profunda está dispuesta a hablar sin que se grabe la conversación, pero no a que se la identifique: «Tú y yo no nos hemos visto jamás».

Es probable que Garganta Profunda no se parezca en nada a esa persona que tienes ahora mismo en la cabeza.

Garganta Profunda explica que Kenia, al igual que Etiopía y Jamaica, tiene una peculiaridad peligrosa: un exceso de talento atlético mezclado con una pobreza extrema. Muchos corredores sobresalientes que han nacido en una choza. Mucha desesperación, muchas expectativas puestas en uno (en una), mucha presión y mucho en juego. Mucha trampa.

«Si yo soy del Comité Olímpico, o del Ministerio de Deportes, y tengo a Javier —ilustra—, que corre la maratón en dos horas y dos minutos, pero que no está dispuesto a *darme las gracias* por que le incluya en el equipo para viajar a un campeonato a Londres y tengo a Andrés, que corre el maratón en tres segundos más que Javier y sí está dispuesto a *darme las gracias* por llevármelo, ¿a quién crees que elegiré?», cuenta, con mueca de sorna. «Andrés sigue siendo más rápido que el etíope más veloz, Kenia ganará de todas formas la medalla de oro ¡y nadie se enterará de nada!».

Pocos días antes, una plusmarquista mundial keniana me había contado exactamente eso, que jamás la seleccionaban porque sabían que ella se negaba a pagar. Ella no estaba dispuesta a tragar y era consciente de que el precio era sacrificar su participación como internacional por su país. «La mayoría de los atletas callan —afirma Garganta Profunda—. Y los que hablan es porque se han ganado el respeto y tienen contactos».

Garganta Profunda asegura que el escándalo de los Juegos Olímpicos de Río de Janeiro en 2016, lo que pronto se bautizaría como *el fiasco de Río*, toca a gente muy poderosa del Gobierno. ¿Al presidente? No. ¿Al vicepresidente? No. A la alta jerarquía del Ministerio de Deportes, Cultura y Artes. Alguno de ellos, cuenta la fuente sin precisar nombres, es propietario indirecto de una agencia de viajes llamada Green Bay Travel Ltd., con sede en Nairobi, y con la que el Ministerio cerró un acuerdo para la compra de los billetes de avión a Río. Mientras que la aerolínea local Kenya Airways ofrecía los billetes en clase turista por 175.000 chelines kenianos de manera directa y sin intermediarios, Green Bay lo hacía, con esa misma compañía, por 445.000. En primera clase, la diferencia era de 800.000 frente a 2.028.000 chelines. Solo en los billetes de avión a Río se evaporaron *misteriosamente* el equivalente en moneda local a 735.000 euros. No iban a ser los únicos.

A esos vuelos con destino a Brasil se subieron muchos de los 175 representantes kenianos, de los cuales cincuenta eran meros oportunistas absolutamente prescindibles. En la lista había cuatro fisioterapeutas de más, varios atletas que no viajaron y a los que se les pagó, empleados incluidos en la nómina de deportistas, más del doble de la cuota de senadores autorizados y muchos otros figurantes, como un hijo de F. K. Paul, secretario general del NOCK, quien viajó a gastos pagados por el contribuyente.

Los datos aportados por Garganta Profunda muestran que el 20 de julio ya había funcionarios kenianos de la delegación olímpica en Río. No importó que los Juegos se celebraran del 5 al 21 de agosto. Sí importó cobrar las dietas correspondientes, máxime cuando estas eran suculentas. Y estando treinta y cinco días, como hicieron algunos aprovechados, se vendimian más dietas que estando los dieciséis del torneo. ¿Su función en la delegación olímpica? El disfrute personal. Así, por citar un nombre, Lydiah W. Kamau, empleada del NOCK, se embolsó 1,1 millones de chelines (unos 9100 euros de dietas, amigos). Un tal David Rudisha, campeón olímpico, campeón del mundo y plusmarquista en los 800 metros lisos, uno de los mejores atletas del mundo y uno de los mejores embajadores para su país, que mide 185 centímetros y se pagó su propio billete de avión en *business* para no viajar encajonado durante el largo trayecto a Brasil, cobró en dietas 761.000 chelines (6300 euros). «A todos los funcionarios y personal se les pagaron diez días más (de dietas) de los que estuvieron en Brasil», indica el informe del comité investigador citado por la prensa local. La comparación, más que injusta, es dolorosa. Si *nuestra* Karen Blixen se hubiera involucrado en el mundillo del atletismo keniano de nuestro tiempo, quizá habría comenzado sus *Memorias*... con una confesión del estilo: «Yo cobré unas dietas de más en África, en una cuenta bancaria al pie de los Alpes».

Pero el despropósito estaba lejos de quedarse ahí, porque había que encontrar el modo de alojar a todos los viajeros de gorra. El problema radicaba en que había un número desproporcionado de delegados no deportistas y alguien tenía que quedarse fuera de ese divertido hervidero de hormonas con todo incluido llamado Villa Olímpica, cuyas plazas se asignan solo en función del número de deportistas participantes.

«También pasó en Londres 2012. Hubo que hacer turnos para meter a los oficiales en la Villa Olímpica», explica

Garganta Profunda. «Anzrah no sobornó para estar dentro, como sí hicieron otros».

John Anzrah fue el entrenador de los velocistas kenianos elegido para formar parte del *Team Kenya* que viajaría a Río. Solo que John Anzrah no pudo entrenar, animar, aconsejar o, simplemente, ver a sus pupilos porque fue privado de acceso a la Villa Olímpica por el motivo esgrimido por nuestra fuente en las alcantarillas. Tuvo que dormir en un alojamiento exterior con otros dos compañeros. Así que, un día, Ferguson Rotich, uno de los mejores del mundo en los 800 metros lisos, le cedió la acreditación para poder acceder al recinto olímpico. Con la puntería de que ese día la agencia antidopaje quiso realizarle un control sorpresa a Ferguson Rotich y, como en la acreditación del sexagenario John Anzrah decía que se llamaba Ferguson Rotich, de poco sirvieron sus argumentos ni sus aspavientos. Antes de que se lo llevaran a escrutarle la orina, Anzrah alcanzó a gritarle a un compatriota que llevara inmediatamente a Ferguson Rotich al lugar de las pruebas a desfacer el entuerto. Y allí, tras el que debió de ser uno de los esprints más angustiosos de su vida, apareció Ferguson Rotich con el pasaporte y la vejiga a disposición de los organizadores.

Al conocer el jaleo, el jefe de misión del equipo olímpico keniano, Stephen Soi —el mismo Soi que cita Nike en la carta de hace unas páginas como funcionario keniano que no aporta explicaciones sobre la equipación olímpica desaparecida—, declaró a la prensa que *justo ese mismo día* estaba previsto que John Anzrah pasara a alojarse en la Villa Olímpica tras haber concluido otros entrenadores y atletas su participación y dejar plazas vacantes. Una de esas hermosas coincidencias de todo escándalo de corrupción que se precie.

Un reputado entrenador amigo de Anzrah cuenta que, a su regreso a Nairobi tras ser expulsado de Río dos días después del incidente, John le dijo: «Nos trataron como a mendigos».

John Anzrah no fue el único representante keniano en ser despachado de Río. El primero en salir de Brasil por la puerta de atrás fue el miembro del comité ejecutivo de la Federación de Atletismo y miembro de la dirección de la delegación olímpica keniana Michael Rotich, sin parentesco con el esprínter, al que una investigación con cámara oculta del *Sunday Times* londinense y la televisión alemana ARD captó pidiendo un soborno de más de 11.000 euros por avisar a los periodistas que se hicieron pasar por entrenadores británicos de cuándo habría controles antidopaje programados para sus supuestos atletas. La sombra del dopaje volvía a planear sobre algunos de los mejores corredores del mundo.[1]

Pero los atletas kenianos ya tenían suficiente con la presión del torneo y otros asuntos más mundanos: ¿con qué ropa competir cuando no te han dado la equipación necesaria? Las tallas no eran las solicitadas y el material, insuficiente. Las mujeres recibieron solo catorce de las treinta piezas del kit de competición y los hombres, catorce de veintiocho. «Cada vez que nos quejamos, los oficiales del NOCK nos dicen que eso es lo que recibieron o que las tallas no eran las correctas, y no sé por qué piden tallas cuando saben que no se las van a mandar», gruñe un tiempo después de aquello la atleta olímpica

[1] El periodista alemán de investigación Hajo Seppelt, especializado en asuntos de dopaje, revela en su documental *The Shadowy World of Athletics* la relativa facilidad con la que se pueden conseguir sustancias prohibidas en Kenia o la sencillez con la que, a través de un soborno, se puede circunvalar un positivo en Kenia o una suspensión de la federación. Su conclusión es que todo es cuestión de pasta: muchos más atletas están dopados de los que las federaciones reconocen, pero la industria del atletismo funciona a pleno rendimiento. Las decenas de atletas y entrenadores entrevistados por el que suscribe se muestran en contra de estas prácticas y las consideran contraproducentes, y ninguno de ellos se ha visto involucrado en un escándalo de ese tipo. En mayo de 2019, la IAAF (organismo rector del atletismo mundial) anunció la inhabilitación, durante diez años, de Michael Rotich, quien falleció pocas semanas después.

Viola Lagat, especialista en 1500 metros. «O, si las mandan, no sé dónde las ponen los funcionarios, porque nunca nos llegan. Así que espero que los patrocinadores estén haciendo su trabajo, porque si tenemos que tratar con la gente de Kenia…, los funcionarios kenianos no saben comportarse».

Viola Lagat observó en Río a otros equipos con el mismo patrocinador, como el de Estados Unidos. Y descubrió que contaban con distintos uniformes de podio, diferentes chándales, sombreros, calcetines, chanclas, mochilas. «Un montón de cosas que yo jamás tuve ni vi», resume. «Así que no sé adónde se fueron los kenianos, pero… si los patrocinadores se encargan de mandar el material, deberían mandar el mismo material. Y espero que lo hagan, porque me estaba preguntando si a los kenianos, a los africanos, nos estaban discriminando y nos mandaban menos cosas».

En el fondo —asegura Lagat—, ella no tiene ningún interés en la ropa de vestir que les pudieran haber proporcionado, pero sí en el material para las carreras y, si le adjudicaron material XL cuando su talla es XS, no podrá competir. «Si estoy cómoda, pensaré solo en lo que tengo que hacer en la pista, en vez de estar nerviosa por otros asuntos», apunta.

El más crítico con la gestión del equipo olímpico keniano por parte de las autoridades fue su propio capitán, Wesley Korir, entonces diputado independiente por la comarca de Cherangany y maratoniano con unas cuantas victorias importantes en su historial. Desde su privilegiado altavoz, Wesley acusó a quienes creyó responsables del desastre con nombre y apellidos y señaló al ministro del ramo y al jefe de misión. Korir explotó cuando cerraron la Villa Olímpica, pocos días después del fin de los Juegos, cuando los atletas que aún estaban en Río esperando a «los vuelos baratos» que les había reservado el NOCK tuvieron que pasar varias noches en «una zona que parecía un poblado chabolista». El boxeador olímpico Rayton Okwiri le secundó: «Nos llevaron a un poblado inseguro e infestado de mosquitos. Era como un gueto. Los disparos eran habituales allí durante la noche».

Viola Lagat no tuvo que vivirlo porque se marchó días antes, a la siguiente competición programada, aunque pagándolo de su propio bolsillo a última hora. «Antes de salir de Kenia, avisé de que tenía otra competición después y necesitaba adelantar el vuelo de regreso. Los funcionarios me mintieron y me dijeron que estaba listo y que habían cambiado la reserva. Y el día en que se supone que iba a irme, a eso de las doce, fuimos al aeropuerto y me dijeron que no habían cambiado mi billete. Así que me tuve que comprar mi propio pasaje». Viola Lagat ya no quiere perder más tiempo intentando que se lo reembolsen.

«Deberían prestar atención a nuestras necesidades cuando viajamos a otras carreras y competiciones, y si no es posible, quiero que me digan que no lo es y así nos podemos organizar por nuestra cuenta —se desahoga la corredora—. Si te soy sincera, no culpo a nadie de los que ahora se están yendo de Kenia para competir para otros países, porque la mala gestión es interminable.[2] Somos los que llevamos los ingresos a nuestro país y somos los mejores embajadores de Kenia. No es que no estemos haciendo nada por el país…».

Al final, el equipo keniano regresó con seis oros, seis platas y un bronce, metales por los que el patrocinador del *Team Kenya* paga una serie de primas al NOCK. Según varios atletas consultados, ese extra nunca llega a sus manos.

[2] Las únicas dos medallas logradas en Río por el equipo olímpico de Baréin, por ejemplo, se las colgaron dos kenianas nacionalizadas, una tendencia al alza.

La culpa del *fiasco de Río* —como a estas alturas puede suponer el alma caritativa que haya comprado este libro— no fue de nadie. El NOCK dijo que el Gobierno era responsable de la mala gestión mientras que este señalaba al Comité Olímpico local como único autor del fraude. ¿Número de condenados por malversación de fondos públicos, abuso de poder y negligencia? Está por ver. El entrenador Colm O'Connell, uno de los europeos que más tiempo ha residido en Kenia (y por tanto, más atracos al contribuyente ha presenciado), dice que nombrar un comité de investigación es la mejor fórmula para que un escándalo se olvide en este país. Y todo apunta a que en este caso también lleva razón.

* * *

Mzee alisema hakuna cha bure

Kenyatta dijo: «No hay nada gratis»

Huo msemo tunautafsiri kinyume

Nosotros lo vemos de otra forma

Hata shule kuingiza mtoto

Incluso para matricular a un niño en la escuela

Lazima utoe mchoto

Debes *hacer una donación*

Kupata simu ni balaa

Conseguir una línea telefónica es un problema

Road license bei nafuu untanunua

Con un poco de dinero puedes conseguir tu carné de conducir

Kupoteza ID ni mashaka

Perder tu documento de identidad es un jaleo

Twarudisha jamhuri yetu nyuma.

Estamos haciendo retroceder nuestro país.

Eric se puso a componer presa de la rabia y la frustración, harto del obstáculo cotidiano, del pequeño pago casi invisible, del soborno diminuto, pero también del saqueo a gran escala. Si alguna vez *canción protesta* tuvo un significado literal en el mundo de la música, fue con este tema.

«Perdí el DNI y lo tenían en una comisaría. Cuando fui a recogerlo, la agente que me atendió lo encontró entre los muchos documentos perdidos y me dijo: "Sí, está aquí. Pero ¿sabes qué? Si no me das 200 chelines, se va a volver a perder". Ah, mierda, toma [gesticula como sacando dinero invisible del bolsillo]. Y ese fue el incidente que inspiró la canción».

La canción es *Nchi ya kitu kidogo*, algo así como «país de pequeños sobornos», siendo el *kitu kidogo*, literalmente, «algo pequeñito»: el sobornito diario. ¿Te para la policía y te saca una falta en el coche por el motivo más peregrino imaginable? Se puede arreglar con un poco de dinero para *un té*: *kitu kidogo*. ¿Necesitas un documento oficial? El *primo kitu kidogo* te allanará el terreno. Eric Wainaina es uno de los cantantes más populares del país gracias en parte a esa canción, sacada en los estertores del régimen de Daniel arap Moi, en el cambio de milenio. En aquel momento, la gente pasó a conocerle como *Kitu Kidogo* y aún hoy, cuando se menciona su nombre, es probable que si el interlocutor es keniano negro cante el pegadizo estribillo y hasta se arranque a bailarlo:

Nchi ya kitu kidogo	País de algo pequeñito
Ni nchi ya watu wadogo	Es un país de gente pequeñita
Ukitaka chai ewe ndugu	Hermano, si quieres un *té*
nenda Limuru.	vete a Limuru.[3]

[3] Limuru es una de las zonas de producción de té más conocidas de Kenia.

«En ese momento, cuando saqué la canción —explica el artista—, estábamos instalando líneas telefónicas fijas. Y para conseguirla, tenías que sobornar a los de la compañía de telecomunicaciones. Una de las razones por la que la gente conduce tan mal es porque todos pagamos sobornos para conseguir nuestros carnés. Incluso te lo incorporan a las tasas de la autoescuela, como si estuviera institucionalizado. Hay una cosa que llaman *tasa de facilitación*, y te la añaden al coste del carné».

La calle vio un himno (otro más) en la canción. Su letra demoledora —y en suajili, llegando así a todo el pueblo—, su música bailonguera, su fiel reflejo de la vida cotidiana. Eric Wainaina no tuvo que recurrir más que a sus vivencias personales, como la vez que entraron unos ladrones a la parcela donde estaba la casa familiar. Cuando, al ver a los delincuentes fuera del edificio, su madre llamó a la policía para que acudiera en su auxilio, los agentes le respondieron que fueran a recogerles, porque ellos no tenían coche.

Hata nyumbani ukipatwa na majambazi

Incluso en casa, cuando te atacan los ladrones

Kupiga 9-9 wasema «Sisi hatuna gari

Si llamas a la policía, dicen:
«No tenemos coche

Lete elfu tano ya petroli, saidia utumishi»

Páganos 5000 de gasolina,
ayuda al cuerpo»

Mahakamani hela ndio haki

En el juzgado, el dinero es la justicia

Kwa elfu chache mshtakiwa ndiye mshtaki

Por unos pocos miles, el demandante se convierte en demandado

Utajiri huwa ushahidi

La riqueza se transforma en pruebas

Twarudisha jamhuri yetu nyuma.

Estamos haciendo retroceder nuestro país.

Como canta Wainaina, la corrupción inunda prácticamente cada ámbito de la vida cotidiana en Kenia y el habitante medio se ve integrado —casi siempre, a la fuerza— en ese sistema que revienta los puntales de toda sociedad saludable. El chapuzas de la oficina intentará falsear unas facturas de ferretería para sacar un pequeño extra a repartir con el vendedor, el policía abusará de su poder cuando vayas a presentar una denuncia en comisaría con el objetivo de embolsarse algo más de dinero, tu amigo el contratista extranjero te contará sin tapujos cómo han sobornado al funcionario equis para hacerse con la concesión de un proyecto, Inmigración retrasará tu solicitud de un permiso de trabajo de manera indefinida hasta que se haga cargo una intermediaria local cuyos honorarios serán desorbitados y los compartirá con los oficiales adecuados para agilizar tu trámite, la administradora de fincas solo se dará prisa en solucionar tus problemas si la estimulas con unos chelines, la seguridad del edificio en el que resides estará en peligro si los ladrones prometen a los vigilantes una parte del botín obtenido entrando a las viviendas.

El impacto de las prácticas corruptas, al final, llega a todos: la mayor parte de los productos que se consumen en Kenia son importados y la mayoría de ellos se mueven vía transporte marítimo. Las mercancías llegan al puerto de Mombasa, de donde se priorizará su salida si se paga la mordida correspondiente, y luego se distribuirá sobre todo por carretera, donde los agentes de policía podrán decidir si dejar pasar o no ese camión de mercancías en el control de turno dependiendo de lo que se les ofrezca. Si cada control de carretera y cada aduana suponen un soborno, hagan la cuenta: los costes del comercio aumentan, sube también el precio de la mercancía y la red de distribución se ralentiza. En un estudio realizado en 2014 por la Organización Mundial del Comercio, más del ochenta por ciento de los entrevistados coincidieron en que este proceso corrupto y tortuoso tiene un fuerte impacto en sus negocios.[4] Esta otra cifra no es especialmente reciente, pero sirve para hacerse una idea del contexto: un informe de 2004 de la ONG anticorrupción Transparencia Internacional (TI) concluyó que el keniano medio pagaba dieciséis sobornos al mes, con el sistema sanitario, el acceso a documentos oficiales y el registro de la propiedad como ámbitos más afectados.

Unos datos más actuales: en el contexto regional, el Índice de Sobornos de África Oriental en 2017 de TI muestra que Kenia aparece como el país más corrupto, frente a vecinos como Uganda, Ruanda, Tanzania y Burundi, con la Policía como el órgano más sediento de *té*. El país no queda mejor parado a nivel internacional. El Índice de la Percepción de la Corrupción de 2017, elaborado cada año también por la misma organización, sitúa a Kenia en el puesto 143 de los 180 países analizados y le concede un suspenso inapelable: 2,8 sobre 10.[5] Aunque con una tendencia al autoritarismo bajo la batuta de Uhuru Kenyatta, el país africano sigue siendo considerado una democracia, si bien con muchas goteras. Otros países que le siguen en la parte baja de la tabla, percibidos como más

[4] *Barriers to the Trade: The Case of Kenya*, OMC, 2014: El número de controles de carretera no oficiales entre el puerto de Mombasa y las ciudades fronterizas de Malaba/ Busia [hacia Uganda] o Namanga [hacia Tanzania] se mantuvo en doce y los camioneros estuvieron, de media, una hora en cada uno. También pagaron 5000 chelines de media [45 euros, aproximadamente] en tasas no oficiales a los agentes en cada control. Los camioneros dijeron que les lleva tres o cuatro días de media pasar la frontera en Malaba/Busia, pero dos días en Namanga.

[5] En esa misma lista, España ocupa el puesto 42 de 180.

corruptos, están en ligas distintas: Zimbabue, Corea del Norte, Eritrea, Tayikistán o Sudán, por ejemplo, eran dictaduras en el momento de realizar el informe; Irak, Siria, Yemen, Sudán del Sur y Somalia estaban en guerra, y los dos últimos países citados podrían también entrar en la categoría de estados fallidos, lista que engrosan Haití, la República Democrática del Congo o Libia, entre otros. ¿Dónde deja esto a Kenia, si la ponemos a competir con países de sus características? Casi en la cúspide. Medallistas también en corrupción.

Nchi ya kitu kidogo	País de pequeños sobornos
Ni nchi ya watu wadogo	Es una tierra de gente pequeña
Ukitaka soda ewe ispekta	Si quiere un *refresco*, inspector
Burudika na Fanta.	Disfrute una Fanta.

¿Por qué? ¿Acaso «corrupto» no se entiende como un término peyorativo ni la corrupción como un acto censurable? Un estudio del Instituto de África Oriental de 2016 revela que la mitad de los jóvenes kenianos encuestados «cree que no importa cómo uno consiga el dinero, mientras no acabe en la cárcel». El 47 por ciento «admira a quienes ganan dinero del modo que sea».[6] «De hecho, en muchos de nuestros idiomas tribales no existe una palabra para la corrupción, en kikuyu, en lúo… Inventamos algunas para referirnos a la corrupción. Pero si llamas a alguien "ladrón" es muy distinto. Eso sí tiene una sanción social», asegura John Githongo, un experto en la materia con el que nos sentaremos a charlar en breve.

La situación no tiene visos de mejorar ni a medio plazo. La ausencia de denuncias, el miedo a realizarlas, o las pocas

[6] *The Kenya Youth Survey Report*, East African Institute, 2016, encuestó a 1854 personas con edades entre dieciocho y treinta y cinco años y del ámbito urbano y rural.

ganas de arriesgarse y además topar con las trabas y la impunidad de siempre supone uno de los obstáculos principales a la hora de atajar la corrupción. En un mundo absurdo en el que alguien como Ngũgĩ wa Thiong'o es considerado un revolucionario por aspirar al orden lógico de las cosas, la lamentable normalidad es que quien denuncia la corrupción está mucho más estigmatizado que el corrupto. Según la citada encuesta del Instituto de África Oriental, el setenta y tres por ciento de los jóvenes «tienen miedo de defender lo correcto por temor a represalias».

Es normal, en vista de los antecedentes. El 2 de marzo de 2006, pasada la medianoche, grupos de enmascarados con fusiles AK-47 entraron en las oficinas del diario *The Standard* y de la cadena de televisión del mismo grupo, KTN. Un comando interrumpió las emisiones y se llevó varios discos duros en las salas de la televisión, mientras que otro, después de intentar sin éxito hacer lo propio en la redacción del periódico, bajó a las rotativas y quemó los ejemplares que iban a ser distribuidos esa misma mañana. *The Standard*, uno de los periódicos más importantes del país, se había unido a la denuncia de varios medios del escándalo Anglo Leasing, una trama consistente en varios contratos iniciados por la administración Moi y continuada por Kibaki y sus mamachichos. Consistía en la contratación de material de seguridad —un asunto lo suficientemente delicado como para no darle demasiada publicidad, ni tener que responder a demasiadas preguntas— con un coste total equivalente a unos 640 millones de euros. Solo que se habían contratado con Anglo Leasing and Finance Company Ltd. y una serie de empresas que (¡pardiez!, ¡de nuevo la casualidad!) no existían. El Ejecutivo, involucrado en el fraude hasta la coronilla, había acusado a *The Standard* de inventarse información. Más tarde, el Gobierno admitió que había estado detrás de la redada, pero no hubo ni disculpas ni reparaciones. «Si quieres molestar a una serpiente, tienes que estar preparado para que te muerda», dijo a propósito de este asunto el entonces ministro del Interior, John Michuki, que algo sabía de reptiles dada su trayectoria política desde la misma administración colonial y que mamó de la teta de la política bajo cada uno de los presidentes de la Kenia independiente.[7]

Unos años más tarde, en septiembre de 2011, bandidos armados (¿los mismos ya experimentados?, ¿otros?) irrumpieron de madrugada en las oficinas de la revista *Nairobi Law Monthly*, muy crítica con el Gobierno, e hirieron a los dos *askaris* de guardia que trataron de impedirles el acceso. También en esa ocasión se llevaron discos duros, que no sabemos si después formatearían treinta y cinco veces o destruirían a martillazos. Quizá fuera una reacción a la portada del mes de marzo anterior —obra del siempre genial caricaturista Gado—, en la que se veía un primer plano del entonces presidente Mwai Kibaki. Su amplia sonrisa dejaba a la vista unos dientes sobre los que se podía leer: «Impunidad», acompañando al titular «La última carta de Kibaki». Pero más bien se trataría de eliminar investigaciones incriminatorias de peces gordos que los editores planeaban publicar al mes siguiente con motivo del primer aniversario de la revista.

Aparte de estos *entrañables* asaltos a medios críticos, el historial de penalización a quien habla a destiempo puede llegar a cotas más salvajes, como cuando los testigos de la acusación de la CPI por la violencia poselectoral empezaron *misteriosamente* a retractarse (o a desaparecer). No sorprende que a muchos se les quiten las ganas.

[7] «Kenya admits armed raids on paper», BBC, 2 de marzo de 2006. <http://news.bbc.co.uk/2/hi/africa/4765250.stm>.

«Necesitamos facilitar la labor de denuncia. Hay una crisis de información sobre estos casos en Kenia. Nuestros estudios han mostrado que muy poca gente informa sobre casos. Si vas a una institución a informar de una incidencia y no pasa nada, la gente se frustrará y no volverá a hacerlo», lamenta Samuel Kimeu, director de la rama keniana de Transparencia Internacional. «A los corruptos les viene muy bien porque se traduce en impunidad para ellos».

Eric Wainaina es uno de los pocos que sí se ha atrevido a denunciarlo públicamente. Una vez dio un concierto en un festival al que acudió un entonces vicepresidente y los organizadores trataron de que no tocaran *Nchi ya kitu kidogo*. El público se impuso y la terminaron cantando: no podían desperdiciar la ocasión de hacer llegar el mensaje. Aunque, en realidad, ¿ha servido de algo la canción? «Creo que hay ciclos. Uno jamás puede esperar un cambio radical de la sociedad —argumenta Wainaina—. Recuerdo que, cuando salió la canción, publicaron una historia en el periódico que contaba que dos agentes dieron el alto a un autobús escolar y pidieron un soborno. Los alumnos se dieron cuenta de lo que estaba pasando y se la cantaron a los policías».

Huko Kenyatta madawa zimeisha

No hay medicinas en el Hospital Kenyatta

Masheeti zauzwa Marikiti mia kwa mia

Las sábanas (del hospital) se venden en
(el mercado de) Marikiti por cien chelines

Wafanyikazi waenda miezi bila pesa

Los trabajadores no cobran durante meses

Ni bahati ukitibiwa

Solo te atenderán si tienes suerte

Mzigo wetu unazidi kuwa mzito

Nuestra carga sigue aumentando

Watoto wanne na mshahara wa elfu mbili mia tano

Cuatro hijos y un sueldo de 2500 chelines

Ya vitabu, na viatu na vyakula

Para libros, zapatos y comida

Nauliza na Mbotela

Le pregunto a Mbotela:

«Je huu ni ungwana?».

«¿Es esto civilizado?».[8]

El monstruo de la corrupción de Kenia tiene al menos un componente histórico. El cheque en blanco para muchos asuntos de la administración colonial sentó precedente en la forma de tratar las cuestiones públicas una vez se arrió la *Union Jack*. Samuel Kimeu concede que el legado colonial es innegable e imborrable, después de los profundos cambios provocados por Londres en el modo de vida que tenían los habitantes del lugar, pero no acepta que esa excusa exculpe todo. «Creo que hemos sido independientes durante el tiempo suficiente como para corregir todo esto».

El problema, llegados a este punto, es el de siempre. Quienes tienen la varita mágica para atajar estas prácticas prefieren seguir beneficiándose. Y Daniel arap Moi tuvo la varita durante veinticuatro años. Entre 1991 y 1993, el dictador y sus amiguetes crearon una trama para conseguir divisa extranjera en un momento complicado: había caído el telón de acero y a los dictadores del bloque occidental se les empezaron a pedir cuentas porque ya no todo valía.[9]

[8] Leonard Mambo Mbotela era el presentador de un conocido programa radiofónico de la emisora estatal KBC que se titulaba precisamente *Je huu ni ungwana?* (¿Es esto civilizado?), en el que se exponían conductas indecorosas.

[9] Ahora, la amenaza yihadista ha tomado el relevo en estas prácticas en pos de una alianza antiterrorista.

En el caso keniano, algunos donantes habían suspendido la ayuda para ejercer presión por unas elecciones democráticas. Y así nació lo que de manera colectiva se pasaría a llamar *Goldenberg*, una estafa consistente en enriquecerse a través de generosas compensaciones a la exportación ficticia de oro y diamantes, recursos prácticamente inexistentes en Kenia, pero que sobre el papel llegaron a rivalizar con la principal exportación nacional, el té.[10] Con aquella broma se esfumó una décima parte del que entonces era el producto interior bruto del país. «Yo me apropié de manera indebida de unos fondos públicos en África, al pie del Centro Internacional de Conferencias Kenyatta». Eso sí que habría sido un inicio brutal para las *Memorias* de Karen Blixen.

Después de ser oro, diamantes y sistemas de seguridad, la corrupción siguió mutando. A maíz, por ejemplo, cuando varios altos funcionarios se forraron a base de vender de manera ilegal reservas públicas de maíz de un fondo de emergencia destinado a paliar situaciones de sequía y hambre, como las vividas en 2011 o 2017. O a letras, como aquella vez que se robaron millones de chelines del Ministerio de Educación destinados a financiar la educación primaria gratuita.

A nadie, entre aquellos que ostentan el poder, le ha interesado que se investigue al respecto. Por eso las investigaciones no son genuinas. Por eso a los distintos órganos anticorrupción puestos en marcha a regañadientes se les han cortado las alas de manera sistemática.[11] Por eso nunca se ponen en

[10] Kenia es el mayor exportador de té del mundo y el tercer mayor productor, según datos de la FAO de 2016. El sector emplea a unas 660.000 personas y supone en torno al cuatro por ciento de su PIB. Las flores y el café son los siguientes productos en la lista de exportaciones kenianas.

[11] Cuando, a mediados de 2011, los diputados se unieron para despedir al reputado P. L. O. Lumumba de su puesto al frente de la Comisión Anticorrupción de Kenia, la ministra de Agua, Charity Ngilu, cuyo nombre ha aparecido en infinidad de escándalos

marcha las recomendaciones de la Comisión de la Verdad, la Justicia y la Reconciliación. Por eso la situación se mantiene igual de injusta. Esta ausencia de mecanismos de fiscalización y rendición de cuentas, esta impunidad rampante, alcanza también a la gestión de la ayuda humanitaria y cada uno de los ámbitos de la vida pública en los que media el dinero. Una vez más, los largos tentáculos de la corrupción.

Sin embargo, para John Githongo (que fue consejero presidencial contra la corrupción, que fue apodado «el zar anticorrupción», que sí se atrevió a denunciar la millonaria trama corrupta de Anglo Leasing, que identificó a los partícipes, que se tuvo que exiliar por ello, que tras tres años fuera de Kenia pudo volver y puso en marcha varios programas para fomentar la democracia y los derechos humanos y de lucha contra la corrupción, que ha dejado el miedo aparcado para decirle al poder lo que piensa) el despelote que se vive en su país ya entrado el siglo XXI no se puede considerar corrupción: «Hemos pasado de la corrupción a un saqueo a lo bestia. En la corrupción tienes el negocio normal, con la vida y la sociedad y el Gobierno funcionando, y la gente tratando de robar un poco a través de pequeñas tramas, engañando a Hacienda, inflando los contratos… ¡Pero esto! Ahora la situación es que hay proyectos enteros, gigantescos, que se crean con el propósito premeditado de robar. Decides que vas a construir una carretera en un lugar determinado no porque haga falta, sino por el contrato. Eso es saqueo, eso es robo. Ya

corruptos, dijo al respecto ante el Parlamento: «Estoy muy contenta porque parece que todos estamos unidos en que no vamos a permitir que el mismo órgano [en referencia a la citada comisión] investigue y juzgue, porque pueden abusar de sus poderes. Si el director actual gozase de esos poderes, creo que no habría nadie sentado en este Parlamento». «Why MPs united against Lumumba», *The Standard*, 29 de agosto de 2011. <https://www.standardmedia.co.ke/business/article/2000041754/why-mps-united-against-lumumba>.

no es corrupción. El propio contrato está diseñado para ser robado».

John es un hombre de dimensiones imponentes: alto y grueso, como un guardaespaldas, un jugador de rugby, un portero de discoteca, un culturista. Aprieta fuerte la mano al saludar. Su voz de tenor despeina. Sus camisas, de estampados a medio camino entre lo hortera y lo divertido, son una marca más de la casa. Memoria de elefante e inteligencia afilada. Meticuloso en su trabajo. Todo en él parece superlativo.

«Kenia se creó en su forma actual por una panda llamada Compañía Imperial del África Oriental Británica (CIAOB), que contaban con un decreto real —explica Githongo en su despacho de Nairobi—. Lo componían un grupo de tíos que se juntaban en clubes como Muthaiga y así. Pero ese decreto real les autorizaba a crear la ley, a obligar a cumplirla, encarcelar a gente…». Y lo que es más importante: les garantizaba inmunidad frente a las autoridades británicas. «La élite de ahora se comporta de manera muy parecida a la CIAOB. Si formas parte del grupo, estás por encima de la ley. El sistema judicial no les alcanza».

John Githongo sabe bien que la corrupción, o el saqueo que asegura acontece ahora, puede resultar muy peligroso al conjugarlo con el tribalismo. La triste constatación de sus sospechas se dio durante las matanzas de finales de 2007 y principios de 2008. Pero la extendida cultura del soborno, de la malversación de fondos, de la prevaricación, esa barra libre del todo vale a cambio de unos billetes no solo afecta a la política interna keniana, no solo ahonda la zanja entre kenianos pobres y ricos.

«La razón por la que Al Qaeda vino aquí en los noventa no fue por los paisajes. Si puedes ingeniártelas para pasar Inmigración, si puedes hacer que tus bienes crucen Aduanas, si puedes influir para que el cumplimiento de la ley se modifique, si puedes solucionar tus problemas legales con unos pocos abogados y jueces, si puedes lavar tu dinero e invertir en negocios legítimos… Bueno, ¿por qué motivo *no vendrías* a Kenia?», le explicaba el exembajador estadounidense en Kenia William Bellamy a la periodista Michela Wrong.[12] Los terroristas identificaron el potencial de Kenia a la hora de operar y se aprovecharon de la fragilidad institucional y social para llevar a cabo sus operaciones. El 7 de agosto de 1998 Al Qaeda reventó con camiones bomba las embajadas de EE. UU. en Nairobi y Dar es Salaam. En la capital keniana, el atentado contra los estadounidenses dejó 213 muertos (de los cuales, 201 eran kenianos empleados en el edificio), la mayor masacre terrorista en suelo keniano hasta la fecha.

Quince años más tarde, quedó claro que no se había tomado nota de aquello: el 21 de septiembre de 2013, cuatro yihadistas vinculados al grupo fundamentalista somalí Al Shabab asaltaron el lujoso centro comercial Westgate. Era la mañana de un sábado, uno de los momentos más concurridos en Westgate, centro comercial de referencia entre los occidentales y los kenianos de posibles. Un mazacote amarillo que contenía cinco pisos de desenfreno capitalista en los que podías degustar comida de todo el mundo, beberte un café local o foráneo, zamparte un helado con o sin virutas de chocolate, agenciarte ropa de marca, teléfonos de marca, muebles de marca, fumarte tu dinero en un casino, imitar el corte de pelo de la cantante de moda, llenar la despensa con todo lo necesario en los dos niveles del supermercado Nakumatt e incluso ver una película en los multicines del último piso para celebrar que ya no tenías que volver a pasar a por yogures hasta la semana siguiente.

[12] Wrong, 2010 [2009]. (Traducción del autor).

Todo esto animado por diferentes eventos cada fin de semana. Aquel sábado, en el aparcamiento al aire libre del último piso, había un concurso de cocina para niños. Minutos después, la imagen se asemejaría más a la de un matadero.

A eso de las doce y media de la mañana, en plena hora de comer en Kenia, cuatro tipos con la cara cubierta, kalashnikovs en mano, bandoleras al hombro con munición y granadas, llegaron en coche a una de las calles adyacentes a Westgate, comenzaron a disparar a los clientes que disfrutaban del sol de la mañana en las terrazas de los restaurantes de la planta baja y proclamaron que su dios era el más grande. Con el ataque, el mensaje quedó claro: golpe a un país de mayoría cristiana, aliado de Occidente y cuyas tropas estaban en Somalia combatiendo a Al Shabab, y golpe a los occidentales, demostrándoles una vez más su vulnerabilidad.

Durante tres horas, los atacantes recorrieron el centro comercial, dejando salir a algunos consumidores que sabían recitar ciertos versículos del Corán, y a algunas mujeres y niños. Otros terminaron sus vidas a disparos bien meditados de los terroristas. No hubo ráfagas gratuitas. Otros solo fueron heridos, pero la tardía reacción de las fuerzas de seguridad kenianas les condenó a morir desangrados. Otros heridos que pudieron mantenerse con vida lo suficiente fueron evacuados de Westgate en camillas improvisadas: los carros de la compra. El asalto se convirtió en una crisis con rehenes que llevó a Nairobi a los titulares de todo el mundo. El consecuente asedio militar duró tres días demenciales trufados de explosiones, disparos, incompetencia gubernamental, rumores y, en general, nervios de punta.[13] El balance oficial fue de 71 muertos

[13] Tras una investigación en profundidad, el periodista Tristan McConnell sostiene que aquello fue cosa de unas horas y que el resto de los días fueron de saqueo militar encubierto. «Close Your Eyes and Pretend to Be Dead», *Foreign Policy*, 20 de septiembre

—cuatro de ellos, los terroristas— y unos 175 heridos. Y pudo haber sido peor de no haber intervenido con su habitual diligencia la Cruz Roja de Kenia y entrado en juego de manera ejemplar la solidaridad local, fuera esta en forma de acogida y asistencia a afectados o en las incursiones de algunos civiles con licencia de armas para reforzar la labor de unos pocos policías con sentido del deber.

También afloró lo peor de la sociedad keniana: las cámaras de seguridad de Westgate captaron el saqueo del supermercado a manos del ejército, que había pasado a hacerse cargo de la operación cuando ya había muy poco de lo que hacerse cargo. Días después, la barra del bar del restaurante Artcaffè, en la planta baja del edificio, aparecía sembrada de botellines de cerveza vacíos que los soldados habían consumido en plena misión. Fijo que los pagaron con la calderilla que sacaron de las máquinas registradoras del súper…

A las cajas de seguridad de los comercios del edificio también les limpiaron hasta las telarañas, pero aquello ni siquiera fue lo más penoso de todo. Las noticias de los robos de relojes, pulseras, collares, billeteras y hasta cigarrillos a los cadáveres situaron el listón de lo indignante muy difícil de saltar.

Unos cinco meses antes del ataque en Westgate, la prensa local dio una pista que explicaba en parte por qué el radar keniano no había detectado la amenaza yihadista. En la ciudad oriental de Garissa, a unos 150 kilómetros de la frontera con Somalia, una red de tráfico de mercancías entre empresarios kenianos y somalíes permitía un flujo de bienes y beneficios del que participaban funcionarios del Gobierno local, de la Policía, de Inmigración, de Aduanas y, del lado

---

de 2015. <https://foreignpolicy.com/2015/09/20/nairobi-kenya-westgate-mall-attack-al-shabab/>.

somalí, también Al Shabab. En una frontera de por sí bastante imaginaria, los pocos encargados de vigilarla estaban más interesados en *tomarse una Fanta* que en proteger al pueblo al que en teoría habían de servir.

Y si nada se había aprendido tras la voladura de la Embajada de Estados Unidos en 1998, ni después del ataque a un hotel y un avión de propiedad israelí en Mombasa en 2002, ni en los meses que siguieron al asalto a Westgate en 2013, es fácil imaginar que la tendencia no se rectificó antes del 2 de abril de 2015. En la madrugada de aquel día, cinco yihadistas se desplazaron hasta la Universidad de Garissa, entraron en varias residencias de estudiantes, dejaron salir a los musulmanes y aniquilaron a los *infieles*. Murieron 148 inocentes. Las fuerzas de seguridad kenianas tardaron siete horas en llegar a Garissa y ocho horas más en finiquitar la carnicería.

Nchi ya kitu kidogo

País de pequeños sobornos

Ni nchi ya watu wadogo

Es un país de gente pequeñita

Ukitaka chai ewe mama,

Si quiere un *té*, señora, compre

nunuu Ketepa.

Ketepa [la marca].

Eric Wainaina aún no ha llegado al fondo de su frasquito de esperanza y lo rellena con una historieta que le sucedió a su hermano: circulaba con una luna del coche rajada, el típico pique que siempre se demora uno en arreglar. Le paró la policía, le ofrecieron dejarle marchar si les *invitaba a un té*, él insistió en oficializar el incidente en comisaría, y allí tuvo que pagar 10.000 chelines como fianza, a falta de un veredicto judicial. Al día siguiente, en los tribunales le sentenciaron a pagar una multa de 3000 chelines, con lo que le devolvieron los 7000 restantes. «Y con ese dinero, se fue derecho a cambiar el cristal. ¡Guau! ¡El sistema funciona! Puede haber un final a la corrupción. ¡Esa es la Kenia que queremos!».

GLOSARIO

Askari: «Soldado», en suajili. También se utiliza para referirse a los vigilantes jurados.

Boda-boda: «Mototaxi». El equivalente en moto al *matatu* (véase la entrada correspondiente). Al igual que este, la capacidad es variable, dependiendo de lo que quiera uno desafiar las leyes de la física y lo que confíe en la maña al volante del conductor. También llamados *piki-piki*. Está muy extendida la teoría de que el nombre es una corrupción del inglés *border* (frontera), pues en origen se habrían utilizado para el comercio transfronterizo.

Bwana: en suajili, «señor».

Hodi: fórmula suajili de cortesía para pedir permiso antes de entrar a una vivienda o una habitación. Algo así como: «¿Se puede?». En caso afirmativo, la respuesta es: ¡*Karibu!* (véase siguiente entrada).

Karibu: «Bienvenido/a», en suajili. Aunque su uso se extiende también al del *welcome* inglés; es decir, también sirve como «de nada» después de un «gracias» (*asante*). En plural, *karibuni*. La sede en Nairobi de la ONU (UN, en inglés) juega con esta forma para dar la bienvenida al recinto: *KARIB*UN*I*.

Manyatta: para varias tribus trashumantes de Kenia, una choza elaborada a partir de un esqueleto de madera cuyas paredes se rellenan con barro y excremento de vaca y cuyo tejado se compone de hojas secas y otros elementos vegetales.

Matatu: minibús de transporte colectivo que opera en centros urbanos o como transporte interurbano. Su estado varía y se pueden encontrar *matatus* operativos que cualquier revisión mecánica mandaría al desguace, pero también algunos en estado nuevo, reluciente y envidiable. La capacidad máxima suele establecerse en catorce pasajeros, aunque la realidad regala estampas en las que hasta veinticinco personas (o más) se agolpan en su interior y colgando de las puertas. Las pegatinas y grafitis que decoran algunos de ellos han dado paso al género del *arte de matatu*, que abarca todo lo imaginable entre mensajes religiosos, jugadores de la Premier League, raperos yanquis y el Rey León.

Matumbo: «Intestinos», «tripas». También, por extensión, un plato keniano a partir de vísceras que se puede preparar estofado o en sopa.

Morán: «Guerrero», en maa. Uno de los estadios por el que pasa todo varón masái.

Mungiki: secta kikuyu surgida en los ochenta como movimiento tradicionalista y cuasirreligioso que opera distintos negocios en los arrabales pobres del centro de Kenia y en Nairobi. Con frecuencia dedicados a la extorsión y contratados como mercenarios en varios episodios violentos en el país africano, como durante la violencia poselectoral de 2007-2008. *Mungiki* es una palabra kikuyu que se suele traducir como «multitud». Es quizá la más conocida de las bandas tribales que operan en Kenia y que a veces llegan a sustituir a la frágil mano del Estado en las zonas chabolistas del país.

Mzee: «Anciano», en suajili. Tratamiento de respeto para personas adultas como, por ejemplo, un miembro del consejo de sabios. El *mzee* por excelencia es Jomo Kenyatta, a quien también se le apoda *Baba Taifa* (padre de la patria).

Mzungu: forma habitual de referirse a las personas de piel blanca en suajili (y otros idiomas bantúes del continente africano). Aunque la traducción habitual sea «persona blanca», en realidad el término significaría «vagabundo», cuyo origen se debería a esa manía de algunos de los primeros blancos que pisaron África de no parar quietos y andar buscando las fuentes del Nilo, esto y lo otro. En plural: *wazungu*.

Rungu: arma tradicional masái. Es una pequeña maza de una pieza de madera dura y resistente (suele ser de olivo) que puede llegar a abrir un cráneo de un solo golpe.

Shamba: huerta o terrenito cultivable que muchos kenianos tienen en la tierra de sus ancestros. Aunque esta palabra se suele utilizar también para referirse al pueblo de origen en sí.

Shujaa: «Héroe», en suajili. Desde la promulgación de la Constitución de 2010, el 20 de octubre se celebra en Kenia el «Mashujaa Day», el Día de los Héroes, uno de los festivos nacionales. Sustituyó al hasta entonces llamado Día de Kenyatta.

Ugali: espesa masa de maicena que por lo general acompaña a un plato de verduras, carne o pescado. Componente indispensable de la dieta de muchos kenianos.

Uhuru: «Libertad» o «independencia».

Umoja: «Unidad», en suajili.

SIGLAS

CIAOB: Compañía Imperial del África Oriental Británica. Fundada en 1888 (tres años después de la Conferencia de Berlín), su cometido era administrar el territorio conocido como África Oriental Británica que, a grandes rasgos, compendiaba la actual Kenia, pero pronto ampliaron su área de influencia también a Uganda. Las cosas no les fueron demasiado bien y, para 1896, la Compañía estaba en la ruina y la gestión de esos territorios pasó a manos del Ministerio de Asuntos Exteriores del Reino Unido.

CPI: Corte Penal Internacional.

FIDA: Federación de Mujeres Abogadas de Kenia. Defiende a mujeres sin recursos de manera gratuita.

GBM: Green Belt Movement (Movimiento del Cinturón Verde). Asociación ecologista y de lucha por los derechos humanos fundada por la keniana Wangari Maathai en 1977.

HRW: Human Rights Watch, organización de defensa de los derechos humanos.

KANU: Unión Nacional Africana de Kenia, partido fundado en 1960 por Tom Mboya y Jaramogi Oginga Odinga. Sería el partido en el poder desde la independencia del país, en 1963, bajo el mando de Jomo Kenyatta, hasta la salida del poder de Daniel arap Moi, en 2002.

KAU: Unión Africana de Kenia. Agrupación política de kenianos negros que, en tiempos de la colonia, intentó una aproximación nacional contra los abusos de esta. Fundada en 1944 y germen de la KANU. Liderada por Jomo Kenyatta desde 1947 hasta la encarcelación de este, en 1953.

KCA: Asociación Central Kikuyu. Agrupación tribal de kikuyu, la tribu más agraviada por la colonización británica, que trató de hacer llegar sus quejas a Londres. Fundada en torno a 1924 y prohibida en 1940. Jomo Kenyatta estuvo al frente desde 1927.

MSF: Médicos Sin Fronteras, organización no gubernamental que provee asistencia médica en contextos de emergencia.

ODM: Movimiento Democrático Naranja, partido liderado por Raila Odinga. Fue el partido perdedor en las elecciones del 27 de diciembre de 2007, a las que siguieron dos meses de matanzas que terminaron con la vida de al menos 1133 personas en Kenia.

OIM: Organización Internacional para la Migración.

PNU: Partido de la Unidad Nacional, grupo político liderado por Mwai Kibaki. Partido que resultó ganador, aunque de manera fraudulenta, de los comicios de 2007 en Kenia, y cuyo fraude originó la violencia poselectoral.

TI: Transparencia Internacional, organización no gubernamental dedicada a combatir a la corrupción.

PERSONAJES PRINCIPALES

Baring, Evelyn: gobernador británico de la Colonia de Kenia entre 1952 y 1959, y encargado de decretar el estado de emergencia en 1952.

Biwott, Nicholas: empresario y político keniano relacionado con algunos de los capítulos más siniestros, corruptos y despreciables de la historia de la Kenia independiente.

Blixen, Karen: colona en Kenia entre 1914 y 1931. Escritora danesa, autora de *Memorias de África*, entre otros relatos. Inmortalizada por Meryl Streep en la película del mismo título. Admirada por muchos occidentales y desconocida para la gran mayoría de los kenianos. Figura polémica para intelectuales kenianos como Ngũgĩ wa Thiong'o.

Canova, Renato: entrenador italiano, cuyos atletas han logrado innumerables medallas en pruebas de media y larga distancia. A su cargo han estado, entre muchísimos otros, Florence Kiplagat y Abel Kirui.

Da Gama, Vasco: navegante portugués de finales del siglo XV y principios del XVI. En teoría, el primer europeo en llegar a las costas de la actual Kenia y el primero en alcanzar la India por mar.

Gama Pinto, Pio: activista y periodista keniano de raíces indias. Fue uno de los pocos kenianos-indios involucrados en el Mau Mau, por lo que fue encarcelado. Cuando Kenia logró la independencia (1963), fue elegido diputado. Abogó por el socialismo como la senda a tomar en la nueva Kenia, una visión que chocaba con aquella de Kenyatta y que pudo, en último término, haberle costado la vida: fue el primer político asesinado después de la independencia, en 1965.

Githongo, John: una de las voces más potentes de la sociedad civil keniana a favor de los derechos humanos y en contra del abuso de poder. Exconsejero presidencial anticorrupción durante el gobierno de Mwai Kibaki y exiliado por sus revelaciones de tramas corruptas que llegaban hasta la cima del Estado. Este aspecto de su vida está recogido (de forma un poco peliculera, dice él) en *It's Our Turn to Eat*, de Michela Wrong.

Gullet, Abbas: secretario general de la Cruz Roja de Kenia desde 2001. Su gestión ha sacado a la rama local de la Cruz Roja de la inoperancia y la ha convertido en una de las organizaciones humanitarias más destacadas del país. Fue el primer africano en ocupar el cargo de vicepresidente de la Federación Internacional de la Cruz Roja.

Kadima, Francis: abogado keniano radicado en Mombasa. Conocido por su labor voluntaria de defensa de piratas somalíes en Kenia. Kadima obtiene sus ingresos con la defensa de otros clientes con recursos.

Kariuki, Josiah Mwangi: político keniano, de ideología socialista, que fue encerrado durante siete años en *centros de detención* coloniales por sus actividades en el Mau Mau. Tras la independencia de Kenia, se convertiría en secretario personal de Jomo Kenyatta (y también en diputado), con el que tuvo progresivamente varios desencuentros. Estos y su enorme popularidad habrían podido ser los detonantes de su asesinato en 1975.

Kenyatta, Jomo: primer presidente de la Kenia independiente, hasta su muerte, en 1978. Figura polémica en la historia del país africano, alabado por unos y denostado por otros. Su posición fue variando a conveniencia a lo largo de los años y de abogar por el retorno de las tierras alienadas por los colonos a sus propietarios pasó a beneficiarse de su posición de poder para enriquecerse, sin demostrar demasiado interés en obrar con justicia con sus compatriotas.

Kenyatta, Uhuru: político y uno de los kenianos más ricos del país, presidente de Kenia a partir de 2013 (y en el cargo en el momento de publicar este libro). Imputado por crímenes de lesa humanidad por la Corte Penal Internacional por su supuesta participación en la violencia poselectoral de 2007-2008 contra los partidarios de Raila Odinga y William Ruto. El tribunal de La

Haya retiró los cargos por falta de pruebas cuando ya se había convertido en presidente del país, tras una campaña de intimidación y ocultación de pruebas. Hijo del primer presidente del país, Jomo Kenyatta.

Kibaki, Mwai: presidente keniano entre 2002 y 2013. Miembro de todos los gobiernos desde la independencia y oportunista político que logró aglutinar a la oposición a Daniel arap Moi para hacerse con el poder en 2002, momento en el que decidió olvidar todas las promesas de cambio que le habían aupado a la jefatura del Estado para perpetuar las injusticias que jugaban a su favor.

Kimeu, Kamoya: paleoantropólogo keniano, miembro imprescindible del equipo de los Leakey, y conocido por su destreza para realizar impresionantes hallazgos de fósiles de homínidos.

Kimeu, Samuel: abogado keniano, director de Transparencia Internacional en Kenia hasta diciembre de 2019. Uno de los grandes activistas anticorrupción del país africano.

Kiplagat, Florence: fondista keniana, plusmarquista de media maratón y ganadora en varias ocasiones de prestigiosas maratones como las de Chicago o Berlín.

Kiplagat, Lornah: atleta keniana no emparentada con Florence. Una de las primeras mujeres en invertir las ganancias de sus victorias en la pista en Iten, con la creación del Centro de Entrenamiento en Elevada Altitud y, posteriormente, de una escuela femenina que compagina los estudios con un currículum deportivo.

Kirui, Abel: fondista keniano, bicampeón mundial de maratón (en 2009 y 2011).

Kivuitu, Samuel: responsable de la Comisión Electoral de Kenia durante, entre otros comicios, las fatídicas elecciones de diciembre de 2007. Esta posición, sometida a la presión del Ejecutivo del momento, le habría llevado a declarar vencedor a Mwai Kibaki a pesar de contar con pruebas evidentes de fraude. El anuncio de Kibaki como ganador fue el detonante de la violencia poselectoral.

Krapf, Johann Ludwig: misionero y explorador alemán, considerado el primer misionero europeo en llegar a la actual Kenia, en 1843. Fue, junto con Rebmann, el primer europeo en avistar el monte Kenia, en 1849. También tradujo varios textos cristianos a idiomas locales.

Leakey, Richard: paleoantropólogo, activista medioambiental y político keniano de raíces británicas, conocido mundialmente por sus hallazgos de restos de homínidos en África oriental.

Livingstone, David: médico, misionero y explorador escocés, cuyas denuncias contra el comercio de esclavos le dieron fama mundial y fomentaron la presencia de las misiones en África.

Lolosoli, Rebecca: líder del poblado de mujeres maltratadas Umoja, en el centro-norte de Kenia.

Loroupe, Tegla: atleta keniana, primera africana en ganar el maratón de Nueva York, plusmarquista en varias distancias y múltiple medallista en varios mundiales durante los años noventa. En la actualidad, cabeza visible de una fundación con su nombre que busca fomentar la convivencia pacífica a través del deporte.

Lugard, Frederick: militar británico de finales del siglo XIX y principios del XX, primero empleado de la Compañía Imperial del África Oriental Británica y después alto funcionario del Servicio Colonial británico, con el que llegó a ser gobernador de Hong Kong y Nigeria.

Maathai, Wangari: ecologista y activista keniana, fundadora de Green Belt Movement, y primera mujer africana galardonada con un Premio Nobel, el de la Paz (en 2004).

Mathai, Wanjira: ecologista keniana. Miembro del Consejo de la ONG ecologista Green Belt Movement, fundada por su madre, Wangari Maathai.

Mbaya, Vertistine: compañera de batallas y mejor amiga de la ecologista keniana Wangari Maathai. Tesorera de la ONG Green Belt Movement.

Mboya, Tom: político keniano panafricanista que luchó desde el ruedo político por la independencia de Kenia y se opuso a la violencia para lograrla. Proestadounidense (de hecho, creó un programa de estudios en EE. UU. para jóvenes kenianos del que se benefició Wangari Maathai), pertenecía al ala más moderada entre los conservadores que gobernaban Kenia tras la independencia.

Era ministro de Planificación Económica cuando fue asesinado en 1969.

Moi, Daniel arap: presidente de Kenia entre 1978 y 2002. Amplió los peores vicios de los años de Kenyatta y convirtió el país en una dictadura con todavía menos espacio para las opiniones divergentes. Las encarcelaciones de presos políticos y las torturas a estos eran norma durante su mandato.

Mong'are, Josephine Wambua: presidenta de la Asociación de Mujeres Abogadas de Kenia (FIDA). Abogada pro derechos humanos que lleva a cabo grandes cantidades de trabajo voluntario para ayudar a obtener justicia a mujeres sin recursos.

Muite, Paul: abogado y político keniano, uno de los nombres más conocidos del activismo a favor de una democracia durante los años noventa en Kenia. Diputado entre 1992 y 2007, y candidato a la presidencia en las elecciones de 2013. Como letrado, se ha hecho cargo de varios casos de defensa de los derechos humanos.

Muthoni Mara, Jane: campesina keniana víctima de los atropellos británicos durante el estado de emergencia por su colaboración con el movimiento libertador Mau Mau. Denunció estos hechos en el Reino Unido junto a otros compañeros maltratados por los británicos y ganó un caso histórico al Gobierno de Londres.

Mwangi, Boniface: uno de los herederos del activismo iniciado durante los años de plomo de Moi. Aunque su intento de entrar en el Parlamento en las elecciones de 2017 no prosperó, Mwangi continúa activo en la lucha por una Kenia igualitaria, libre de corrupción y tribalismo.

Njenga Njoroge, Nahashon Isaac: supuesto asesino de Tom Mboya. Al menos, fue a quien se supone que se ajustició por ese crimen.

Njoya, Timothy: el reverendo Njoya es uno de los iconos del activismo de Kenia. Durante los años ochenta y noventa fue una de las voces más potentes y críticas con la dictadura de Daniel arap Moi, lo que le propició no pocos golpes y disgustos. En la actualidad, centra sus esfuerzos en la lucha feminista.

O'Connell, Colm: misionero irlandés que llegó a Iten a finales de los años setenta a dar clases en la Escuela de St. Patrick's, sin tener ni idea del mundo del atletismo y, poco a poco, se ha convertido en el *padrino* del atletismo en la zona. Su pupilo más brillante quizá sea David Rudisha, plusmarquista y campeón olímpico y mundial de 800 metros.

Odinga, Jaramogi Oginga: político keniano, luchó por la independencia del país desde el frente político y abogó, en un principio, por la redistribución de la riqueza como medio para el avance del país. Fue el primer vicepresidente del país. Sus desencuentros con Kenyatta y Moi le condenarían a la cárcel y, en el mejor de los casos, la oposición.

Odinga, Raila: político keniano. En el momento de escribir este libro, aglutinador del voto de la tribu lúo, de la que procede. Encarcelado en los años ochenta durante la dictadura de Moi. La edad le ha ido moldeando el fervor político y de ser procomunista ha pasado a engrosar las filas del capitalismo más descarado. Hijo de Oginga Odinga, uno de los artífices de la Kenia independiente.

Ole Ntaya, Tipira: rastreador masái procedente de Nadenderit, una pequeña aldea colindante con la reserva natural del Maasai Mara. Empleado en el lujoso campamento de safaris Enkewa Mara Camp.

Ouko, Robert: ministro de Asuntos Exteriores durante el régimen de Daniel arap Moi. Asesinado en 1990. Las investigaciones oficiales al respecto llegaron a menos conclusiones que los kenianos de a pie, muy instruidos en asesinatos políticos.

Rebmann, Johannes: misionero y explorador alemán del siglo XIX, primer europeo en contemplar el Kilimanjaro. Junto con su colega Krapf, también repitió hazaña con el monte Kenia.

Ruto, William: político keniano. Exministro de Agricultura y Educación Superior, y vicepresidente del país desde 2013 (en el cargo en el momento de publicar este libro). Imputado por la Corte Penal Internacional por su presunta labor como instigador de crímenes de lesa humanidad durante la violencia poselectoral de 2007 y 2008 contra los partidarios de Mwai Kibaki. Debido a la *falta* de pruebas, la CPI retiró los cargos en 2016.

Thuku, Harry: líder obrero keniano de los años veinte que abogó por una mejora laboral para los trabajadores locales a través de la Asociación de África Oriental. En 1922 fue detenido y su arresto desencadenó una protesta masiva frente a la comisaría de Nairobi a la que le llevaron. Las fuerzas de seguridad (y colonos que se unieron a la masacre) reprimieron a tiros la manifestación. En su honor, la calle en la que esto sucedió y donde aún está sita la comisaría lleva su nombre. Después, Thuku sería trasladado a cumplir condena durante nueve años en la actual Somalia. A su salida de la cárcel nunca recuperó el liderazgo entre los kenianos, que empezaban a apostar por mejoras y medidas más drásticas.

Wa Hinga, Waiyaki: líder kikuyu de finales del siglo XIX. Cuando el capitán británico Frederick Lugard, entonces representante de la Compañía Imperial del África Oriental Británica, alcanzó territorio kikuyu en su ruta hacia Uganda, habría llegado a un pacto con Waiyaki por el cual se permitiría el establecimiento de un puesto de la compañía en la zona, así como el tránsito y el abastecimiento de los trabajadores siempre que no se interviniera en la vida de la tribu ni en su territorio más allá de lo convenido. Apenas hubo partido Lugard, sus subordinados incumplieron el trato y los kikuyu de Waiyaki lanzaron una ofensiva. Waiyaki fue capturado y —según la leyenda local— enterrado vivo.

Wa Kahengeri, Gitu: secretario general de la Asociación de Veteranos de Guerra Mau Mau. Antiguo operativo del movimiento, al que se unió en la adolescencia.

Wa Nyingi, Wambugu: obrero keniano víctima de los abusos de la administración colonial durante el estado de emergencia para terminar con el levantamiento de los Mau Mau, movimiento en el que él asegura no haber participado. Junto a otros compañeros, llevó su caso a los tribunales británicos y venció en un proceso histórico que supuso compensaciones a miles de afectados.

Wa Thiong'o, Ngũgĩ: reputado escritor keniano que apuesta por la vuelta a las lenguas vernáculas africanas como vehículo de expresión de los escritores del continente y como forma de descolonizar estructuras mentales existentes.

Wainaina, Eric: músico y cantante keniano que mezcla ritmos tradicionales con música pop y cuyas letras denuncian la desigualdad y la injusticia en Kenia, pero también narran historias de amor. Uno de los kenianos que apuestan públicamente por la unidad nacional y el abandono del tribalismo del que tanto se aprovechan los políticos.

Whitehouse, George: británico, ingeniero jefe del ferrocarril de Uganda, construido entre 1896 y 1901.

BIBLIOGRAFÍA (Y OTROS RECURSOS)

ANDERSON, David. *Histories of the Hanged. The Dirty War in Kenya and the End of Empire*, W. W. Norton & Co., 2005.

BLIXEN, Karen. *Out of Africa*, Penguin Books, 2001 [1937].

BINDRA, Sunny. *The Peculiar Kenyan*, Storymoja, 2010.

BRANCH, Daniel. *Kenya. Between Hope and Despair, 1963-2011*, Yale University Press, 2011.

DRAYSON, Nicholas. *A Guide to the Birds of East Africa*, Penguin Books, 2009.

ELKINS, Caroline. *Britain's Gulag*, Pimlico, 2005.

FINN, Adharanand. *Running with the Kenyans*, Faber and Faber, 2012.

GATHERU, R. Mugo. *Kenya. From Colonization to Independence, 1888-1970*, McFarland, 2005.

HATCHER, Jessica. *Exploiting Turkana. Robbing the Cradle of Mankind*, Newsweek Insights, 2014.

IONESCO, Dina, MOKHNACHEVA, Daria y GEMENNE, François. *The Atlas of Environmental Migration*, Routledge, 2017.

KENYATTA, Jomo. *Facing Mount Kenya*, Vintage Books, 1965 [1938].

LEYS, Norman. *Kenya*, Hogarth Press, 1924.

MAATHAI, Wangari. *Unbowed*, Arrow Books, 2008 [2006].

MEREDITH, Martin. *Born in Africa*, Simon & Schuster, 2011.

MEREDITH, Martin. *The State of Africa*, Jonathan Ball Publishers, 2006 [2005].

MILLER, Charles. *The Lunatic Express*, Ballantine Books, 1976 [1971].

MWAMPEMBWA, Godfrey «Gado». *Crisis…? What Crisis?!*, Buni Media, 2012.

SPAWLS, Stephen y MATHEWS, Glenn. *Kenya. A Natural History*, T & A D Poyser, 2012.

WA THIONG'O, Ngũgĩ. *A Grain of Wheat*, Penguin Books, 2012 [1967].

WA THIONG'O, Ngũgĩ. *Birth of a Dream Weaver*, The New Press, 2016.

WA THIONG'O, Ngũgĩ. *Descolonizar la mente*, Debolsillo, 2015 [1986].

WA THIONG'O, Ngũgĩ. *Desplazar el centro*, Rayo Verde, 2017 [1993].
WA THIONG'O, Ngũgĩ. *Detained. A Writer's Prison Diary*, East African Educational Publishers, 2011 [1981].
WA THIONG'O, Ngũgĩ. *El brujo del cuervo*, Debolsillo, 2015 [2004].
WA THIONG'O, Ngũgĩ. *El diablo en la cruz*, Txalaparta, 1994 [1980].
WA THIONG'O, Ngũgĩ. *In the House of the Interpreter*, Vintage Books, 2013.
WA THIONG'O, Ngũgĩ. *Matigari*, East African Educational Publishers, 2011 [1986].
WA THIONG'O, Ngũgĩ. *Sueños en tiempos de guerra*, Rayo Verde, 2016 [2010].
WA THIONG'O, Ngũgĩ. *The River Between*, Penguin Books, 2002 [1965].
WAINAINA, Binyavanga. *One Day I Will Write About this Place*, Granta Books, 2011.
WRONG, Michela. *It's Our Turn to Eat*, Fourth Estate, 2010 [2009].

Recursos audiovisuales:

Kenya: White Terror. BBC, 2002.
End of Empire. Chapter 12: Kenya. Granada TV, 1985.
The Berlin Conference. In Our Time, BBC Radio 4, 2013. (Disponible en: http://www.bbc.co.uk/programmes/b03ffkfd).
Eyes on the Mara. CISNEROS, Elena y GONZÁLEZ, Lucas, 2017.
Heal the Nation. Colectivo Picha Mtaani, 2011. (Disponible en: https://www.youtube.com/watch?v=WPecFhwfSMw).
Taking Root. The Vision of Wangari Maathai. MERTON, Lisa y DATER, Alan, 2008.
The Mysterious Death of an MP in Kenya. Witness History, BBC World Service, 2015. (Disponible en: https://www.bbc.co.uk/programmes/p02l69xc).
Doping - Top Secret: The Shadowy World of Athletics. SEPPELT, Hajo, 2015.
Kipchoge Keino Wins 1500 m Gold By Historic Margin – Mexico 1968 Olympics, Olympic Channel, 2013. (Disponible en: https://www.youtube.com/watch?v=kYzvUhVS-iw).

Interview with Doctor who attended Mboya after his assassination, Associated Press, 1969. (Disponible en: https://www.youtube.com/watch?v=82mAhIm6ZuY&index=3&list=PLKF3SO2QQtNBfqn1UxNr5R3_3tRgyU-8x).

Informes y páginas web:

Al-Shabaab engagement with Aid Agencies, HDP y The Heritage Institute, 2013. (Disponible en: https://www.odi.org/sites/odi.org.uk/files/odi-assets/publications-opinion-files/8749.pdf).

Barriers to the Trade: the Case of Kenya, World Trade Organization, 2014. (Disponible en: https://www.wto.org/english/res_e/booksp_e/cmark_chap4_e.pdf).

The Kenya Youth Survey Report, East African Institute, 2016. (Disponible en: https://www.aku.edu/eai/Documents/kenya-youth-survey-report-executive-summary-2016.pdf).

Commission of Inquiry into Post-Election Violence Report (Informe de la Comisión de Investigación sobre la Violencia Poselectoral, popularmente conocida como Comisión Waki), 2008. (Disponible en: https://reliefweb.int/sites/reliefweb.int/files/resources/15A00F569813F4D549257607001F459D-Full_Report.pdf).

Ballots to Bullets, Human Rights Watch, 2008. (Disponible en: https://www.hrw.org/sites/default/files/reports/kenya0308web.pdf).

On the Brink of the Precipice, Kenya National Commission on Human Rights, 2008. (Disponible en: http://www.knchr.org/portals/0/reports/knchr_report_on_the_brink_of_the_precipe.pdf).

There is No Time Left, Human Rights Watch, 2015. (Disponible en: https://www.hrw.org/sites/default/files/report_pdf/kenya1015_web.pdf).

The Final Report, Truth, Reconciliation and Justice Commission, 2013. (Disponible en: https://digitalcommons.law.seattleu.edu/tjrc/).

I Just Sit and Wait to Die, Human Rights Watch, 2016. (Disponible en: https://www.hrw.org/sites/default/files/report_pdf/kenya0216_web.pdf).

An Evening with Tom Mboya, Kenya National Commission on Hu-

man Rights, 2016. (Disponible en: http://www.knchr.org/Portals/0/CivilAndPoliticalReports/An%20Evening%20with%20Tom%20Mboya.pdf).
La web de la Corte Penal Internacional: <https://www.icc-cpi.int/>.
La web de la sociedad civil sobre rendición de cuentas por la violencia poselectoral de 2007-2008 en Kenia: <thehaguetrials.co.ke>, que más tarde se convertiría en: <neveragain.co.ke>.
La web: <https://www.tommboya.com>. Esta página dejó de existir durante el proceso de escritura de este libro. El autor se sirvió de numerosos recortes de prensa allí enlazados que todavía pueden consultarse en la página:
<https://www.facebook.com/officialtommboya/>.
Asimismo, varios vídeos enlazados en el canal de YouTube de los mismos autores:
<https://www.youtube.com/user/officialtommboya/videos>.

AGRADECIMIENTOS

Con toda certeza, este libro jamás habría existido sin la acogida, la amistad y la experiencia de José Miguel Calatayud, Anna Maria Levi y Eduardo Sánchez Molano, quienes me ayudaron a dar mis primeros pasos en Kenia y con los que tuve la suerte de compartir cenas, fiestas, viajes y coberturas. Espero que ver sus nombres asociados a estas letras no les haga tirarse de los pelos.

También hay mucho que agradecer a Joana Socías, Gemma Parellada, Jùlia Badenes y Xavier Aldekoa. Y a Álvaro Barrantes y Rodrigo Hernández, de quienes jamás me cansaré de aprender.

Chema Ortiz ha de tener un hueco aquí, por haber confiado en mí y haberme ofrecido ir a Nairobi como corresponsal de la Agencia Efe cuando yo no sabía ni señalar Kenia en un mapa. Mis compañeros de delegación Desirée García y Javier Marín aportaron a esta causa mucho más de lo que sospechan, como hicieron después Jèssica Martorell y Alba Villén.

José Serrano es el mejor guía que uno pueda desear en la sabana, capaz de detectar tras el matorral más remoto fauna en peligro de extinción como Jorge Torrens, Xavi Fernández de Castro, Roberto García Robles, Carlotta Bianchini, Vieri Velardi, Joaquín Salido, Fran Equiza, Paloma Carrión o Javier Merelo. Maitane, Javi, Cata, Fede, Diana, Saj, Zeltia, Razeen, Sonja, Edith, Chiba, Anna Kerber, Anna Guerraggio, Flaminia, J. P., Mia, Giorgio, Kuno, Beltrán, Adrián, María, Eva, Krys, Lucía, Denis, Obima, Grace, Mireya, Alice, Elsa, Vale,

Andrea, Marcella, Marco, Maca, Lucie, Roberto, Dan, Víctor, Raúl, Nacho, Álvaro, Ruth y Rebeca (y alguno más que me habré olvidado) también contribuyeron una barbaridad a que Nairobi fuera un lugar mucho más amable.

Sarah Kimani, reportera de la SABC en Kenia, siempre se mostró disponible para charlar de asuntos de actualidad, aclarar dudas, y fue una ayuda inestimable a la hora de proporcionar información y contactos. Hay otra gente de la que no recuerdo el nombre, o quizá nunca lo supe, y en su mayoría son kenianos que me dieron una mano en situaciones de aprieto sin esperar nada a cambio. A todos ellos, gracias infinitas. Como a Helen Cook, apoyo incondicional durante los años de Nairobi.

Gracias también a Yoshio Tamura, a su mujer, Megumi, y a su hija, Akane, por su generosidad inabarcable y su amabilidad sin fin. A Rosemary y las demás mujeres de Power Women's Group, en Kibera, por abrirme sus vidas tantas veces y tratarme siempre tan bien. El resto de entrevistados que aparecen en este libro (y quienes me pusieron en contacto con ellos) tienen asimismo mi eterna gratitud, por confiarme sus historias de modo totalmente desinteresado. Muchos han terminado por convertirse en amigos y espero que en esa categoría permanezcan durante muchos años.

No puede quedarse fuera Emmy, a quien todos querríamos tener siempre cerca: diligente, discreta, amable, cariñosa, agradecida, risueña. Fue lo más cercano que tuve a una hermana mayor en Kenia.

Daniel Burgui, Vega Nieto, Laura Villadiego, Javier Pérez de la Cruz, Beatriz Bustos, Andrés Mourenza y mi hermana, Elena, me animaron a llevar a cabo este proyecto por el simple hecho de que era algo que me apetecía hacer y no pusieron sobre la mesa la previsible falta de rentabilidad del mismo. Casi más importante que eso, editaron el texto sin gruñir demasiado. Aunque la edición principal la llevó a cabo Nacho Segurado, con un acierto hasta doloroso en sus apuntes, una capacidad de trabajo sorprendente y una paciencia encomiable. Gracias por tu currazo y por aguantarme, Nacho. Agradecimientos extensibles también a mis editores, Álvaro Llorca y Emilio Sánchez, de Libros del K.O., por considerar que este texto tiene un pase y merece la pena publicarse.

También, aunque él no lo quiera reconocer y niegue haber estado en el origen de todo este follón con un comentario aislado unos años atrás, Ander Izagirre me dio un empujón para lanzarme, y es siempre una referencia.

No podría dejar de haber aquí una mención a(l espíritu de) Karen Blixen, quien de haber leído este libro tal vez habría protestado: «¡Oye!, ¡que gracias a mis escritos se hizo una película que espoleó el turismo local, y eso es el diez por ciento del PIB!». Razón no le faltaría.

Y gracias, siempre, a mi familia: mis padres, mi hermana, mis sobrinos y mi cuñado son la mejor brújula y la mejor ancla que uno pueda soñar.